智慧健康养老系列教材

老年活动策划与组织

(第三版)

主　编　唐东霞
副主编　华　夏　李梓伊
参　编（按姓氏笔画排序）
　　　　苗若兰　史明宇
　　　　朱　珠　宗　玲

南京大学出版社

图书在版编目(CIP)数据

老年活动策划与组织 / 唐东霞主编. —— 3 版. —— 南京：南京大学出版社，2022.8（2025.8 重印）

ISBN 978-7-305-25823-7

Ⅰ.①老… Ⅱ.①唐… Ⅲ.①老年人－活动－组织管理学 Ⅳ.①C936

中国版本图书馆 CIP 数据核字（2022）第 089587 号

出版发行	南京大学出版社			
社　　址	南京市汉口路 22 号		邮　编	210093

书　　名　老年活动策划与组织
LAONIAN HUODONG CEHUA YU ZUZHI

主　　编	唐东霞			
责任编辑	尤　佳		编辑热线	025-83592315
照　　排	南京南琳图文制作有限公司			
印　　刷	常州市武进第三印刷有限公司			
开　　本	787 mm×1092 mm　1/16　印张 14.75　字数 406 千			
版　　次	2022 年 8 月第 3 版　2025 年 8 月第 4 次印刷			
ISBN	978-7-305-25823-7			
定　　价	52.00 元			

网　　址：http://www.njupco.com
官方微博：http://weibo.com/njupco
官方微信号：njupress
销售咨询热线：(025) 83594756

* 版权所有，侵权必究
* 凡购买南大版图书，如有印装质量问题，请与所购
　图书销售部门联系调换

序

党的十九大报告提出了"实施健康中国战略"号召。2016年,中共中央国务院印发《"健康中国2030"规划纲要》。健康中国战略不仅立意高远、目标清晰,而且实施路线明确、政策措施科学有效。十九大报告还进一步提升了大健康观的地位与意义,即"人民健康是民族昌盛和国家富强的重要标志"。我国从1999年进入老龄化国家行列,党的十九届五中全会通过的《中共中央关于制定国民经济和社会发展第十四个五年规划和二〇三五年远景目标的建议》中提出了"实施积极应对人口老龄化国家战略"。老龄工作任务艰巨,高度重视老年人健康是老龄工作的起点和重点。保障老年人身心健康,不仅满足老年人的医疗、康复、护理等生理需求,同时还需满足老年人的精神、社交、文娱等高层次需求;不仅为低龄的活力老年人营造健康支持环境,还要为空巢、残障、失智、高龄、低保等弱势老年群体提供全方位、全过程的健康生活专业服务与指导。

中共中央和国务院印发《国家积极应对人口老龄化中长期规划》提出"打造高质量的为老服务和产品供给体系。积极推进健康中国建设,建立和完善包括健康教育、预防保健、疾病诊治、康复护理、长期照护、安宁疗护的综合、连续的老年健康服务体系"。新理念、新技术、新业态在养老服务业中广泛应用,居家养老、社区养老和机构养老全生态发展,老年人及其家属对获得感、幸福感、安全感的追求不断提高,导致个性化、多样化、高层次的养老服务需求对养老产业升级提出了新课题,迫切需要专业院校的人才输出能应对老龄化社会对德技双馨、复合型技术技能人才需求的全新挑战,才能使健康中国战略落在实处。

《老年活动策划与组织》(第三版)是以习近平新时代中国特色社会主义思想为指导,紧跟国家"健康中国"战略,深植地方经济社会发展,以服务老年人文化生活为宗旨,以培养"专业策划、活力养老"的核心职业能力为导向,是健康养老服务专业群与老龄服务产业需求相适应、教材内容与职业标准相对接的产物。

这个编写团队主要来自江苏经贸职业技术学院老年服务与管理专业群的校企双主体团队。江苏经贸职业技术学院是国内最早开设老年服务与管理专业的高等职业院校之一,老年服务与管理专业现为国家示范(骨干)高职校重点建设专业、首批全国职业院校养老服务类示范专业点、江苏省高等职业教育高水平骨干专业,同时也是教育部"双高"建设重点建设专业群的核心专业。这个团队从 2009 年,就前瞻性地撰写了国内最早的老年活动类教材,通过在校学习、在岗实践、企业内训、项目督导等多种方式,为行业、社会培养了一批又一批具有老年活动技能的专业人才,获得了老人和家属、养老机构等多方面的积极评价和充分认可。

从 2009 到 2022,团队反复实践调研,汲取一线反馈,整合多学科知识,不断否定、优化、超越,精心出品了第三版《老年活动策划与组织》,实为祝贺和期待!

作为江苏省老年学和老年医学领域的一名工作者,我十分乐意应邀为本书作序,祝贺他们十余载精进磨砺,终于收获了硕果累累。期待这样一群扎根于养老事业、身体力行的师者,能培养出更多知识认知、情感认同、行动践行的老年服务与管理专业人才。期待本书对促进积极老龄化社会建设发挥重要作用。

江苏省老年学会会长
河海大学教授、博士生导师
2022 年 7 月

前 言

21世纪以来,我国社会老龄化进程发展迅速。作为一个拥有近世界五分之一人口的发展中国家,我国人口老龄化具有速度快、时间短、绝对数量庞大的特征。根据国家统计局公布的第七次人口普查数据,截至2020年11月,我国60岁及以上老年人口达到2.64亿人,老年人口占比达到18.7%;65岁及以上老年人口1.9亿人,占比13.5%。

健康是保障老年人独立自主和参与社会的基础,健康包括躯体健康、心理健康和社会适应能力良好三个方面(世界卫生组织定义),推进健康老龄化是积极应对人口老龄化的长久之计。党的十九大做出实施健康中国战略的重大决策部署,党的十九届五中全会明确提出实施积极应对人口老龄化国家战略,促进健康老龄化是协同推进两个国家战略的必然要求。《"十四五"健康老龄化规划》明确:到2025年,老年健康服务资源配置更加合理,综合连续、覆盖城乡的老年健康服务体系基本建立,老年健康保障制度更加健全,老年人健康生活的社会环境更加友善,老年人健康需求得到更好满足,老年人健康水平不断提升,健康预期寿命不断延长等总体要求。

在这样的社会背景下,意味着国民对有健康的长寿、生命质量等提出更高的要求,养老服务业迎来黄金发展期。为实现老人有尊严、健康的老龄和活力养老状态,国内的养老院、老年公寓、社区日间照料中心除了提供医疗、护理、康复等服务外,也将营造宜居文化环境,致力于满足老年人文化娱乐、情感需求、教育需求、社会参与、自我实现等多种精神需求的立体服务作为更高的标准。

《老年活动策划与组织》扎根中华文明孝文化的土壤,围绕《孝经》中"养则致其乐"的优秀思想,探讨活动工作者如何通过专业活动的实施,给老年人带来心情的愉悦和精神的富足,为天下父母尽孝。本书首次出版是2014年,第二版是2019年,是国内最早的老年活动类教材。此次修订的第三版中的"老年活动",不仅是低龄、健康、活力老年人的"活动",也是失能、失智、高龄等特殊老年群体的"活动"。这些特殊群体因为生理、心理、认知等多方面因素的原因,往往在社会参与互动中处于弱势,实际上更需要得到社会多方的关爱。

为此,本书上篇为"流程篇",研究老年活动策划与组织流程中的主要项目实操。下篇为"主题篇",除面向活力老年人之外,还关注特殊老年人的能力和需求,从优势视角而不是缺损视角出发策划活动。在老年学、心理学、社会工作、康复治疗等多学科知识背景下,吸纳了行业内为特殊老年人服务并发挥着显著成效的前沿技术和核心理念,如音乐治疗、园艺治疗、康娱治疗、认知训练、缅怀技术等,有机融入老年活动的策划与组织实施过程,构建了十多个既有专业性、创新性,又不失普适性、娱乐性的老年活动类型。

当下老年活动方兴未艾,专业老年活动工作者的供给远远不能满足于社会的需求,因此,本书不仅可以作为职业院校中的课程教材,也可供民政老龄工作系统和各基层养老机构、日间照料中心、社区、社会组织、团体,甚至老年家庭使用。为对一线活动工作者提供直接、有效的指导,本书在课前通过"情景聚焦"创设项目的学习情境;"任务目标"明确项目的学习方向、重难点以及知识准备;"任务组织"综合了核心知识和应用案例,加强学生的理解;"任务拓展"引导学生浸润孝文化,培养涉老专业人才的价值观,重视学生的终身发展能力,拓展学生的新技术、新方法、新标准、新理念,发挥为老年人服务的能力。扫描本书中的"二维码",还能获取配套在线开放课程中的关键性知识点的视频资源、践行知行合一教育理念的项目实训指导、相关前沿应用等开放性优质资源,完成线上独立学习。

本次编写团队主要为教育部"双高计划"重点建设专业群——江苏经贸职业技术学院智慧健康养老服务与管理专业的教学团队,也是国家级、省级职业教育教师教学创新团队成员,包括在校教师、企业教师、行业带头人。校企合作,强强联手,具有丰富的理论教学经验和实务教学经验。

主编唐东霞副教授,研究方向为老年活动、老年社会工作,具有中级社工师、养老护理员考评员等职业资格。从2009年开始担任高职院校涉老专业"老年活动策划与组织"课程的教学,长期兼任居家养老服务中心的运营负责人,为养老机构和社区的综合运营、活动运营等提供咨询。多年来受聘于民政部门、社会组织、养老机构,担任各级社会服务项目、公益创投项目的社会工作评审、督导等工作。除主编了国内第一本、连续两版的活动教材之外,还参与了"1+X"系列教材《老年康体指导师职业技能教材(初级)(中级)(高级)》的《游戏活动服务》分册的副主编工作;参与了《养老护理员国家职业技能等级认定培训教材(初级)(中级)(高级)》中"功能促进""认知训练"等章节的编写。

第一副主编华夏,社会工作专业硕士,曾任钟山学院老年服务与管理专业讲师,现任江苏智联康健科技有限公司CEO,江苏省养老服务标准化技术委员会委员。有9年养老行业从业经验,成功筹建、运营高级别居家养老服务中心7家,老年大学1所,参与筹建医养结合型养老机构4家。常年担任国家级、省级养老行业大赛考评员,国际养老服务质量认证中国区域咨询官。擅长康养产业政策分析、康养综合体投前咨询及运营管理辅导、标准化建设及质量改进。

第二副主编李梓伊,社会工作专业硕士,具有中级社工师、"1+X"失智老年人照护考评员等职业资格。多年教授"老年社会工作理论与实务""个案社会工作""小组社会工作"等课程,具有多年社会组织、养老机构学生实习督导经验。

编写分工如下：

上篇：江苏经贸职业技术学院唐东霞、江苏智联康健科技有限公司华夏、江苏经贸职业技术学院李梓伊合作撰写。

下篇：江苏经贸职业技术学院唐东霞撰写项目四、项目六、项目九、项目十二。江苏经贸职业技术学院宗玲撰写项目五、项目十四。江苏经贸职业技术学院朱珠撰写项目七、项目十一。江苏经贸职业技术学院李梓伊撰写项目八、项目十。江苏经贸职业技术学院史明宇撰写项目十三、项目十五。深圳市瑞华养老服务有限公司的运营主管苗若兰撰写项目五、项目十二的部分案例。

除了编写团队外，尤其要感谢的是江苏经贸职业技术学院智慧健康养老服务与管理专业群的历届学生们，他们在授课团队的指导下，采用小组的形式，从校内角色扮演到企业岗位实境，从老年人需求和能力调研，到活动策划、方案撰写，然后去养老一线应用活动方案，对照活动实际再优化调整方案、最后评估追踪老人的活动效果。他们不仅是为每一位老年人量身定做个性化活动的专业工作者，更是陪伴老人、同理老人、带领老人的有温度的活动工作者，是一群从内心里热衷于老龄事业，有价值观、有行动力的活动工作者。有这样一群为夕阳事业全心全意奋斗的朝阳年轻人，中国离积极老龄化社会的实现不远矣！

编 者

2022 年 7 月

目 录

上篇　老年活动策划与组织流程篇

项目一　老年活动导论 · 3
　任务一　认识老年活动 · 4
　任务二　认识老年活动工作者 · 8
项目二　老年活动策划 · 12
　任务一　老年活动调研 · 13
　任务二　撰写活动方案 · 16
　任务三　制定活动安排表 · 24
项目三　老年活动组织 · 29
　任务一　活动志愿者管理 · 30
　任务二　活动宣传推广 · 33
　任务三　活动财务管理 · 37
　任务四　活动进度管理 · 41
　任务五　活动现场主持 · 44
　任务六　活动评估总结 · 47

下篇　老年活动策划与组织主题篇

项目四　老年团康游戏 · 53
　任务一　认识老年团康游戏 · 54
　任务二　老年团康游戏的要点 · 56
　任务三　老年团康游戏的案例 · 58
项目五　老年康健活动 · 65
　任务一　认知老年康健活动 · 66
　任务二　老年康健活动的要点 · 69
　任务三　老年康健活动的案例 · 70
项目六　老年认知活动 · 99
　任务一　学习老年认知活动 · 100
　任务二　老年认知活动的要点 · 104
　任务三　老年认知活动的案例 · 105

项目七　老年怀旧活动······111
　　任务一　认知缅怀往事活动······112
　　任务二　缅怀往事活动的要点······116
　　任务三　缅怀往事活动的案例······117

项目八　老年节庆活动······122
　　任务一　认知节日纪念活动······123
　　任务二　节日纪念活动的要点······130
　　任务三　节日纪念活动的案例······132

项目九　老年园艺活动······141
　　任务一　认知老年园艺活动······142
　　任务二　老年园艺活动的要点······144
　　任务三　老年园艺活动的案例······147

项目十　老年艺术活动······154
　　任务一　认知老年艺术活动······155
　　任务二　老年艺术活动的要点······163
　　任务三　老年艺术活动的案例······164

项目十一　老年学习活动······171
　　任务一　认知老年学习活动······172
　　任务二　老年学习活动的要点······174
　　任务三　老年学习活动的案例······176

项目十二　老年手工活动······182
　　任务一　认知手工活动······183
　　任务二　老年手工活动的要点······187
　　任务三　老年手工活动的案例······188

项目十三　老年旅游文化活动······193
　　任务一　认识老年旅游文化活动······194
　　任务二　老年旅游文化活动的要点······198
　　任务三　老年旅游文化活动的案例······200

项目十四　老年党员活动······203
　　任务一　认知老年党员活动······204
　　任务二　老年党员活动的要点······206
　　任务三　老年党员活动的案例······207

项目十五　老年亲情活动······214
　　任务一　认知老年亲情活动······215
　　任务二　老年亲情活动的要点······218
　　任务三　老年亲情活动的案例······219

参考文献······224

上篇
老年活动策划与组织流程篇

项目一 老年活动导论

情景聚焦

中国已步入老龄化社会,第七次全国人口普查数据显示,我国60周岁以上人口达2.6亿,占总人口的18.7%,65岁及以上人口达1.9亿,占总人口的13.5%。

政府和社会都非常重视老龄化挑战,根据不同的老年群体,探索出了多元化的养老模式,如居家养老、社区养老、机构养老、乡村养老、拼居养老、异地养老等。虽然养老方式逐渐变得多样化,养老的物质条件也在不断地提高,但是全社会的老年文化氛围不浓,为老人服务的公共文化设施单调,老年文化产品和服务供给不足,老年人对于自我的存在感和价值感还是相对较低,老年人的精神生活品质急需丰富和提高。

老有所养、老有所医、老有所学、老有所为、老有所乐,五个"老有"是全社会对于幸福老年的共识。老年活动无疑是帮助老年人解决"学""为""乐"等精神需求,通过文化养老等方式,促进其身心和谐发展的主要途径。

任务目标

1. 知识目标:
(1) 掌握老年活动的分类;
(2) 充分认识老年活动的功能和意义;
(3) 熟知老年活动工作者的价值观。

2. 能力目标:
能够主动考虑老年人的需求和能力,有针对性地实施活动。

3. 素质目标:
(1) 培养对老年活动的热爱,对老年事业的热情;
(2) 培养尊重、平等、接纳每位老年人的价值观;
(3) 树立以老年人需求和能力为导向的活动策划意识。

任务要点

1. **重点**:掌握老年活动的分类原则和实践意义;
2. **难点**:理解并内化老年活动工作者的价值观。

知识准备

1. 查阅相关资料，了解老年人养老方式及精神文化现状；
2. 查阅资料，了解"文化养老"概念的提出背景与内涵；
3. 学习活动理论和马斯洛需求层次理论。

任务组织

任务一　认识老年活动

一、老年活动的定义

老年活动，是针对老年人的生理、心理、社会等方面的特点，在活动工作者的支持、协助、策划、组织下，以老年人为主体开展的促进老年人身心健康、帮助老年人自我实现、丰富养老文化的各类活动。

从这个定义可以看出，老年活动至少包括下面四方面的内涵：一是老年活动以老年人为中心，以老年人的需求和能力为导向，活动工作者通过评估，策划出符合老年人特点的有针对性活动；二是老年活动的参与主体是老年人，但是活动对象并不限于老年人，邀请亲朋好友参与的隔代亲活动、家庭活动、社区活动、志愿服务等活动；三是老年活动的目的和功能是多方面的，体现了老有所学、老有所乐、老有所为的老龄工作方针；四是老年活动应该有带头人、组织者，无论是自发性群众活动的老人领袖，还是单位、机构、社区、社会组织中的管理者、护理主管、社工、志愿者等等，都在活动过程中实际承担着老年活动工作者的策划与组织工作。

二、老年活动的分类

（一）按照活动内容划分

根据活动内容的不同，将老年活动大致分为：老年团康游戏、老年康健活动、老年认知活动、缅怀往事活动、节日纪念活动、老年园艺活动、老年艺术活动、老年学习活动、老年手工活动、旅游文化活动、老年党员活动、老年亲情活动等十二类主题活动。本书的编写体例以此为依据。

（二）按照活动对象的年龄划分

（1）低龄老年人活动：这类活动主要针对60～69岁的老年人开展。这类老年人自理能力强，体力、精力比较充沛，活动选择面很广，除长时间、强体力活动之外的一般活动均可开展。

（2）中龄老年人活动：针对70～79岁，活动能力尚可、无肢体功能障碍的老年人。这个年龄段的老人老化程度相对低龄段明显，伴有很多基础疾病，可以安排户外或室内的高安全系数、低活动能力的活动。

(3) 高龄老年人活动：主要针对 80 岁及以上的老年人开展的活动。高龄老人身体机能退化严重，日常活动能力减弱，建议在综合评估之后，针对老人的能力，开展小范围的团康游戏和手指操、口腔操等活动量小的康健活动和认知训练活动，看电视、听广播、阅读等娱乐活动，与人交谈等社交活动，自我护理活动和简单家务等工具性活动。

(三) 按照活动对象的活动能力划分

(1) 自理老年人活动：活动范围参照低龄老年人的活动开展。

(2) 半失能老年人活动：这类老年人有部分功能性障碍，活动要根据老年人具体的身体状况和需求设计。尽量通过活动维持其现存的生理机能，发挥健侧的功能，同时考虑对患侧的保护和功能康复，有的放矢地选择活动类型。

(3) 失能老年人活动：如偏瘫或卧床的老年人，功能性障碍比较严重，日常生活不能自理。面向失能老年人，活动以个体为主，如卧床投掷；设计一些被动的活动，如按摩抚触等；采用音乐、芳香等方法设计一些精神放松慰藉类活动。

(4) 认知症老年人活动：根据认知症分级分类特征，旨在增强认知症老年人的智力、注意力、感知觉、观察力、记忆力、定向力等能力而设计的活动。

(四) 按照活动的专业性划分

1. 专业活动

主要指由活动工作者、社工、接受过培训的志愿者等策划，运用专业理念、专业方法开展的，包括评估活动对象、策划方案、实施方案、风险管理、活动总结等完整流程的老年活动。专业活动除了能娱乐身心、提供情感支持外，有时还能起到康复、治疗等作用，如面向认知症老年人开展的老年认知活动，活动对认知症老年人在心理、情绪和行为上存在的问题有一定的治疗效果；面向功能障碍的老年人开展的老年康健活动，通过评估老年人的身体功能和活动限制，配合康复训练的目标开展的活动，具有治疗性。专业活动和宠物治疗、园艺治疗、运动疗法、作业治疗、芳香疗法、音乐治疗、认知训练等交叉学科的先进技术是密切相关的，融新理念、新知识、新方法于老年活动中，使之更有成效。

2. 业余活动

这类活动不强调活动组织者的专业背景，组织者可以是老年人自身或者团体，也可以是机构、部门的负责人、志愿者等。活动人员本着共同的兴趣、爱好、目标，积极进行策划、组织、参与活动。活动主要呈现群众性、娱乐性特征，培养老人的兴趣爱好、价值感，促进老年人社交网络的建设。

三、老年活动的特点

(一) 多样性

老年活动中的广场舞、太极拳、棋牌麻将、养狗遛鸟等，由于受众广泛，喜闻乐见，让很多人一想到老年人活动，就刻板地以为这些就代表着老年活动。其实老年活动不限于此，是包罗万象的：有包括民俗体育项目在内的侧重于肢体运动能力的康健活动，强化思维能力的认知活动，在缅怀往事中获得成就感的怀旧活动，紧跟时代节奏、时令气息的节庆活动，提升兴趣特长的园艺、艺术、手工活动，增进家庭情感、其乐融融的亲情活动，增强老党员社会责任感和归属感的主题党员活动，回归童心童趣的团康游戏……正如社会的多元性一样，老年活动也应该呈现出多样化的特点，满足老年人的多种需求。

（二）趣味性

在策划老年人的活动时，应重点考虑老年人的娱乐需求，围绕趣味性，而不是竞赛性开展策划。参与活动的动机、活动的过程比活动的输赢结果更重要。因此，活动的选择要符合老年人的接受能力，易学易操作。活动工作者要维护老年人的尊严，不批判、不否定，多奖励、少惩罚，强化优点、弱化问题，积极鼓励老年人在参与社会活动的过程中，树立自信，营造其乐融融的氛围，从而让老年人愿意可持续性地参加活动。

（三）参与性

老年活动不是老年人"闭门造车""自娱自乐"，受益对象也不只是老年人，还应经常邀请他们的亲戚、家人、朋友、邻居、社区居民，甚至是他们的照料者参与到活动中。老年人通过参与活动结交更多的朋友，培养更深的情感，拉近人与人、老年人与其他人群的距离。老年人融入家庭、社区、社会，享受祖孙之乐、家庭之乐、同学之乐、邻里之乐……提升老年人的主观幸福感。

（四）安全性

由于老年群体的特殊性，老年活动的安全性尤为重要。在活动的准备阶段，工作人员一定要对涉及安全问题的场地、设施、交通、道具等事项周详考虑，敏锐地排除安全隐患，制定安全事故应急预案。活动尽可能配备多一些经过安全培训、急救培训的工作人员、志愿者进行防护，有些活动还需要配备医护人员。在活动中对可能危及老年人人身、财产、食品、感染安全的事宜应做出如实说明和明确警示，并采取必要措施。

四、老年活动的意义

（一）促进积极情绪

随着社会的不断发展，老年人不仅需要物质上的满足，也需要精神上的填充，而老年活动则是丰富晚年生活的一种形式。通过参加不同类型的活动，满足老年人的不同需求，帮助老年人弥补因年龄增大、社会角色中断而造成的社会脱离，克服因丧失而带来的孤独感、寂寞感和无意义感等，稳定老年人的心理状态，使老年人能够更好地适应晚年生活，提高晚年生活质量。在参加团体活动时，人们往往是轻松愉快、精神振奋的，可很好地调节脉搏、呼吸、血液、消化液的分泌及新陈代谢，而稳定的身心状态又会促成情绪的良性循环：愉快→活动→愉快。

（二）锻炼认知功能

伴随着年龄的增长，老年人的记忆力减退，大脑思维能力也会下降，甚至在认知能力方面也有一定程度的损伤，对日常生活带来很大的困扰。定期参与益智游戏、认知活动，反复的思考、想象、记忆，可训练老年人注意力集中，强化记忆储存能力，保持敏锐的思维。手工、阅读、写作、集邮、剪报等创作型活动，对感知能力、直觉思维能力、想象能力、逻辑加工能力和表达能力等都有不同程度的锻炼,延缓脑细胞的衰老过程。除此之外,老年人适当运动也可以健脑,改善血液循环,保证大脑充足的供血,预防抑郁情绪或者其他脑部疾病。

(三)增加身体机能

老年人由于身体的衰老,生活质量及健康状况受到很大的影响,容易出现疾病。而保持每天适量的活动,可保持良好的肌张力,促进各部位的弹性,增强全身的协调性,可以从多方面改善身体机能,延缓衰老。老年活动要评估活动对象的个人能力和身体状态,选择适合的活动方案,确保合适的活动目标、活动强度和持续时间。

(四)促进自我实现

老年人的自我意识,主要体现在他们如何看待自己和人生,如何正确对待即将走完的人生历程。由于社会上有不少人对老年人采取歧视态度,把老年人描绘成昏庸、老朽、无用,对老年人的自我认知产生消极影响,让老年人感到自己不再有能力,自我价值感低。老年活动的开展,可以让老年人增加与当下时代、新老朋友接触互动的机会,帮助老年人融入社会。成功地活动激发老年人对新事物的兴趣,协助老年人获得支持,发挥自己的所长,重拾过去的兴趣,实现年轻时未了的心愿;成功的活动,还应鼓励老年人自我决定,增强老年人自我解决问题的能力,增强权能,减轻无力感、无助感,促进老年人的角色再创造,在晚年实现自我价值。

(五)建立支持网络

社会支持包括经济支持、日常生活支持和情感支持三种类型。老年社会支持网络是指老年人从社会和他人处获得的正式支持和非正式支持的总和。一般来说,社会支持网络越密集的人,对挫折失败、紧急情况的处理能力就越强。对老年人来说,社会支持既来自政府、养老机构、社区服务中心、医院、退休单位等正式支持网络的介入和参与,更多来自伴侣、家庭成员、邻居、社区居民、朋友圈等非正式支持网络的帮助。这些支持网络对老年人及其家庭提供经济上的援助、生活上的照顾、精神上的交流,从而为老年人解决问题、克服冲突开辟了新的路径。老年活动的开展,增加了老年人与他周围社会环境的互动机会,鼓励老年人建立与他人、群体、社会的联结,从而形成除原有家庭支持之外的新的社会支持网络,对老年人解决问题、克服冲突开辟了新的路径。

1. 老年活动的意义

五、老年活动的场景或应用

(一)机构场景下老年活动的应用

养老机构提供的服务内容中,老年活动是老年心理、社会、精神服务的重要组成部分。机构院长普遍认为,老年人服务重点不仅是生理更多是心理照料,心理照料对客户满意度、幸福感具有重要意义。养老机构的活动一般包括:常规活动、主题活动、重大节庆活动及围绕特定目的的专项活动。常规活动在机构中常以周、月活动计划表的形式呈现,活动工作者将活动按照功能种类设计好,一次性发布。常见的主题活动有老年人生日会、老年人作品展、老年人党组织分享会、认知症长者功能训练营等。重大节庆活动以年为单位,罗列节庆名称和时间点,策划对应的集体活动,并提前设计活动参与面。围绕特定目的的专项活动,如带有营销性质的开放日活动,辐射周边社区的认知症宣贯公益活动等,许多机构逐步将营销活动、社会责任公益活动与老年活动相结合,统一计划安排。

(二) 社区场景下老年活动的应用

社区老年活动具有两面性特点,一方面由明确的活动主体策划、组织、实施老年活动;另一方面由社区"意见领袖"或"守门员"自发组织老年人组成社团开展活动。常见活动主体单位包括:乡镇街道下属的居民委员会、属地养老服务/社工社会组织、军公教单位离退休办公室等,活动主题围绕业务主管单位的要求设计,经费来源依托其为老服务专项资金。社区自治组织开展的自发性活动有"地缘""业缘"特点,即居住在同一片区、退休前工作性质、兴趣爱好等较相近,社区自治组织的活动意志分散,组织的约束力弱且无明确意图导向。社区自治组织的规模一般为20~50人。社区场景下的老年活动在社区治理层面对于"尊老敬老"文化传承,社区凝聚力,老年人居家安全有益,目前,国内部分城市打造的老年友好社区概念正是在这样的背景下产生的。

(三) 流量思维下的活动价值

近年来,随着互联网思维的影响,流量价值受到养老企业广泛关注。老年活动优势在此作用下逐渐放大。以江浙沪地区为例,涌现出一批通过开展老年人文旅活动,建立老年群体流量池,并不断转化成商业价值的案例。老年活动由传统线下活动升级成线上活动产品,打开自媒体平台,以老年人活动为创意的自媒体"网红"比比皆是。老年消费品企业更是在这样的低投入高产出中,探索社群运营实现千万级消费转换的商业模式。老年活动的场景和应用与时俱进,在新理念、新知识的武装下展现从个体到团队,再到社群的深度运营价值。

任务二 认识老年活动工作者

目前,我国养老领域尚未专门设置活动工作者的岗位,一般养老机构的活动部和社工部、康体部等部门融合,由护理主管、楼长或者社工,一岗多职完成活动组织的实际职能;在社区中,往往由社区(居家)老年人服务中心、日间照料中心、居委会(村委会)的社区工作者、社团的老年领袖来开展相关活动;一些非营利社会组织承接各级政府、街道、社会团体等委托的为老服务项目,以项目运作的方式为辖区服务对象开展相关老年活动。因此,在现阶段,老年活动工作者不是特定的一群人或一种职业,而是泛指为老年人策划活动,并在活动过程中对老年人提供引导、帮助、支持、服务的人。

但是展望未来,在积极老龄化的倡导下,会涌现出越来越重视精神层次需求的文化艺术养老等养老新模式,对专业的活动工作者呼之欲出。他们是认同以老年人为中心的价值观,平等对待每一位老年人的工作者;是具备周密组织各环节、调度各种资源的能力,善于学习运用与各活动主题相关的专业知识和技能的工作者;是由衷热爱老年活动,视老年人的幸福晚年生活为己任的工作者!

一、老年活动工作者的价值观

(一) 热爱

热爱,指热爱老年人,热爱老龄工作。从历史文化传承来说,尊老敬老爱老是中华民族的传统美德。老年人，一生为社会奉献，为家庭奉献，一代一代传承的是知识的宝库，是智慧的钥匙，是民族的魂魄，是心灵的依托。我们热爱老年人，关爱老年人，要落实到积极主动为老年人服务中去。从事老龄工作的老年活动工作者，要从内心关爱老年人，敬重老年人，尊重老年人的思维方式和自主选择，要为老年人提供更多的便利，要为老年人创造更好的颐养天年的环境，要让老年人有选择自己生活方式的权利，并创造条件使他们树立自己新的社会价值自信和家庭价值自信。

（二）尊重

尊重，指尊重老年人的价值，特别是对残疾、贫困、高龄、失智的老年人，不能把他们当作包袱歧视或回避，在人与人的关系上树立平等、互助、合作的观念。尊重，还包括理解老年人参与活动或者不参与活动的意愿，对那些暂时没有参加活动愿望的老年人，活动工作者要同理老年人，充分尊重老年人的自决权，不去强行建立某种关系。老年人有多种性格，有些老年人性格内向，寡言少语；有些老年人则可能表现出喋喋不休，自言自语，如果老年人在参与活动的过程当中出现了过激的言行举止，工作者都要做到接纳，不要刻意地要求，否则有可能使老年人承受压力或者自尊心受到伤害。如果工作者表现出任何不耐烦或反感的情绪，都是不尊重老年人的表现。

（三）支持

老年活动工作者的支持并非单纯提供物质上、经济上的支持，也不局限于制度上、政策上的支持，还包括对老年人情感上、心理上的支持。通过帮助老年人解决家庭困难和个人困难，切实帮助老年人有时间、有机会参与团体活动；通过排解老年人的顾虑，激发老年人的活动兴趣，促进与外部社会的联结；对老年人耐心、细心、关心，对于他们在活动取得的任何一点小成绩都应及时真诚地给予称赞和鼓励，以促进他们自信心的建立。

（四）个别化

有些80岁的老年人可能比60岁的老年人更健谈；一些老年人健康、风趣、乐观，充满"无龄感"；另一些老年人可能唠叨、抱怨、悲观，消极面对老化；有些老年人乐于与人交流，积极参加各类活动；有的老年人则终日无所事事，守着电视到入睡。因为每一个老年人都是不同的，他们的生活阅历、家庭因素、工作环境、教育背景的差异导致了思维方式和交流方式的差异，活动工作者不能用某一固定的模式去要求他们；每位老年人的认知能力和肢体活动能力也不尽相同，活动工作者要在了解评估之后，方能策划出具有针对性、个性化的老年活动方案。

2. 老年活动工作者的价值观

二、老年活动工作者的角色

无论是正式工作人员，还是非正式的工作者，在策划和组织老年活动过程中，工作者实际上承担着如下多重角色：

（一）服务提供者

工作者策划、组织老年活动，其实就是为老年人提供活动这种服务，承担着服务提供者的角色。在服务过程中，要多考虑服务对象的感受和需求，既包括意见咨询，也包括场地服务、陪护服务、物质帮助等。服务要热心，既有为老服务的技能，又兼顾为老服务的礼仪，做一名合格的服务者。

（二）支持者

组织老年活动的目的是为了提高老年人对生活的热情，结识更多的朋友，让晚年生活更充实。在活动过程中，老年活动工作者应成为老年人情绪的支持者、鼓励者，倾听他们内心的声音，积极回应他们的需求；更应创造活动的平台，为老年人建立互相支持的网络关系。

（三）管理者

在活动过程中，从申办到资源协调、财务预算、人力安排、活动设计、撤场等全过程，老年活动工作者都应进行有效控制，以实现过程的高效率，特别是不能出现安全疏漏，懂得如何处理紧急事件等。因此老年活动工作者在活动全过程都要做到计划性，学习管理人、管理物、管理事的办法。

（四）资源获取者

在许多情况下，老年活动工作者为了承办活动，常常需要联络政府部门、相关企业、社会福利机构、学校和广大社会，向他们筹措赞助、政策支持、资金补贴，争取师资、志愿者、活动场地、道具、技术支持等重要活动资源。为活动的顺利开展争取一切可能的资源是老年活动工作者的重要能力。

三、老年活动工作者的技巧

（一）积极倾听

积极倾听是人与人沟通的一个重要技巧，有助于在活动工作者和活动参与者之间建立良好的信赖关系。积极倾听包括专注于说话者的语言和非语言信息，关注每一位老年人，通常可采用点头、共情式的回应等方式进行。老年人从这种回应中得到安慰，使他们感到自己不再孤单，能够自由开放地投入活动。

（二）同理心

同理心又叫共情，是社会工作专业和心理学专业的基本技能，也是老年活动工作者的基本态度和职业品格。同理心是活动工作者对老年人的一种感同身受的投入和设身处地地理解。活动工作者根据老年人的言谈举止，深入对方内心去体验他的情感、思维，并且凭借自己所掌握的知识和经验更好地理解和把握问题的实质，从而对老年人做出回馈。在开展老年活动时，同理心具有非常重要的作用。工作者只有设身处地地理解老年人，准确地把握老年人内心深处表达的信息，才会使老年人感到自己是被理解和接纳的，同理心有利于建立双方的关系。

（三）真诚称赞

在现实生活中，老年人很少有机会被人称赞。当老年人在参加活动过程中，理解了工作者的活动规则，做了一个对自己来说有突破的动作，完成了一个团队的目标或任务，工作人员都应及时、真诚、大方地称赞他们。但是，称赞一定要真诚具体，称赞不是夸大的奉承，不是阿谀，不是儿童式的表扬。只有称赞技巧运用得当，老年人才会欣然接受，会在工作人员和同伴的鼓励中，逐渐获得自我肯定和他人肯定，增加活动兴趣。

(四)多做了解

开展老年活动前,要求活动工作者对活动对象做一些了解。了解活动中的老年人的个性特点、经历专长、文化层次、目标诉求、风俗习惯,以便策划与其需求层次相当的活动类型。在活动成员招募时,要尽可能了解老年人的身心状况,并对老年人进行一定的分组,将同质性或类似身心状况的老年人组织在一起,这样才能更好地照顾考虑到每一位参与者的需求。了解老年人,也包括了解老年人参加活动的限制。如果老年人太羸弱,出行不便,或者听力和言语表达有障碍,又不能配备助听器和助手,可能就不适宜参加此次老年活动。如果有些老年人患重度失智症或者有其他器质性疾病,因为头脑极为混乱不能专注地与人交流,伴有游走等严重行为问题,导致活动组织者无法保证老年人的安全则也无法参加本次活动。如果老年人正处于紧急的危机状况中,诸如刚刚失去了挚爱的人,或者正在经历创伤性事件,在这些情况下,也许更适合参加个体性活动。

(五)细致观察

在活动过程中,活动工作者需要通过观察把控全局。细致观察主要包括以下几点:第一,观察整体服务环境、设施设备是否适宜活动开展;第二,观察个别老年人,对于有特殊疾病、情绪、行为异常等情况的老年人,保持敏感度,判断风险并提供适当引导;第三,观察活动中的其他服务人员,尤其是未经培训的志愿者,判断其服务状态是否适宜活动参与者并提供适当引导。

一名优秀的老年活动工作者,不仅仅要掌握以上这些方法技巧,更要在处理特定的问题时,能够利用自己专业的判断,灵活运用所学的知识,在价值观的指引下作出"此时此地"最好的选择。

任务拓展

实训指导

1. **项目总结:**
你如何看待老年活动对养老机构氛围的影响?

2. **职业情境:**
请到养老机构、社区中了解老年活动安排,分享你所看到、听到的有特色的老年活动案例。

3. **拓展思考:**
作为一名优秀的老年活动工作者,除了本项目所述,还应该具备哪些素质、知识、技能?

项目二 老年活动策划

情景聚焦

恰逢重阳节,某高校青年志愿者协会的一队大学生,带着他们曾经在社区成功策划的手工编织花篮活动,兴冲冲地到当地一家护理院开展爱心社会实践。可是到了活动现场,才发现护理院的老年人以失能、半失能的,需要长期生活照护、专护的老年人居多。坐在护理院公共活动区域的老年人只有四五位,有几位对大学生带来的手工编织花篮活动直摇头,怎么也不愿意参加活动;有两位愿意跟着一起做活动的奶奶又几乎很难完成指令性动作。大学生们最后只能自己手编花篮赠予老年人,然后一脸挫败地离开了护理院。

大学生们回到学校,向老年活动课的专业教师求助。老师问了他们三个问题:以前的成功活动经验一定能复制吗?你们了解这家护理院收住老年人的特点吗?他们的活动需求跟上次社区老年人的一样吗?

请帮大学生们思考一下,在活动实施之前,他们缺少了哪个工作环节,导致了此次爱心活动遇冷?

任务目标

1. **知识目标:**
(1) 掌握老年活动调研的内容;
(2) 策划老年活动方案的写法;
(3) 掌握老年活动安排表的要点。

2. **能力目标:**
(1) 能以老年人为中心开展活动调研;
(2) 熟练撰写老年活动策划方案;
(3) 能制定老年活动安排表。

3. **素质目标:**
(1) 尊重和接纳每个老年人的独特性;
(2) 培养严谨、科学、全面的思维能力。

任务要点

1. **重点**：撰写老年活动策划方案；
2. **难点**：开展老年活动调研。

知识准备

1. 搜索并关注3个以上与活动相关的公众号；
2. 查询"社会调查方法"的相关知识。

任务组织

任务一 老年活动调研

活动策划是一个理性的过程，是有计划、有组织，遵照一定程序的工作。在这个阶段，活动工作者根据服务活动逻辑进行前期调研，包括科学使用评估表、测量表等工具评估活动对象的活动能力和活动需求，关注社区（机构）需求，解决社区（机构）问题，激发社区（机构）活力，征求活动相关者的意见等。在策划中期，充分考虑资源状况，发掘内外资源参与，订立活动目标、活动流程和人员分工。在策划后期，确定活动的成效评估内容及方法。经过这样科学严谨、循序渐进的过程，确保活动推行的可预测性和稳定性，也确保活动能够系统地实现特定的目标。

一、调研内容

（一）需求分析

确认需求是老年活动策划的出发点。老年活动策划的需求分析包括社区（机构）的整体需求，也包括老年人（家属）的个体需求。

1. 整体需求

活动工作者首先要了解整体情况，如社区老年人数量、比例、分布、特征等；机构老年人的总数、各护理级别的人数、主要来源等；活动目的是什么？已开展过哪些活动？受益人群是哪些？参与的程度如何？取得哪些效果？还希望做哪些活动？社区（机构）目前有哪些存在的问题？有哪些特殊的家庭或老年人要关注？希望得到哪些改变？如何通过改善现有的活动以有效解决这些问题？

2. 个体需求

了解活动对象的兴趣、特点、职业、学历、家庭背景、生活习惯和方式、社会参与度、社交往、家庭关系；了解老年人亲属的期待、家人休闲时间的安排等，为后期确定活动目标，选择活动形式、内容，做好时间安排等提供依据。

(二) 能力评估

1. 活动对象的能力评估

常见的评估量表有：老年人能力等级评估表、日常生活能力评估表(ADL)、工具性日常生活活动能力量表(IADL)、简易精神状态检查量表(MMSE)、蒙特利尔认知评估量表(MoCA)、简易心智状态问卷调查表(SPMSQ)等。运用评估量表，辅之以对活动道具的简单操作等，活动工作者可评估出老年人的活动能力、记忆能力、思维能力、沟通交流能力，了解老年人参加活动的可能性以及在多大程度上参加活动，什么类型的活动更适合这个(这些)老年人。对于活动中有餐食服务的，建议增加吞咽评估(SSA)。

2. 活动工作者的资源评估

活动工作者要充分评估自己拥有的资源，包括人力、物力、财力等。在人力资源方面，要考虑能否有足够的人手开展这项活动；如果举办专业活动，需要考虑能否邀请到相关专家；同时要考虑机构的财政能力如何，能否申请到资源等，来决定是否能举办或举办多大规模的活动。作为第三方活动策划的社会组织，还要考虑活动是否符合自己机构关于服务对象、基本立场和工作取向等的宗旨。

有关老年活动的评估表可参见表2-1。

表 2-1 老年人活动评估表

基本资料		姓名		出生年月		性别	□男 □女
		学历		籍贯		文化程度	
		婚姻状况	□未婚 □已婚 □丧偶 □离婚			工作史	
		宗教信仰	□佛教 □伊斯兰教 □天主教 □基督教 □其他			性格描述	
	健康情况	自理能力等级：□自理 □半失能 □失能 认知状态：□疑似轻微失智 □轻度失智 □中度失智 □重度失智 精神状态： 疾病情况： 听力： 视力： 服药情况： 吞咽功能： 所需辅具：□轮椅 □拐杖 □助行器 □眼镜 □助听器 □其他					
生活史	背景资料	成长经历： 职业经历： 家庭教育： 重要生命事件：					

(续表)

社会网络	家庭成员： 家庭关系： 绘制家庭结构图：			
	最要好的朋友： 和邻居关系： 和社区关系： 有重要影响的人：			
兴趣爱好	☐音乐歌唱 ☐电影电视 ☐养草种花 ☐摄影摄像 ☐其他(注明：　　　)	☐英语口语 ☐看书读报 ☐手工制作 ☐宠物	☐书法绘画 ☐棋牌麻将 ☐投资炒股 ☐旅游	☐戏曲表演 ☐电脑上网 ☐健身锻炼
需求	服务类： ☐心理疏导　☐康复理疗　☐营养改善　☐法律协助　☐养生保健 ☐情绪支持　☐人际沟通　☐环境适应　☐深入评估 ☐义工服务　☐资源联结　☐亲朋探望 ☐其他(注明：　　　) 活动类： ☐旅游活动　☐认知活动　☐康健活动　☐怀旧活动　☐园艺活动 ☐党员活动　☐亲情活动　☐学习活动　☐艺术活动　☐团康游戏 ☐其他活动(注明：　　　)				
评估印象	对活动的兴趣：☐兴趣浓烈　☐兴趣一般　☐无兴趣　☐可培养兴趣 对活动类型的建议：☐团体活动　☐特定对象活动　☐个体活动 对活动内容的建议： ☐旅游活动　☐认知活动　☐康健活动　☐怀旧活动　☐园艺活动 ☐党员活动　☐亲情活动　☐学习活动　☐艺术活动　☐团康游戏 ☐其他活动(注明：　　　) 　　　　　　　　　　　　　　　　　　　　　　　评估人： 　　　　　　　　　　　　　　　　　　　　　　　日期：　　年　月　日				

二、调研方法

在选择调研方法时，活动工作者从时间、人力、物力、工作者的能力等角度出发，选择一种或多种调研方法。常见的活动调研方法包括：

(一) 观察法

工作者作为旁观者，了解社区(机构)的日常活动规划、安排、活动方式、活动带头人、活动特色,观察老年人对活动的参与性、活跃程度,了解老年团体和是否存在次团体、老年人之间的亲疏、远近、互动关系。工作者采用观察法调研时,不是冷眼旁观,而是友好地观察,必要时跟对方介绍自己,介绍来意,真诚地尝试初次交流。

(二) 问卷法

问卷法是运用问卷软件或发放纸质问卷的方式向活动对象开展调研的方法。问卷法对于工作者批量收集活动信息,快速整理、导出数据,形成活动调研报告是非常重要的方法之一。但是要注意,问卷长度和时间要控制,不能让老年人过于疲劳;问题表述要符合老年人的表达习惯,少用或不用专业词汇,不能超出老年人的理解能力;如有专人在老年人填写问卷时做些辅导,对填表进行说明和补充,将更有利于提高问卷质量。

(三) 访谈法

活动调研期间,活动工作者可分别邀请社区负责人、老年领袖、居民代表、相关专家学者等参与访谈。通过访谈,与访谈对象建立良好关系,通过深度沟通,熟悉原有的活动开展情况,讨论他们觉察到的问题,收集他们的需要,为活动方案建言献策。

(四) 实地考察法

实地考察法用于对活动环境、场地的评估。活动工作者对于活动环境安全负有责任。无论是首次开展活动,或是定期开展活动的场所会因为人数、季节、天气等变化导致风险系数的变化。活动工作者应当就环境中的应急设施设备、应急人员、应急方案、建筑环境安全等展开实地考察调研工作。户外场地关注临时落脚点、急救路径、高空坠物、路面障碍等;室内场地关注电气安全、热水安全、通风条件等,场地须评估最大参与者容量。

3. 老年活动调研

任务二 撰写活动方案

通过调研,活动工作者确认了社区(机构)的需求、活动对象的需求和能力、活动组织机构的资源和宗旨,订立了老年活动目标,对即将举办活动的有关事项进行初步规划,设计出活动的基本框架,提出活动的初步内容,形成活动策划方案。一般来说,活动策划方案应该首先经过活动主办单位的领导审核、批准,有时还应向上级主管部门申报。其目的是使活动目标与主办单位总体目标相一致,使活动与主办单位其他部门的工作相互协调、相互配合,否则方案无法推行。活动策划方案是成功实施活动的规范载体,因此,撰写活动策划方案是活动工作者的必备技能之一。

一、活动方案要素

撰写活动策划方案,并非一定有千篇一律的格式要求,但是一份完整的活动策划方案应当包括以下内容:

(一) 活动名称

活动名称应具体、简明,能体现活动的主题。可采用活动单位+活动类型+文体命名,如:《福祉养老院趣味体育游戏策划案》《爱老敬老明星评选活动策划方案》《老年心理健康知识宣传活动策划案》;也可采用主标题+副标题方式命名,主标题一般是高度凝练的活动口号,副标题指出活动单位和活动类型,如《活力四射 阳光养老——南京福祉养老院趣味体育运动会策划案》《播种春天 邂逅园艺——老年人园艺活动策划书》。

(二)活动背景/活动目的

活动背景和活动目的可以合二为一写,也可以分开写。活动背景着重介绍活动开展原因、活动相关政策、文化、习俗等方面的背景材料、社会影响等。活动目的则是在背景分析的基础上,介绍这次活动要解决什么问题,希望透过活动达到哪些长期、短期的具体改变(经济效益、社会利益、媒体效应等)和影响,可采用以下句式表达:如"增强……,促进……,优化……,改善……"等句式表述。

(三)活动参与者

明确参与活动都有哪些人,有哪些特征,如居住区域、年龄、性别、身心状况、特长、兴趣爱好、职业、学历等方面是否要明确要求,参与者数量有多少等。

(四)活动时间

列出活动开展的日期、起止时间,如2022年5月25日14:00—15:20。如果有若干个系列活动,每个活动的起止时间都要明确。

(五)活动地点

阐明活动在哪里举行,需要哪些场地。活动地点要选择老年人比较熟悉或容易到达的地方。如需乘坐公交车、地铁等公共交通方式才能到达的地方,最好提供清晰的交通路线。

(六)组织机构

组织机构是指负责活动的组织、策划、服务和营销等事宜的有关单位。目前我国老年活动的组织机构主要包括企业、行业、协会、社会组织、政府、街道、社区、新闻媒体等。在大型的活动中,为了明确职责,还包括发起活动的主办单位,承接活动的承办单位,以外,可根据需要设置协办单位、支持单位、赞助单位、鸣谢单位等。

(七)主要工作安排

从活动策划到活动组织,涉及的宣传、招募等活动前期准备,活动实施流程,活动后期的跟进、评估等事宜,应该在工作安排表中对活动工作团队做好明确的分工,使工作和负责人一一对应。

(八)活动内容

介绍本次老年活动的主要内容是什么,以何种形式开展,有哪几个子活动或流程。要注意策划的活动内容要为活动目的而服务。

(九)所需资源

列出活动中所需要的资源,包括人力、场地、活动物资等资源的取得方式,属于购买、租借还是自有。

(十)活动预算

预算是指为达到活动目标,而开展的费用评估、预算编制和成本控制等方面的管理活动。在活动方案中呈现活动价格和活动的初步预算，可以帮助活动主办方了解活动所需要的大致经费范围，便于下一步筹集活动资金。

（十一）应急预案

预计活动过程中可能突发的情况或可能存在的困难，并提出针对性的预防措施和补救措施。

（十二）注意事项

活动策划和组织过程中涉及的其他需要注意的内容。

不同的活动方案，应当围绕这些要素，根据活动阐述的需要进行丰富完善、组合搭配。其中，活动预算、工作安排、活动内容等部分，如果比较繁复，可以以附表的形式对活动方案正文予以补充。

二、活动方案案例

案例 1

"幸福双旦，爱满社区"迎双旦文艺活动策划案

1. 活动背景

圣诞元旦喜相连，金色夕阳迎新年。新年的脚步近了，为了欢度双旦，恭贺新禧，**社区联合江苏经贸职业技术学院共同举办"幸福双旦，爱满社区"的文艺活动，在社区内营造辞旧迎新的欢悦气氛，给老年人带去新年的祝福。

2. 活动目的

鼓励老年人积极参加活动，提高活动的参与度；加强社区间老年人的交流，增强老年人的朋辈支持网和社会支持网；给老年人展示才艺的机会，增加自我实现感。

3. 活动参与者

本社区老年人皆可报名参加，约 100 名。

4. 活动时间

2021 年 12 月 26 日（周日）14：00—15：30

5. 活动地点

**街道礼堂

6. 组织机构

主办单位：***社区

承办单位：江苏经贸职业技术学院

7. 主要工作安排

序号	重点工作	具体内容	负责人
1	宣传	平时上门探访时对活动进行宣传； 提前在社区宣传栏内挂横幅通知； 活动现场拍照、发布通稿。	张社工

(续表)

序号	重点工作	具体内容	负责人
2	场地	租借申请； 场地布置； 场地打扫。	李社工
3	节目	邀请社区老年团体、有意向的老年人提供节目； 彩排、对接节目需求、确定节目单。	宗社工
4	奖品	购买活动奖品	李社工
5	人员	培训20~25名大学生志愿者	张社工

8. 活动内容

活动时间	具体内容	表演者
14：00	圣诞暖身游戏	主持人
14：15	歌曲：暖暖	全部学生志愿者
14：25	双簧：庆元旦	社区某两位老年人
14：35	健美操：最美的太阳	社区健美操团体
14：40	朗诵：新年 你好	社区某老年人、学生志愿者
14：50	葫芦丝表演：阿里山的姑娘	社区葫芦丝协会
15：05	元旦抽奖活动、游戏	主持人
15：25	合影留念	

9. 活动预算

科目	预算依据	金额（元）
服装费	健美操团体，共10人，每套健美服50元	500
奖品费	人人有奖，共100名老年人，人均20元	2 000
工作人员费用	志愿者补贴标准为50元一天，现场共20名	1 000
不可预测费用	约百分之十	350
总计		3 850

10. 应急预案

(1) 困难：老年人参与度不高。

解决措施：加强宣传力度，把活动的意义和过程描述清楚，主动邀请活动领袖和社团支持。

(2) 困难：活动轮替之间的混乱。

解决措施：每个节目配有负责的志愿者，负责催场，上下场留出足够的时间，不催促。礼堂的动线布置清晰，演员上场和下场路线不同，避免碰撞。

(3) 困难：活动时间不确定。

解决措施:做好节目彩排,活动流程根据彩排时间安排。如果节目演完,时间充裕,通过增减游戏灵活调整活动时间。

(4)困难:志愿者因故不能到场。

解决措施:如遇活动当天志愿者因故不能到场,从已培训的志愿者库里临时抽调帮忙。

11. 注意事项

(1)活动前和活动当天要评估活动对象的个人能力和身体状态。

(2)如果活动当天下雨,志愿者要做好特殊老年人的接送工作,增设场馆雨伞保管工作,注意活动场所的防滑。

案例 2

"拥抱自我"失智症家属解压活动计划书

1. 活动背景

失智症给老年人和家属带来了很大的痛苦,失智症老年人的照护者尤其承担了很大的压力,不仅需要有长期照护的思想准备,还要有照护技能的准备,同时需要及时排解压力,适当得到喘息。因此,失智症老年人的家属应学习一定的方法做好自身的心理建设和能力建设。

2. 活动主题

"拥抱自我"失智症家属解压活动

3. 活动目的

通过失智症老年人的家属分享照护压力,建立同伴支持;学习和运用正念冥想疏导压力,引导家属提升觉察自身身体和心理状况的能力。

4. 活动对象

**养老机构内 11 名失智症老年人家属

5. 活动时间

2021 年 9 月 11 日(周六)9:30—11:30

6. 活动地点

**养老机构活动室

7. 组织机构

主办单位:**养老机构

协办方:**社会工作站

8. 主要工作安排

阶段	时间	重点工作	具体内容	负责人
活动前期	8月20日—8月27日	方案策划	确定活动内容及流程,申请活动经费	罗社工
	8月20日—9月9日	技术准备	社工学习正念冥想、自我觉察课程	
	9月6日—9月9日	物资准备	横幅、矿泉水、书、音乐、各种表单、PPT	

(续表)

阶段	时间	重点工作	具体内容	负责人
	9月6日—9月9日	人员准备	邀请、培训3名志愿者	
	9月10日—9月11日	场地准备	布置、清扫场地	
活动当天	9:00—9:30	签到	工作人员签到、设备调试	罗社工 3名志愿者
	9:30—9:40	活动开场	社工自我介绍,本次活动简介	
	9:40—10:10	开口说压力	通过"造反运动"团康游戏,引导参与者说出日常照顾中的压力和忧虑	
	10:10—10:40	减压方法分享	社工介绍正念冥想、自我觉察这两种方法,带领参与者一起亲身体验	
	10:40—11:00	参与者感受分享	社工邀请所有参与者用简短语言分享活动感受	
	11:00—11:20	赠书活动	社工赠送每个家庭一本《失智症老年人照护家庭枕边书》,介绍读书方法	
	11:20—11:30	活动总结	社工简要总结,邀请活动者填写活动反馈表,告知联系方式,后期活动预告	
	11:30—12:30	活动整理	整理活动场地	
活动后期	9月11日	活动通稿	撰写活动新闻稿,推送到微信公众号	罗社工
	9月12日	活动总结	统计活动反馈表,撰写活动总结	

9. 所需物资及预算

科目	预算依据	金额(元)	备注
物资	矿泉水一箱	30	
礼品	每个家庭赠送一本书,单价30元,共10个家庭	300	
劳务	志愿者补贴标准为50元一天,现场共3名	150	
电脑、投影仪、音响设备		0	由养老机构提供
不可预测费用	按约百分之十计算	50	
总计		530	

10. 预计困难及解决方法

有可能遇到家属参与活动缺乏动力的困难,社工应主动邀请,说明活动的意义和作用;采用同伴影响力,说服互相认识的家属携手参与。

11. 活动评估

(1) 评估参与者感受:使用调查问卷、现场观察等评估方法;

(2) 评估活动效果:使用反馈表、现场观察、活动总结等评估方法;

(3) 活动改进意见:工作人员自我评估、团队内部反馈。

12. 注意事项

中心计划对失智症家庭开设系列(共四次)活动。分别侧重心理解压、情绪调整、照护技巧等方法,活动中要提前预告,争取家属的支持。

案例 3

护理院虚拟币奖励活动方案

1. 活动背景

护理院的老年人以非自理为主,平时组织活动困难重重。在活动调研中发现,除了一日三餐和无微不至的看护,护理院的老年人其实也有精神世界的需求。为了设身处地真正体察到老年人内心的需要,鼓励老年人独立完成个人生活护理,愿意参加康复训练,主动参与力所能及的活动,特拟定了本院虚拟币奖励活动方案。老年人们可以用这些"钱"买自己喜欢的零食、日用品、服务,甚至很多平时不被允许的"特权"。虚拟币奖励活动方案的出现,让老年人们重新回到了赚钱、存钱、花钱的良性循环。

2. 活动目的

通过奖励活动方案,促使护理院老年人自食其力,再次收获自尊和自信,提升自我实现感和价值感,帮助老年人重建生活的动力和热情。

3. 活动对象

院内非自理区全体老年人。

4. 活动时间

活动长期有效,每天开放。

5. 活动地点

护理院院内。

6. 活动项目和奖励说明

赚 取		
个人生活护理	床褥整理	10 币
	正确穿衣	10 币
	按时作息	10 币
	定时服药	10 币
	自己盛饭	10 币
	饮食表现	10 币
为机构服务	帮厨房摘菜	20 币
	为餐桌铺报纸	20 币
	美化机构	20 币
	金点子	20 币
	其他力所能及的帮助	20 币

(续表)

赚 取		
参与团体活动和康复训练	康复训练	20 币
	广播体操	20 币
	唱歌	20 币
	绘画	20 币
	习字	20 币
	朗诵	20 币
	语言学习	20 币
	园艺劳作	20 币
	棋牌竞技	20 币
	手工制作	20 币
	文艺表演	20 币
	团康游戏	20 币
	集体活动	20 币
支 付		
购买物品	购买一件小玩具	100 币
	购买一件洗漱用品	100 币
	餐外点心	100 币
	一杯鲜榨果汁(或牛奶、豆浆)	100 币
	免费早餐/中餐/晚餐一顿	200 币
购买服务	美容或面部护理	200 币
	美甲或手部护理	200 币
	足疗或SPA	200 币
	保健按摩	200 币
	陪护游玩	500 币
	陪护购物	500 币

7. 所需资源

类别	说明
环境	活动室每日提供、组织活动
物资	彩色打印虚拟币,面额为10币、20币
人力	护理员、社工、康复治疗师负责在各自区域发放虚拟币
制度	全院遵照这个奖励活动方案执行

8. 预计困难及解决方法

老年人一开始可能对奖励活动有怀疑,全院要多加宣传,选出几个积极性高的老年人首批参加试点奖励活动。当老年人发现有切实的实惠时,才有更全面的推广性。

9. 注意事项

(1)奖励活动方案的赚取和支付项目如需调整,可由老年人提议,召开院内议事会议,讨论表决,找到老年人最感兴趣有动力的活动项目,提供老年人民主决策的机会;

(2)每个月评选一次院内"最会赚钱的人"和"最会花钱的人",鼓励老年人进入赚钱——花钱——赚钱的良性循环。

任务三　制定活动安排表

活动策划方案通常指单个活动或是持续几天的系列活动的方案。而活动安排表,又叫活动日程表、活动计划表,是把多个(日)活动串起来,有连续性、规律性的计划,便于活动对象清楚地了解近期活动,做好日常规划。活动安排表既有每周活动安排表,也有月度活动安排表,根据需求制定。

一、制定活动安排表的步骤

(一)评估老年人的能力和需求

跟活动策划方案一样,活动安排表要基于对活动对象的充分评估调研,找到老年人能力可及、兴趣所至的活动进行安排。

(二)了解老年人的作息习惯

在制定活动安排表时,社区活动不能忽视老年人日常做家务、接送孙儿上下学、运动锻炼的时间,机构活动要了解机构设定的生活起居、饮食加餐时间。因此,活动安排表是在尽量不打破老年人作息习惯的基础上,有规律地安排活动,目的是让老年人生活更充实。

(三)了解可整合的活动资源

活动资源是提供服务的前提。如果在活动安排表中,每天一次,或上下午各安排一次活动,那么是否有长期、持续性的活动资源就是关键。是否有可以长期使用、相对固定的活动场所?是否有专职或兼职的活动工作者?是否能链接所在社区、老年大学、社会组织、社区内企业等正式资源?链接老年人家庭、邻居、志愿者、其他社区组织等非正式资源的支持?有时候老年人本身就是活动的优势资源,老年人可以自己组织、带领老年人活动,这种现象在社区中尤为普遍。活动工作者要充分调动一切可利用的活动资源,与活动对象的需求匹配之后,才能合理规划活动频次和活动内容。

(四)制作活动安排表

对于养老机构来说,失能、半失能、轻度失智、中度失智的老年人对活动的需求与自理、低龄老年人的活动需求一定不同。如果条件允许,最好每个不同的生活区域,如失智区、失能区、半失能区、自理区能分开制定该区域的活动安排表,独立开展活动。如果条件不允许,则在一个活动安排表中既要关注老年人共性的兴趣爱好,也要关注小范围、特定群体老年人的活动需要,将集体活动、特定小组——如专门针对轻度认知症障碍老年人的认知小组活动、专门针对坐轮椅老年人的下肢康健活动、针对卧床老年人开展的卧床活动等穿插起来。越是弱势、困难的老年人群体越需要活动工作者主动关注,不能剥夺他们活动的权利。

(五) 收集活动反馈信息

在每个活动周期结束后,活动工作者应该收集活动对象,包括家属和护理人员对活动的意见,整理老年人参加活动的反应状态,看看老年人是否有困难?活动时长是否合适?还有哪些老年人的需求没有被关注到?活动计划执行一个月后,根据反馈信息,动态调整活动安排表。

二、制定活动安排表的要求

(一) 内容要素

(1) 活动主题:要求命名简短清晰,直截了当,如手工活动、活力操、营养课堂等。在活动安排表中,尽量在一个周期内提供多种类型的活动,既有训练老年人的反应力、记忆力等思维能力和认知水平的活动,也有锻炼老年人的肌肉、力量、精细动作等能力的肢体活动,还有重视语言交流,鼓励表达新想法的学习分享活动,为老年人提供多感官多刺激的活动环境。在周末,如果能邀请老年人与子孙、亲朋好友相聚,开展亲情活动,对机构入住老年人来说是最大的情感支持。

(2) 活动图片:安排表中最好插入能体现活动主题的卡通化、形象化的彩色图片,有助于帮助文化程度不高或者视觉能力下降的老年人识别。

(3) 活动时间:标注具体星期几(或几号)的活动起止时间。考虑到老年人的能力状况,每次活动坚持的时间不能太长,建议每次活动时间 40 分钟左右。对于老年人来说,在固定的时间做固定的事情,对于建立稳定的作息和锻炼时间定向力是有一定益处的,因此在活动安排表中,每天活动的时间尽量保持一致,比如每天的 9:00—9:40。

(4) 活动地点:如果机构或社区内有多个活动室,要注明每个活动的活动地点,防止老年人跑错地方。

(二) 形式要求

(1) 图文并茂:老年活动安排表以表的形式规划,但不建议用黑白相间、行距密集的工作表格,不利于有视力障碍的老年人寻找。建议相邻的两行用不同的颜色做区分,或者弱化横竖交叉、让人眼花缭乱的线条,突出活动图片的中心,排版大方清晰。

(2) 活动海报:A4 纸打印的活动表格很难吸引老年人的注意,如果活动工作者用手绘海报、宣传画的方式制作,张贴在食堂、走道、大门口等老年人必经之处,关注效果则要好得多。

三、养老机构活动安排表

> **案例 1**

朗诗常青藤 6 月份老年活动安排表

活动背景:在朗诗常青藤老年公寓(南京上元大街点),活动工作者面向全体老年人制定月度活动安排表。以丰富老年生活,增加多感官多学习活动环境为目标,以月度为单位,每天开展主题日活动。每天2次,分别是上午9:30—11:10,下午15:30—15:10,每次约40分钟。每个月制定一个活动安排表,月月有变化,日日有主题,常换常更新。机构如有文字阅读障碍的老年人,注意图文相结合的形式,确保信息畅达。

上元大街站上元区6月活动月历表

星期日	星期一	星期二	星期三	星期四	星期五	星期六
家庭日	互动游戏日	休闲娱乐日	艺术手工日	认知日	运动锻炼日	兴趣学习日
						1 9:30 十巧手 15:30 摄影兴趣小组
2 9:30 健康活力操 15:30 家庭小聚自由活动	3 9:30 穴位保健操 15:30 护蛋行动	4 9:30 十巧手 15:30 麻将争霸	5 9:30 樱花操 15:30 环境日(整理房间)	6 9:30 健康活力操 15:30 彩绘热气球	7 9:30 穴位保健操 15:30 端午节做香包、挂艾叶、包粽子	8 9:30 十巧手 15:30 读书小组
9 9:30 健康活力操 15:30 家庭小聚自由活动	10 9:30 穴位保健操 15:30 寻宝大作战	11 9:30 十巧手 15:30 棋牌娱乐	12 9:30 樱花操 15:30 丝袜花	13 9:30 健康活力操 15:30 旧报纸编织	14 9:30 穴位保健操 15:30 纸棒球	15 9:30 十巧手 15:30 书法练习小组

上元大街站上元区6月活动月历表

星期日	星期一	星期二	星期三	星期四	星期五	星期六
家庭日	互动游戏日	休闲娱乐日	艺术手工日	认知日	运动锻炼日	兴趣学习日
16 9:30 活力健康操 15:30 父亲节贺卡	17 9:30 穴位保健操 15:30 Bingo游戏	18 9:30 十巧手 15:30 麻将争霸	19 9:30 樱花操 15:30 超轻黏土	20 9:30 健康活力操 15:30 反应训练:天气预报员	21 9:30 穴位保健操 15:30 夏至消暑拉力球训练	22 9:30 十巧手 15:30 摄影兴趣小组
23 9:30 健康活力操 15:30 奥林匹克日趣味运动会	24 9:30 穴位保健操 15:30 成语猜猜猜、正话反说	25 9:30 十巧手 15:30 棋牌娱乐	26 9:30 樱花操 15:30 纽扣画	27 9:30 健康活力操 15:30 逢"7"过	28 9:30 穴位保健操 15:30 十巧手	29 9:30 十巧手 15:30 读书小组
30 9:30 健康活力操 15:30 家庭小聚自由活动						

案例 2

失智区老年活动安排表

活动背景：在某养老机构的失智区，活动工作者经过评估之后，认为有些轻度认知障碍的老年人可以参加团体活动。计划以认知干预为目标，制定每天1次（10：00—10：45），每次45分钟，连续8周，每2周一循环的活动计划。

第一周	周一	周二	周三	周四	周五	周六	周日
主题活动名称	欢迎日 破冰游戏	感官日 气味辨别	怀旧日 儿时玩意	康健日 夹豆子	认知日 图片分类	陪伴日	
第二周	周一	周二	周三	周四	周五		
主题活动名称	园艺日 树叶贴画	认知日 好日子	绘画日 手指画	手工日 撕纸	音乐日 音乐照顾		

案例 3

X机构年度重大节庆活动表

活动背景：X机构在上年12月中旬完成对次年重大节庆活动安排，按照节庆的规模权重将活动分为1～3星。活动分级可以帮助活动工作者全面、快速把握年度活动的重要性，在人、财、物及相关资源分配上便于统筹规划。

X机构节庆活动表

序号	场景布置	活动星级	节庆	活动日期	主题	内容
1	1月12日—2月25日	★	腊八节	1月13日	窗花制作主题活动	1. 剪纸 2. 餐厅：腊八粥的制作展示
2				1月25日	手工灯笼制作	制作手工灯笼
3		★★★	春节	1月26日	《春的奏鸣曲》音乐会	金陵老年大学、工作人员、老年人及家属、志愿者等器乐演奏人员
4				2月4日	除夕影视厅春节联欢晚会	工作人员陪同老年人看联欢晚会

(续表)

序号	场景布置	活动星级	节庆	活动日期	主题	内容
5		★★	元宵节	2月19日	更胜秦淮,手工艺人的灯笼展	1. 餐厅:秦淮特色小吃(2.18~2.20) 2. 南京灯笼手工艺人作品展,可售 3. 猜灯谜
6		★	地球日	4月22日	手工环保袋制作	
7	5月10日—6月16日	★★★	母亲节/父亲节	5月12日	三行情书,给父母的一封信	提前联系家属收集三行情书内容,制作成展板布展
8		★★★	端午节	6月6日	龙舟DIY填色活动	1. 木质龙舟填色 2. 龙舟义卖活动
9		★★	七夕	8月7日	银发爱情图片、故事展	收集老年人照片及故事,制作成展板布展
10	9月1日—10月10日	★★★	中秋节	9月12日	中秋会演	高校社团、幼儿园、家属及长辈
11				9月12日	月的书画诗词展	
12		★	国庆节	9月30日	南京图片展	
13		★★	重阳节	10月7日	茱萸压花书签制作	
14		★★	感恩节	11月28日	我心里的种子	1. 提前联系家属感恩长辈 2. 工作人员感恩话语明信片制作 3. 提前给长辈发放感恩卡赠与他人
15	12月20日—2月	★	圣诞节	12月25日	圣诞花环制作	
16				1月1日	元旦文艺会演	
17		★★★	元旦	12月25日—1月1日	2022年X养老院大事迹展	照片、里程碑制作,布展

制表部门:社工部　　　制表时间:　　　审核人:　　　领导审批:

任务拓展

1. 职业情境:

(1) 综合运用观察法、问卷法、访谈法调查你所在社区、养老机构老年群体的活动能力和活动需求;

(2) 征集社区和养老机构的老年活动安排表,看看哪种形式最清晰醒目,尝试着自己手绘一份图文并茂的活动安排表。

2. 拓展学习:

查阅五到十个老年活动策划方案,学习不同的写法。

实训指导

项目三 老年活动组织

情景聚焦

在一场街道主办的"长者康乐游园活动"的总结会上,工作团队实事求是地分析了活动组织过程中的问题:1. 志愿者预估数量不足,导致有些项目的发令员和裁判员、记录员三职责合一,场面一度有些混乱;2. 活动的宣传方式单一,主要依靠社区工作人员发放传单、贴告示,许多路过的居民表示事先不知道有这个活动;3. 活动经费比预算超支百分之三十八,原因是对奖品数量估计不足;4. 原定活动持续一小时,由于来参加的活动者比较多,很多项目需要排队,延长到两个小时,结束时恰逢幼儿园放学,很多老年活动者急匆匆地就走了,导致活动闭幕式观众寥寥;5. 一个临时替补的志愿者与一位参加活动的奶奶发生争执,斥责奶奶不遵守活动规则,引起一阵僵持。

本着不怕暴露问题,就怕不解决问题的原则,工作团队展开了一场如何更好地组织活动的热烈研讨。

任务目标

1. **知识目标:**
(1) 了解活动组织的完整流程;
(2) 掌握活动各阶段的知识要点。

2. **能力目标:**
(1) 初步学会进行活动人力、财力、宣传、进度管理;
(2) 能够现场主持老年活动;
(3) 学会开展活动的评估总结。

3. **素质目标:**
(1) 培养团队合作精神和协调组织能力;
(2) 具备大方的主持礼仪和灵活的主持技巧;
(3) 培养严谨、科学、合理的管理能力。

任务要点

1. **重点:** 活动志愿者的招募和培训;

2. **难点**：灵活大方地现场主持老年活动。

知识准备

思考一个大型的老年活动从策划到组织、最后展现需要经过哪些环节。

任务组织

任务一　活动志愿者管理

志愿者是指不为物质报酬，基于良知、信念和责任，自愿为社会和他人提供服务和帮助的人。志愿者是开展公益性活动的重要人力资源，志愿者招募是老年活动筹备阶段的重要工作内容。志愿服务的无偿性质，使得对志愿者的管理不同于对活动正式工作者的管理；而活动志愿者来源的广泛性和多样性，加上其不同于正式员工的身份，无疑增加了对其管理的难度。对活动志愿者的有效管理成为成功办好活动必须解决的问题。

一、志愿者参与动机分析

（一）自我实现

志愿服务作为一种无偿的超市场化行为，恰好扩展着志愿者的心灵体验，他们能在志愿活动中得到参与社会、奉献社会的满足，寻求情感上的慰藉，感到自己有益于他人，被人需要，获得愉悦。从这个意义上说，与其说志愿者服务他人，不如说志愿者服务自己，服务人性最高层次——自我实现的需求，这就是志愿服务最绵长的内在动力。

（二）以恩报恩

以恩报恩，以德报德，这是中国传统道德文化体系的重要组成部分。我们每个人都曾经受过社会或者他人的恩情，在我们有能力的时候，将爱传承，回报给对方。故而不少志愿者的动机是将参与志愿服务作为对社会、对曾经给予自己帮助的人们的一种回报方式。

（三）组织认可

参与志愿活动是个体为组织所认可的被动的必然的选择。在我国，即使志愿者以个人名义提供服务，但背后推动他们做出这种举动的，却可能是来自其所属的单位、组织的某种力量、压力。这不仅体现在来自组织、单位的直接的内部命令或命令式的动员上，也体现在希望以此作为自己积极向单位、组织靠拢的一种表示，以获得单位、组织的认可。

二、志愿者的管理流程

完整的活动志愿者管理流程包括以下几个环节：计划、招募、定位与培训、配置与协调、激励、监督与评估。

（一）志愿者的计划

活动志愿者计划是根据特定活动的整体规划，分析和预测活动对志愿者的需求和志愿者的供给情况。活动服务岗位分析是志愿者招募的前提，主要估算所需志愿者的类型、数量和任职条件。

（二）志愿者的招募

明确了志愿者的岗位和任职条件后，就需要开展志愿者招募。通过发布活动志愿者需求公告、按要求招募志愿者。

1. 发招募公告的内容

一份完整的志愿者招募公告需要简单介绍活动背景和组织机构；详细描述志愿者的岗位和任职条件；详细介绍工作情况，包括工作内容，志愿者服务收获和对志愿者的承诺等；明确应募者需要准备的材料；注明应募者的联系方式。

2. 招募志愿者途径

志愿者为活动提供服务有两种组织形式：一种是集体志愿者，一种是个体志愿者。集体志愿者最常见的招募渠道是高校、中学等教育单位或企业等，从有效协调的角度来看，集体志愿者是最理想的组织形式。比如我国大量的志愿者隶属于各级团组织的青年志愿者协会，相关活动可以通过联系各学校的团组织代为招募。此外，可以通过联系志愿者义工组织，开展活动合作项目，如临终关怀志愿组织，义工联等。个体志愿者是根据活动的工作需要，通过散发机构宣传品、张贴招募启事、利用大众传媒、口头宣传等方式从社会上招募，通过志愿者推荐或亲友介绍等方式招募。

（三）志愿者的定位与培训

根据活动的需求以及志愿者的供给状况，将志愿者分配到各个岗位上，通过有系统有目的的培训，招募的志愿者才能成为活动工作团队中有效的一分子。老年活动志愿者的培训内容包括精神层面上为老服务的价值观、组织核心理念、归属感的培养，还包括面向特定活动对象的养老服务行业的礼仪与沟通技巧培训，又包括特定岗位的技能培训、活动程序、规范要求、紧急事务处理等。活动工作者要根据志愿者所从事的不同岗位，进行模块化培训和轮岗培训。

（四）志愿者的配置与协调

志愿者岗位配置柔性化，岗位不仅要周详，还要留有适当的弹性空间。在遇到紧急任务时，能够对不同活动岗位的志愿者进行重新分配使用，而不受其所在岗位和分工的约束，以保证各项活动顺利开展。志愿者的配置与协调必须遵从协同性原则，即活动志愿者的管理主体之间、志愿者与正式员工之间、不同部门的志愿者之间以及同一部门的志愿者之间，通过合理的组织结构以及有效的分工合作，形成一种大于个体分力之和的合力。对于集体志愿者，建议在初次接触时按照表格内容做信息统计，便于日后开展配置与协调工作。

表 3-1　志愿者登记表(团队)

制表：社工部

组织名称		联络人	
成员数		联络方式	
组织类别	☐企业　　☐社会组织 ☐学校(☐高校　☐高中　☐初中　☐小学　☐幼儿园) ☐其他： 企业及社会组织需提供组织机构代码和代码证复印件		
服务时间	☐周一(上午/下午)　　☐周二(上午/下午) ☐周三(上午/下午)　　☐周四(上午/下午) ☐周五(上午/下午)　　☐周六(上午/下午) ☐周日(上午/下午) ☐节休　☐寒暑假　☐其他		
	备注		
	时长	频次	
服务经历	☐养老机构　☐社区长者服务机构　☐其他		
服务意向	■可教　◢可演 ☐乐器_____　☐舞蹈 ☐武术 ☐手工　　　　　☐画画/涂鸦 ☐书法　　　　　☐运动 ☐唱歌(☐流行　☐美声　☐戏剧_____) ☐电脑　☐摄影 ☐入户访视　☐临终关怀　☐其他		
注册日期	年　月　日	经办人	

(五) 志愿者的激励

根据激励理论，可以将活动志愿者的激励方式分为内在激励与外在激励。内在激励源于志愿者因参与活动而产生的内在满足感，如公民的责任感、团队归属感、个人的种种精神需求，包括以志愿者身份为骄傲，为能够展示和实现自我价值而满足，对活动意义的自觉认识等。外在激励则是指志愿者因为提供志愿服务而受到表扬、嘉奖、宣传，如专用勋章、赞助商提供的物品、制服等。如盐湖城奥运会的志愿者计划明确指出：志愿者认证计划包括参与证书、专用会章、挂表、开幕式服装预演的两张门票和一套志愿者制服。如：悉尼奥运会的所有志愿者都可以领取一套服装，包括两件衬衫、两条裤子、一个背包、一件雨衣和一顶牛仔帽。内、外激励之间具有较为复杂的交叉效应关系，外激励能够增进内激励，而志愿者活动又往往以内激励为主导。内、外激励相辅相成，共同促进志愿者以积极的心态为活动提供优良服务。

4. 老年活动志愿者管理

三、招募活动志愿者公告

> **案例**

"周周关怀,温暖有我"关爱高龄独居老年人行动志愿者方案

1. 招募条件
(1) 身体健康,责任心强,能胜任志愿者工作;
(2) 有爱心、有耐心,做事细心,热爱志愿者服务行为;
(3) 能够接受老年人、理解老年人;
(4) 周末时间充裕者;
(5) 有参加过老年人志愿服务者优先;
(6) 家住**镇者优先。

2. 招募数量
首批拟招募志愿者100人。

3. 管理方式
(1) 接受现场报名、网络报名、电话报名等方式。联系方式:略。
(2) 报名参加志愿服务的所有志愿者,要经过镇志愿者服务中心社工的面试、遴选、64课时的初级养老护理员业务培训。培训通过的志愿者,将获得养老护理员培训结业证和**镇颁发的志愿者上岗证。
(3) 志愿者的服务时间有服务中心和志愿者双方共同制定。一旦约定,要求按时参加志愿者服务,听从活动现场指挥,服从相关活动工作的安排,按时按质完成当次志愿服务。
(4) 志愿者服务时数的确定,将由驻镇社工服务点初次确认,由镇志愿者服务中心最终确认并登记。

4. 其他
驻镇社工服务点时刻欢迎热心公益、热情服务、富有爱心的社会各界人士,加入我们的志愿者团队,参与我们的高龄独居老年人志愿服务。在志愿者服务过程中,参与者将获得:
(1) 定期的志愿服务方法、技巧的培训;
(2) 奉献爱心,体验实践活动,感受志愿服务"团结、互助、友爱"精神的机会;
(3) 近距离接触、了解老年人,体会老年人与常人不一样的心理和需求,实实在在帮助他们解决问题,体现人生另一方面价值;
(4) 结交朋友,共同服务,一起进步,不断成长;
(5) 获得养老护理员培训结业证和志愿者服务证书、荣誉勋章等;
(6) 每次志愿者服务50元补贴。

任务二 活动宣传推广

任何活动都离不开宣传推广,从而打造社会效应,老年活动也不例外。

一、宣传推广的方式

活动宣传推广的形式丰富多样,并且随着时代的变化而变化。活动工作者要选择对本次活动宣传有利有效的方式,"在有鱼的地方打鱼",以扩大活动的影响力。

宣传方式	说　明
横　幅	悬挂交通主干道、人流量大的地方、活动现场。
海　报	贴于公告栏和活动现场宣传板上。
传　单	在社区居委会或小区内派发,或沿街在老年人聚集的地方派发。
展　板	活动展板、x架、易拉宝上可贴宣传信息。
礼　品	活动礼品上印有活动相关信息。
咨询点宣传	活动前两天和活动当天可设点、专人开展活动咨询。
彩旗宣传	插在老年人经常聚集、路过的人流量大的地方,或选择进行自行车巡游。
灯　箱	在路的两旁路灯上设置,灯箱内容包含活动信息。
报纸宣传	选择有影响力的当地报纸。
刊物宣传	在有关刊物内报道。
电视宣传	选择目标受众欢迎的电视频道和时段。
广播宣传	选择目标受众欢迎的广播电台和时段。
网络宣传	在目标受众最关注的网站、微信公众号、微信群上进行活动信息的宣传。
新闻稿宣传	自己撰写或邀请记者对活动进行报道。
新闻发布会	举办记者招待会,发布重大活动信息。
活动专题宣传	在机构网站上设置专题,办活动会刊; 在报纸、电视、广播、网络、杂志上开辟活动专栏,让人们经常可以看到活动举办期间的动态。
新闻事件宣传	在活动前期或期间"制造新闻",挖掘热点话题,为活动造势,吸引媒体报道。
交际公关活动	组织联谊会、座谈会、慰问活动、茶话会、沙龙活动、庆祝典礼、纪念会等,提高活动知名度。

二、宣传推广的要点

活动的宣传推广分为三个阶段,分别是前期活动造势、活动现场宣传、后续活动报道。宣传要有整体计划,让活动对象和大众产生连贯的印象。

(一)前期活动造势

(1)主题性:主题是活动策划的灵魂,也是吸引活动对象的根本。常常看见有些活动的文字宣传就是"老年人活动",没有活动的具体主题定位,无法让潜在的对象一目了然,激发兴趣。因此,策划老年活动时,可以从主题进行活动定位,如节日主题文化、冬奥会体育、信息技术、宠物情感、环保主题等,紧紧围绕核心进行横向纵向的拓展。

(2) 奖励性：老年人参与活动有时存在一定的惰性，需要我们给予刺激，才能激发出参与活动的愿望。在活动前期宣传时，用活动奖品、奖金、荣誉证书等吸引活动对象，引导他们出于获利目的而参与到活动中来，潜移默化地接受宣传影响。

（二）活动现场宣传

(1) 氛围营造：在活动现场的宣传布置和气氛营造方面，要紧紧围绕主题，采用多种艺术表现形式，选用鲜明的色彩，制作、悬挂多种充满活动气息的宣传作品，给活动对象以愉快的享受。

(2) 娱乐性：策划老年活动时，应该根据老年人的心理特点，重视活动娱乐气质的设计，形式生动活泼，现场气氛欢快，活动设计有高潮，有感染力，引导活动对象出于娱乐和好奇而积极参与活动。

（三）后续活动报道

(1) 情感体验：活动完成后的报道不仅在于活动记录，还在于引起活动对象的美好回忆，做好情感体验的提升，更重要的是通过老年活动的报道，表达爱护、尊重老年人的价值观，这种态度会让其他受众找到一种归属，认可活动理念和组织机构的文化，肯定开展老年活动的意义，吸引更多的受众来关注活动，达到活动营销的作用。

(2) 文本风格：活动报道通常有两种形式，一种是活动新闻稿，发布在报纸、网站上的稿件，有着传统通讯稿的真实性、客观性、时间性的特点；二是微信自媒体活动稿，发布在微信公众号上的稿件，不受传统媒体形式的影响，选题新鲜创新，有"热搜、热词"亮点，行文简单生动，便于阅读，配图清晰，不限张数，尤其是封面的配图要能吸引受众不自觉地点击，自带传播属性。无论哪种报道形式，报道都是越及时越好，最好在活动当天，最迟第二天发出。

三、案例

案例 1

社区活动宣传方案

垃圾分类社区活动宣传方案

1. 活动目的

为了配合近期社区的垃圾分类重点工作，普及社区居民的垃圾分类知识，营造一个卫生、整洁、生态的社区环境，特此筹备垃圾分类主题活动。

2. 宣传方案

让社区居民对垃圾分类行动深入人心，知晓即将举办的垃圾分类社区活动，提高群众参与性和满意度，提升主办方的活动知名度和社会影响力。

(1) 活动一周前

海报宣传：在社区内张贴精美手绘海报，吸引社区居民关注活动。

分发传单：向社区居民发放印有垃圾分类知识的传单，平时拜托社区居委会的工作人员发放。

广播宣传：活动前一周，在社区广播上午和下午两次播报。

口口宣传：在社区垃圾分类亭，由活动工作者、志愿者进行活动预告。

（2）活动中

公共关系：活动当天，邀请社区中的名人为活动剪彩。

礼品宣传：参加活动的居民获赠印有垃圾分类口号的小礼品。

活动宣传：设置精彩的制作分类垃圾桶游戏，垃圾分类知识互动抢答游戏，增加公众对活动的印象和兴趣。

氛围营造：活动现场用横幅、展架、气球等营造主题活动氛围。

（3）活动后

报纸宣传：邀请社区合作的媒体记者，对活动进行媒体报道。

网站宣传：活动一结束，在社区网站发布活动通讯稿。

自媒体宣传：在主办单位的微信公众号上发布活动稿，工作人员积极转发微信朋友圈。

案例2

微信公众号活动稿

六一｜光影中的童乐园，相框里的旧时光[①]

在你心里

最能代表童年的记忆是什么？

是老爷爷走街串巷吆喝的冰糖葫芦

是小伙伴手折的飞的很高的纸飞机

还是做完作业才能看的动画片

……

人老心不老，顽童玩到老。每个人都曾经拥有自己的童年，每个长者都曾是个孩子，六一不光是小孩最期待的节日，也是长者们的节日。这个六一，九如城通过旧时光场景的营造，让长者坐上时光机穿梭回童年，让他们再次感受童年的美好，重温童年旧时光。

范院长为长者送节日祝福

活动开始，九如城（中春）康养中心院长范桂华教授为长者送上节日祝福：

"家有一老，如有一宝，老人是每个家庭的宝贝。童心未泯，老人的晚年生活更需像孩子一样，悉心关爱、精心照料。童心不老，就能乐而忘忧，不知老之将至，保持一颗童心，长者的老年生活也会更加轻松愉快！明天就是六一儿童节了，在这里预祝各位大朋友六一儿童节快乐，身体健康！"

相框里的旧时光

笑容永不过时，快乐不分年龄。5月31日上午，活动人员为长者们穿上白衬衫，佩戴红领巾，穿越时光，为他们拍摄了一组童年照。

教室、红领巾、军绿色斜挎包，这些旧时光的元素对于康养中心的爷爷奶奶们来说是最

[①] 出自"九如城"公众号2019年5月31日，引用时为避免侵犯老人肖像权，配图已省略。

熟悉的童年记忆，终能勾起他们满满的回忆。

有一种爱情是我陪你到老

有种爱情叫一见钟情

还有一种爱情是我陪你到老

相伴相知相守

用一生的守候来证明真心

我爱你

值得纪念的是，拍照的长者中有7对老夫妻，其中6对金婚！金婚，是结婚五十周年的婚姻，象征着情如金坚，爱情历久弥新。借此机会，摄影师为他们拍摄了充满童年趣味的金婚照，用镜头记录他们历久弥坚的爱情！柴米油盐，生儿育女，携手走过半辈子。转眼间，芳华已逝，额上爬满了白发。多少风风雨雨一起走过，最浪漫的事就是陪你慢慢变老，他们是对方的拐杖，亦是彼此的希望。

多少人曾爱慕你青春妩媚的身影，

爱过你的美貌出自假意或者真情，

而唯独一人爱你那朝圣者的心，

爱你日渐衰老的满面风霜。

走过金婚的我们，

会回忆过去五十年发生的事情。

我们已经儿孙满堂，

我们会变得健忘，

但是我们始终都不会忘记照顾彼此。

任务三　活动财务管理

活动财务管理包括从活动筹备期的经费筹措到服务阶段的预算管理、成本控制，再到结束阶段完成经费报销。

一、经费筹措

目前，社区、社会组织、养老机构的活动资金大多来源于政府补助或依托政府购买的社会工作、养老服务项目，有部分来自自筹。提高活动工作者的筹款能力，通过开展活动，向企业、基金会、个人筹集资金，建立造血机制和良性循环，发动更多社会力量关注老年群体，是活动工作者们努力的方向。老年活动的资金募集方法主要有以下几种：

（一）企业赞助

企业赞助已经成为活动营销的一种普遍形式，是指企业向某些活动或组织提供支持和帮助，是企业和组织、机构及个人之间投入（资金、实物、技术、服务等）和回报（冠名、广告和促销等权利）互惠的交换关系，是平等合作、互利双赢的商业行为。近年来，公益活动越来越受到企业的关注,企业在赞助公益事业的同时,为企业树立一个负责、积极的社会公民形象,是提升企业品牌形象、增强企业美誉度、忠诚度的主要途径。

(二) 专项基金

没有公募资格的社会服务机构,可以在有公募资格的基金会或慈善组织下设立专项基金,按照资助方的意愿使用一定的经费开展相关活动。

(三) 公益众筹

一种通过互联网方式发布筹款项目并募集资金的公益活动。通过在网络上发布筹集信息,争取社会公众对机构和活动进行资助,可实现在线筹集资金。

(四) 个人资助

活动筹资人可以利用亲戚、朋友、熟人等私人关系,通过沟通交流表达需求、请求帮助。也可以组织志愿者对以往活动的热心群众进行电话拜访,传达近期活动讯息,说服潜在资助方进行资助。

(五) 活动筹资

通过组织筹资活动进行筹资。常见的有社交活动,如捐赠物品拍卖会、义卖会、展览会、沙龙等;文艺演出活动,如慈善音乐会、文艺晚会、表演等;体育活动,如慈善慢跑、趣味运动会等。

二、活动预算

活动预算是活动工作者在活动目标的指导下,对未来活动和相应的财务结果进行充分、全面的预测与筹划,以帮助活动管理者更有效地管理活动和最大程度实现活动目标。

制定活动预算包括三个环节,即资源计划,确定每一活动环节需要的资源(人力、设备、材料等);成本预估,对资源计划中所需要的资源成本进行估算;编制预算,依据估算的资源成本分配到活动的各环节。

(一) 资源计划

编制开展活动所需要的资源需求计划。资源的取得方式,如捐赠、租赁还是购买,对活动的成本影响很大,应该尽可能考虑所能获得的活动资源,重视各种资源的平衡协调,努力降低因为资源使用不当而导致的成本增加。

(二) 成本预估

明确活动所需的资源种类和资源数量后,要做的工作就是预估成本。分项估算每个活动资源的成本,累计相加得出活动总成本。资源划分越细,成本估算越准确。分项合计、累计相加的方法,我们称为"从下而上"的方法,依赖性强,偏差性小,但估算工作量大。与之相对应,成本预估还包括"从上到下"的估算,是指依据丰富的管理经验和历史数据进行估算。这样的方法,推断成分为多,相比较误差的可能性要大。鉴于两种预估方法的优缺点,将两者结合起来是最可取的预估方式。

(三) 编制预算

制订预算的过程是将预估成本分配到活动各环节具体工作中,从而确定活动实际情况的基准。与成本估算一样,可以将预算总额按照"从下而上"或"从上而下"进行分解。在预算时既要充分考虑实际需要,又要坚持节约,真正做到"物尽其用"。成本预算应该与活动的质量目标和进度目标相关联,通常,质量越高,成本预算越高,进度越快,成本越高。项目预算应该切实可行并预留弹性,因此不可预测费用是预算中不可或缺的一项。

表3-2是常见老年活动的预算表,如果是大型活动,则需要在每个项目下,再细分子项目,从而达到预算的准确性。

表3-2 活动预算表

	项目	金额(单位:元)	预算依据
收入	自筹经费		
	企业赞助		
	其他筹集资金		
	总计		
支出	场地费用		
	宣传费用		
	材料费用		
	食物费用		
	交通费用		
	办公费用		
	人员费用		
	管理费用		
	……		
	不可预测费用		一般为预算总额的10%~15%
	总计		

案例

夕阳红歌会时间进度表

财务目标:此次活动定位为某市某行政区域的一次颇有社会影响力、覆盖面广的大型公益老年活动。性质为非营利性。活动的规模约500名观众,200名演员。活动邀请市、区老龄办、民政局等涉老单位领导和市、区内的养老机构负责人代表、相关媒体参加。活动总成本为6万元,并通过努力,获取相关政府部门和涉老企业的赞助。在活动中,根据财务目标,重视各种资源的平衡协调,编制科学的预算,尽可能做到"物尽其用",力求节约,努力降低因为资源使用不当而导致的成本增加。

夕阳红歌会活动预算表

	科目	科目明细	金额（元）	预算依据	总价（元）
支出	1 人工费用	1—1 伴舞	2 000	邀请50人左右的老年歌舞团	11 200
		1—2 主持人	1 600	800元/人×2人	
		1—3 指挥	800	800元/人	
		1—4 撰稿人	800	主持人串词＋节目单	
		1—5 摄像团队	3 000	自带设备	
		1—6 化妆团队	2 000	舞团、主持人、指挥、领唱的造型	
		1—7 志愿者	1 000	50元/人×20人	
	2 食物	2—1 饮用水	600	2元/瓶×300瓶	6 600
		2—2 盒饭	6 000	20元/人×300人	
	3 宣传	3—1 舞台背景	7 000	背景板（规格：10 m×5 m）	9 000
		3—2 横幅	200	约16元/米（规格：12 m×1.5 m）	
		3—3 海报设计	1 000	10元/张×100张（规格：53 cm×76 cm 单面）	
		3—4 路标指示	400	40元/个×10个（抬头标、回头标、大门标）	
		3—5 节目单	400	2元/张×200张	
	4 租赁	4—1 场地	15 000	租用约800个观众座席的演出空间，含停车位	20 000
		4—2 舞台服装	3 000	若干	
		4—3 钢琴	1 000	一台一天	
		4—4 花卉	1 000	贵宾席插花、舞台盆花、胸花等	
	5 管理费	5—1 交通通信	4 000	约为预算费用的10%	6 000
		5—2 办公用品	2 000		
	6 不可预测费用	用于活动过程中不可预测，但实际需要发生的费用		约为预算费用的10%	6 000
	总计				58 800
收入	1 当地政府补贴	专项经费支持	20 000	支持当地文化事业发展，关注老年人健康生活	20 000
	2 老年保健用品厂商赞助	资金赞助	25 000	活动冠名；提供贵宾席座位票15张，提供封2位置投放宣传广告；提供节目单封2位置投放宣传广告；义工、志愿者、工作人员工作服背面印刷赞助商名称	25 000

(续表)

夕阳红歌会活动预算表					
	科目	科目明细	金额（元）	预算依据	总价（元）
收入	3 老年医疗用品厂商赞助	资金赞助	15 000	提供贵宾席座位票（邀请函）15张，提供封底位置投放宣传广告；提供节目单封底位置投放宣传广告	15 000
	总计				60 000

三、成本控制

成本控制是保证成本在预算估计范围内的工作。一般而言，影响活动费用超支的因素有资源价格上涨、环境变化等外部因素，是活动主体无法控制的；也有资源配置不当、技术不成熟、沟通不畅等活动主体内部可以控制的因素。无论内部外部原因，一旦发生突破预算的情况，都该积极寻找解决办法。成本控制过程就是跟踪了解活动进展情况，分析偏差原因，确定纠正措施，使活动得以按计划进行。成本控制反对"秋后算账"的做法，提倡预先控制和过程控制。

四、财务决算

成本控制注重的是过程控制，在活动结束后，应对照预算表开展实际活动费用决算工作。决算可采用预算表格填写实际费用使用情况。对于支出偏差较大的项目，应做费用支出偏差分析，并将经验带入到后续活动计划预算中，成为活动组织提升预算能力及成本控制能力的知识与技能。

任务四　活动进度管理

活动进度管理是指在活动实施过程中，对各项任务的进展程度和最终期限进行管理。在执行活动进度表的时候，经常要检查实际进度是否按计划要求进行，若出现偏差，便要及时找出原因，采取必要的补救措施或调整、修改原计划，直至完成活动目标。

一、明确任务清单

（一）确定活动任务

活动筹备之初，应组织若干个骨干参加的小组，在各小组中开展头脑风暴式讨论会，讨论组织某项活动所必须进行的各项工作，尤其是关键性任务。其次，把各小组的讨论结果进行对比与汇总。由于一些任务是明显的、完成活动所必需的工作，而另一些则具有一定的隐蔽性，所以要以工作组的经验为基础，确保不使任何环节遗漏，将所有活动列成一个明确的活动清单。活动清单应该采取文档形式，以便于项目其他过程的使用和管理。然后，要有专家审定过程,以此为基础才能制定出可行的项目时间计划,进行合理的时间管理。如果只图节省时间,把这些前期工作省略,后面的工作必然会走弯路,反而会耽误时间。

(二) 活动任务排序

在活动清单的基础上,要找出任务之间的依赖关系和特殊领域的依赖关系、工作顺序。在这里,既要考虑团队内部希望的特殊顺序和优先逻辑关系,也要考虑内部与外部、外部与外部的各种依赖关系以及为完成活动所要做的一些相关工作。设立活动里程碑事件是排序工作中很重要的一部分。里程碑是活动管理中关键的事件及关键的目标时间,是活动成功的重要因素。

(三) 明确负责人

活动任务要有对应的负责人,每一项关键任务都必须指定专人负责,须注明各项工作由一人单独还是多人合作承担。比如起草一份邀请函,一个人在估计时间可以单独完成,但要布置一个会场就需要若干人合作才能在估计时间内完成。有些工作相对独立,有些工作则彼此关联。对于相互关联的工作,必须明确其先后顺序,并使先期工作的组织者了解其工作对后续工作的影响。比如,展品运输与展品布置、日程安排与新闻发布、名单的确定与邀请函的寄发等。尽量避免把工作的责任给予多人,这种情况可能会导致众人旁观,无人负责。所以一定要团队合作承担的工作,也要分清主要责任人和次要责任人。正如交响乐团的指挥和电影的导演一样,创意指导必须对活动了如指掌——包括每个时候、每个步骤和每个细节。每个人知道自己的角色,知道自己什么时候应该上场。

二、编制进度表

(一) 工期估算

活动工期估算是根据活动范围、环境因素、资源状况计划、人员能力、实践经验值等列出活动中每项工作任务的开始和结束日期,即所需要的工期。估算的工期应该现实、有效并能保证质量。在对每项活动的工期估算中应充分考虑风险因素对工期的影响,在时间安排上应适当"留有余地"。

(二) 进度控制

进度控制主要是监督活动各项进度的执行状况,及时发现和纠正偏差、错误。在控制中要考虑影响进度变化的因素、进度变更对其他部分的影响因素、进度变更时应采取的实际措施。当活动进度表拟定好之后,应发放给每位工作者,并张贴在醒目的公告牌上。设定工作期间的阶段性指标、控制标准和考核指标,负责部门或具体工作人员要清楚地知道,做成什么样、达到什么标准才算是完成了任务。根据既定指标检查各阶段工作进度,发现问题及时解决,防止因工作拖延而导致多米诺骨牌效应。在活动正式开放前几日,应召集所有核心骨干参加活动预备会议,浏览活动进度表的终稿,到场地视察、现场彩排,以确保每个团队成员对每个环节都执行到位。

（三）活动进度表

案例 1

某市老年歌舞会活动进度表

活动背景：6月2日9：00—11：00在某市文化艺术中心开展老年歌舞会活动，4月25日—6月1日为活动筹备时间。为了分工合作，已将工作团队分成A、B、C三个部门，并制定了以下活动进度表。

工作团队及职责	工作任务分解		负责部门	工作日期
A 外联部 （主要负责人员联络、节目确定）	1-1 活动申报		A（C辅助）	4月27日—4月30日
	1-2 招募、联系、培训志愿者		A	5.1—5.20
	1-3 确定节目、演员、主持人	1-3-1 组织老年艺术团体团长会议，预选节目	A（B辅助）	4.25—5.1
		1-3-2 第一次彩排		5.5
		1-3-3 组织老年艺术团体重要骨干召开组委会会议，确定节目		5.10
		1-3-4 第二次，带服装彩排		5.30
	1-4 宣传、公关		A（C辅助）	5.1—6.2
	1-5 确定老年观众		A	5.1—5.10
	1-6 确定摄像、摄影、舞美、化妆、医护等工作人员		A	5.10—5.15
	1-7 确定出席领导嘉宾		A	5.25—5.30
	1-8 活动现场领导、嘉宾协调		A	6.2
	1-9 发放劳务费（志愿者、工作人员补贴）		A	6.2—6.3
	1-10 活动后向相关领导、嘉宾致谢		A	6.2—6.3
	1-11 活动经费报销		A	6.3—6.9
B 场务部 （主要负责活动场地安排、活动彩排和现场管理）	2-1 活动场地以及相关设备的联系	2-1-1 签租赁合同、款项处理	B（C辅助）	5.1—5.5
		2-1-2 停车位、演出场地、化妆间、贵宾室、电子屏、合唱台、钢琴	B（A辅助）	5.6—5.20
	2-2 活动现场布置	2-2-1 舞台效果（灯光、音效、绿植、鲜花、背景板）	B	5.20—6.1
		2-2-2 宣传（横幅、展板、马甲、地标、抬头标、指示牌等）	B（C辅助）	5.20—6.1
		2-2-2 饮用水、场地座位安排	B	5.30—6.1

(续表)

工作团队及职责	工作任务分解	负责部门	工作日期
	2-3 活动现场节目、观众、演出团协调	B（C 辅助）	6.2
	2-4 现场收尾、清扫、归还场地	B	6.2—6.3
C 文书部 （主要负责活动前后文案工作）	3-1 撰写活动策划方案	C	4.25—4.27
	3-2 串词、节目单制作	C（A 辅助）	5.10—5.28
	3-3 活动全过程在微信公众号上发布活动信息	C	5.1—6.3
	3-4 负责活动全过程的文书材料	C	5.1—6.3
	3-5 活动评估总结	C（A、B 辅助）	6.2—6.3

任务五　活动现场主持

一场成功的老年活动，从精心的策划到实施环节的周密配合，很多的工作都是在幕后完成的，而现场活动的焦点往往是活动主持人。活动开始后，大家的目光都聚焦在主持人身上，作为气氛的营造者、程序的串联者、活动的带领者、场面的掌控者等多重角色于一身的主持人影响着整个活动的效果。

一、气氛的营造者

（一）情绪

好的情绪能使活动参与者与主持人融为一体，产生共鸣；而差的情绪，则使活动味如嚼蜡，枯燥乏味。

1. 把握活动定位

老年活动有很多种类型，文艺汇演要求主持人慷慨激昂，怀旧活动要求追思怀古，团康游戏要求活泼幽默……如果主持人是活动团队聘请的，需跟团队充分了解活动的背景、主题、目的等，准确地理解主持词的感情基调。大多数老年活动的主持人就是活动工作者团队的一员，那么需要体现活动策划的风格。不同的活动主题、形式和场合、风格要求主持人运用不同的情绪表达，依靠主持人的语气带动活动参与者的情绪，使两者思维同向、相互促进，活动氛围则渐入佳境。

2. 情绪真挚适度

"言必真、行必真、事必真、情必真"，主持人可以适当加入表演成分，使活动效果更好，但应注意表演的分寸，激情要运用得当，必须与活动内容适配，而绝不是主持人的个人喜好、个人情绪的随意流露。过度的激情反而起到负面效果。在缅怀活动中，常有些老年活动对象讲述过去的时候，情绪激动，不能自已。主持人要及时同理、引导在情绪中的活动对象，但是又要控制住自己,不能导致情绪失控。

(二) 语言

语言和情绪是有机结合的,情绪大多数情况靠语言魅力,即语调、节奏、语速、音量等进行传达。

1. 吐字清晰

如果老年活动的主持人不是专业的,应在团队中尽可能选择吐字清晰、普通话标准的人担任主持,切忌使用方言或生疏的语言。要让别人听清楚,一定要避免和尚念经般含糊其词,要善于用腹中的气,很清晰地将要讲的语句尽量送到远处,直达听众的心中。

2. 语速适中

老年活动的受众以老年人居多,如果语速太快,则让老年人听不清、跟不上,来不及捕捉信息;语速太慢,节奏拖沓,容易令人失去耐心,也给人以缺乏力度和激情的错觉;没有变化,过于平板的语速使人感觉单调。考虑到老年受众的接受度,同时给自己控制节奏、理清思路留出时间,主持人在老年活动中宜采用适中的语速,并在需要突出和强调的地方,运用一定的提速、适当放慢节奏、停顿、反复等手法来强化效果,让受众听得更清楚,加深印象。

3. 音量起伏

音量应适应活动节奏。表达激动情绪时,如呼吁、号召、赞美等加大音量,加重语气,但一直高音量,缺乏起伏,又易给人矫情、嘈杂的感觉。有些时候,突然压低音量,降低音调,反而引发人们注意,比如处理痛苦、沉思、怀念等情感,突出关键词、重点词等,一般情况下,活动主持以从容、有力作为主基调,根据情绪需要,适当加入高音量或低语调为佳。

(三) 体态

主持人的体态,是包括面部表情、姿势、手势等综合运用的肢体语言。

1. 表情

(1) 表情:首先是自信和从容,然后应有一些变化,能配合活动内容,善用眉头、眼角、嘴唇等易控制的部分,有效地传达自己的情绪。避免表情呆滞,或显得过于呆板,一般情况下面带微笑或露齿笑。

(2) 目光:主持人的目光要有力,顾全大局,始终与活动对象做交流。但不可在一处或某个人身上停留过久,否则该处的参与者会不自在;也不可跳跃太频繁,一句话未说完就随便转移目光,给人以游离、不自信的感觉。表达悲痛的情绪,眼角下垂;表达神圣感或渲染深远的情绪、展望未来等,可微仰头、目光向上。

2. 姿势

(1) 站姿:正确的站姿应该是身体的各个部位是放松的,不是僵直的,但放松并不意味着松懈,而是积极的放松状态。那什么是积极的放松状态呢?头部自然摆正,眼睛平视前方,肩部自然下垂,胸部放松舒展,腰部挺直,腹部有绷紧的感觉,男士双脚稍微分开一点与肩同宽,女士双脚可一前一后,成丁字形站立。主持过程中,须注意不断调整面向,兼顾各个方向的参与者。

(2) 坐姿:有些座谈会活动需要主持人采用坐姿,便于深度交流。坐姿的要求是身正肩平,立腰收腹,文雅大方。如果有桌子,手臂自然平放在桌上。在背直重心稳的前提下,身体可以略微前倾，给人一种愿意倾听、积极交流的感觉。

3. 手势

手势以自然为佳，最好就是日常的习惯性手势，在此基础上，可进行适当的修饰和设计。常用手势有：双手或单手有力地指向对方或自己；用力握拳，曲起手指敲击桌面以加强语气；用力挥一下手；自然连续地转动手腕，双手平摊、耸肩，用手指表达数字；伸大拇指表示极度肯定和赞赏，摆V字造型表达胜利的信心或快乐；轻摆手指表示否定或轻蔑；用手指轻敲太阳穴表示思考。改掉一些不良的手势习惯，如不自觉地用手指指人，拳头把麦克风攥得紧紧的，让人感到不舒服。

二、程序的串联者

（一）熟悉活动

活动主持人是串起珍珠的红线。主持人要与多人联系，包括策划者、领导、表演者、发言者、观众等，要求主持人具有较强的沟通能力；活动主持人必须熟悉活动的过程，精心安排活动顺序，提前背熟主持串词；清楚了解活动策划者的要求，熟悉各类活动的特点；提前熟悉活动座位安排、嘉宾单位和姓名，不能读错字别字、张冠李戴，以免引起场面尴尬；最好对活动对象比较熟悉，知道参与者的性格特点，便于灵活调度。

（二）巧于连接

主持一场活动，主持人发挥的正是一个牵线搭桥的作用，根据"起、承、转、合"把整个活动连缀成一个有机整体。开场要因境制宜，也许需要简单自我介绍，热情、幽默地问候参与者，也许需要运用破冰游戏或暖场技巧打开场面引入正题，良好的开场往往是一次活动成功的起点。活动串场一般是对上个活动程序的分享提升，对下个活动程序的简要介绍，承上启下，肯定前面、呼应后面。运用连接语连接时，方法多样，可以顺带，可以反推，可以借言，可以直说，也可以设疑和答问。总之，不要拘泥于一种方法、一种模式，呆板地"下一个节目是——""下一位讲话的是……"而应以别开生面、恰到好处为原则。活动结尾总结升华，渲染情绪，带领大家展望下次活动。

三、活动的带领者

在老年活动中，主持人常常亲自带领活动，通过讲解活动规则、技巧，加之示范操作，帮助老年人顺利完成活动。

（一）讲解法

在活动进行中，主持人运用清晰的语言，通俗易懂的表达方式对老年人进行活动背景、目的介绍，对重难点步骤进行操作说明、具体辅导。讲解要有计划性和针对性，整体讲解和重点讲解相结合。讲解之后，要及时征询老人的反馈，重点关注内向不语的老人，确保老年人能够理解活动的步骤、要求。

（二）示范法

为了加深对口语表述的理解，主持人在口头讲解的时候，常常与动作示范结合起来，一边简要示范，一边解释说明、讲示一体。在示范过程中，可以根据动作难易程度分类示范。

对于易于掌握的动作和操作,按照正常速度示范,对于重点难点动作和操作,可以分解后以较慢的速度示范,便于老人同时模仿。由于老年人的身体机能衰退,有些动作可能是错误或者不规范的。主持人可以通过对比示范,给老年人提示。当然,除非特别专业性的康健活动,否则不必过于强化老人动作的不规范或不美化,以鼓励为主。

在示范教学的同时,也可以邀请一些身体素质好、理解能力强的老年人参与示范,这样既能加深老年人对动作的直观理解,还能加强活动的互动性、加快掌握动作的过程。

当然,主持人并不是全能,不可能也不必擅长每一个活动,比如门类繁多的手工活动等。这时,主持人为展示活动标准、活动成果,应该善于借助画面优质清晰、生动形象的视频开展活动教学,提供视觉和听觉内容的双重效果。但是视频播放中、结束时,配合活动视频进行重难点的讲解和突破。

当老年人完成操作技术要领,应多予以鼓励,对每个人的优点有区别地、针对性地提出表扬,对于完成任务有困难的老人要适时予以协助,关注、鼓励老人继续完成任务。

四、场面的掌控者

(一)引导节奏

主持人在领会策划者意图之后,要能够掌控活动方向,把握活动节奏。有些活动实施时有超出预订活动时间的趋势,主持人要通过删去某个次要程序,缩短活动时间,减少体验人员等办法追赶节奏。反之,有时活动实施过快,与预定时间相差甚远,主持人可临时增加游戏、改变赛制、多提问、多分享、多互动等办法使之变得饱满。有些谈话性活动,参与者常出现偏离中心、离题太远的情况,主持人应正确把握活动主题,利用话术灵活机智地把话题扭转过来。但话语要得体,不能伤害参与者的自尊心。

(二)应变有术

主持一场活动,难免会遇到临时性、突发性、变动性的情况,对此主持人应培养处事不惊的能力,沉着应对。在某些活动分享环节,主持人常常会碰到"冷场"现象,参与者都不愿意说。"冷场"形成的原因多种多样,或是参与者没有充分的心理准备,或者是性格内向,不习惯公开发言或表演。此时,主持人要注意分析原因,采取相应措施打破僵局。除用点将、激将法,适时适度提问,还可以自己做示范,自己带头先讲,以启发他人,抛砖引玉。

除以上谈到的多重角色以外,老年活动的主持人还要重视职业操守的培养。热爱事业、钟爱活动,更要敬爱老人,以热情阳光的风格走进老人,以主动诚恳、谦恭细致的态度主持现场,才能呈现出一场场精彩纷呈的老年活动。

任务六　活动评估总结

为了解活动目标的实现程度,考察活动对象的满意度;总结活动经验,改善工作技巧,提升服务水平;验证专业的活动方法的有效性,进行活动的评估与总结是非常有必要的。活动评估阶段既是整个活动组织管理程序的最后一个环节,同时也是下一个活动策划与组织的开始。

一、活动评估的定义

活动评估是指运用科学的研究方法和技术,系统地评估活动过程和结果,考查活动的效果是否达到了预期目的与目标的过程。活动评估具有持续性、互动性、逐步深入等特点。

二、活动评估的意义

(一) 监督工作进度

评估是一个不断收集活动效果和进度的过程。通过对它们的分析可以起到督促、提醒活动工作者注意工作方向和进度的作用。

(二) 巩固活动成果

通过活动评估,可以帮助活动组织者和活动参与对象回顾活动的过程,帮助活动参与对象总结参与活动中的愉快经历,增强今后继续参与活动的动力。通过对整个活动开展的评估,找出活动开展过程中的不足。为今后类似活动的更好开展积累经验,以求完善。

(三) 进行社会交代

由于当前大多数老年活动都为公益性、非营利性活动,得到了政府、各公益组织、赞助单位和个人的各类支持。活动评估是活动组织者向社会、公众、上级主管部门、赞助单位等,交代其在多大程度上实现了活动目标和它的社会功能的过程,说明社会资源的使用情况和效益,接受社会公众的监督。

三、活动评估的方法

(一) 过程评估

5. 老年活动评估的方法

过程评估是整个活动过程的监测,了解活动是如何进行的,活动是否实现了预期目标,包括对工作过程的每一步骤,每一个阶段分别做出评估,关心的重点是活动过程中的各种步骤和程序怎样促成了最终的结果。方法是了解和描述活动的内容,回答服务过程中发生了什么,以及为什么发生;活动开展中遇到什么困难,疏忽了什么?和活动计划存在什么出入?今后在开展活动时可以从本次活动中学到什么,未来如何避免?过程评估着重评价从活动策划开始到活动方案执行和完结的整个服务过程。在写评估报告时,根据活动的不同阶段,关注不同的评估焦点:活动筹备阶段,评估重点关注对活动参与群体的分析,如报名反应、覆盖程度;关注前期活动宣传、活动场地和设施到位情况;活动开展阶段,重点考察工作环节的有序性、工作团队的合作性、预算执行情况等。

(二) 结果评估

结果评估,又叫作效果评估,偏重评估活动目标的达成度。如活动取得的成绩:影响人数、影响面、活动品牌提升、活动群体的信心和满意度增强;活动存在不足:活动方案是否完善、宣传是否到位、执行力强不强、参与对象的配合等。常见的结果评估方式是满意度调查。

由于组织单位的支持、场地、人员、资金支持等各方面条件不同,活动目标的达成过程中有很多不可预知的影响因素。因此一般在做活动评估时,将活动结果与活动过程结合起来综合评估。

四、活动评估的案例

（一）活动满意度评估

重阳节庆典活动参与满意度调查表

为了提高活动组织质量，请大家积极配合，认真详实地填写满意度调查表。在此，感谢您支持，同时为耽误您的时间表示歉意！

填表日期： 年 月 日

项目	评估内容	5 非常好	4 良好	3 一般	2及以下 差
1. 活动的总体满意度					
2. 活动现场组织	2-1 现场布置及舞台效果				
	2-2 嘉宾接待				
	2-3 现场控制（包括：有无出现重大问题、嘉宾及员工入场秩序、活动中秩序及撤场秩序等）				
	2-4 节目安排（包括：节目编排、节目内容、宣传片播放）				
	2-5 抽奖活动（包括：奖项与奖品设计、奖品抽取与发放的公平公正性）				
	2-6 现场服务				
	2-7 晚宴（包括：菜式设计、酒水、上菜速度、现场气氛）				
3. 您对此次活动的建议					
4. 您参加此次活动的收获					

（二）活动总结报告

"感恩助残"爱心义卖活动总结报告

活动名称	"感恩助残"爱心义卖	组织单位	＊＊居家养老服务中心
活动时间	＊年＊月＊日 9：00—16：00	活动地点	＊＊居家养老服务中心
活动对象	社区居民、老年人		
活动前期筹备	宣传招募	请社区居委会帮助在社区宣传，派发宣传单，为期十天。	
	物资准备	义卖品由中心从老年人的手工兴趣课的作品中收集，共计60件作品。	
	人员准备	由张社工统筹，招募的义工主要是社区居民，共7人协助，全程参与。	

（续表）

活动过程	工作人员	7名工作者各司其职。
	工作环节	活动秩序井然，按时完成既定流程。
	财务评检	预算开支：120元，实际开支：120元。
	突发情况	无
活动目标达成情况	原定目标1	预计60位社区居民参加活动，了解居家养老服务中心有手工制作义卖物品活动。
	执行情况	活动当天有92位社区居民参加并了解了活动。
	原定目标2	社区居民用行动支持居家养老服务中心手工义卖活动。
	执行情况	参加活动的居民购买物品的人次78人次，共募集善款462元。
参加者反馈意见	参加者1	张居民来了解活动之后，把全家老小都领来了，表示这个活动很有意义，要尽大家的心意帮助残障人士。
	参加者2	常在居家养老中心上手工活动课的老徐表示，他们看到自己上课的成果能够转化为帮助残障人士的渠道，体会到深深的价值感。
	参加者3	社区书记说这个活动要继续办下去，而且要发掘更多的能发挥老人光和热、融合更多居民的社区特色活动，争取形成品牌。
总结与改进		1. 本次活动让居家养老服务中心的手工制作义卖物品活动得到了宣传，更多的居民了解到中心，见识到老人对社会的价值，也传递了爱心。 2. 为了增加居民和老人献爱心的荣誉感，下次活动可以考虑制作义卖证书予以纪念。 3. 涉及金钱的活动，应该增设群众信任的公证人员。这次活动由居家养老中心发起，又是中心主持、收款、交接善款，欠缺公平公正。 4. 参加活动的居民比原定计划多，高峰期的爱心义卖有一阵来不及登记，现场工作人员来不及跟进。下次活动酌情增加志愿者。

任务拓展

实训指导

1. 项目总结：

（1）用思维导图画出老年活动组织前期、中期、后期的任务重点；

（2）结合亲自带领的老年活动，总结在活动主持人的素质和技巧上有哪些不足。

2. 职业情境：

请结合在社会实践活动中担任志愿者的经历，谈谈具体那次活动中的志愿者管理与本项目的流程是否一致？有哪些不同？有无疏漏？

下篇
老年活动策划与组织主题篇

项目四 老年团康游戏

情景聚焦

谈起游戏，人们往往想到的是儿童之间的游戏玩耍，或是风靡全球的电子虚拟游戏。老年人也能玩游戏吗？日本爱知县就有这么一家"老年迪士尼乐园"，能变着法地逗老人们开怀大笑，这就是蒲公英养老中心。蒲公英养老中心是日本规模最大的养老院，有250多位老人在此生活。为了满足老人们不同的兴趣爱好，全院设置了超过250项团康游戏，比一座真的游乐园设施还要多！蒲公英还推出了"一日游"活动。很多老人体验过后都"上了瘾"，表示"还想再来玩！"

我国养老护理员国家职业技能等级标准将应用益智游戏照护失智老年人作为中级的考点内容，1+X老年康体指导师证书将面向自理、半自理、非自理的老年人组织游戏活动分别作为初级、中级、高级考证的重要内容。

任务目标

1. 知识目标：
(1) 充分认识老年团康游戏的意义；
(2) 掌握老年团康游戏的分类；
(3) 熟知开展老年团康游戏的要点。
2. 能力目标：
根据不同的活动目标实施不同的团康游戏。
3. 素质目标：
(1) 培养对老年团康游戏的热爱；
(2) 培养团队意识；
(3) 锻炼游戏改造创新思维。

任务要点

1. 重点：对老年团康游戏要点的理解和应用；
2. 难点：带领和改造不同活动目标的老年团康游戏。

知识准备

1. 查阅日本蒲公英养老中心的相关资料；
2. 查阅"老年游戏""团康/康娱/团体活动"等相关资料。

任务组织

任务一　认识老年团康游戏

一、老年团康游戏的定义

老年团康游戏是指专门为老年人设计，让老年活动对象充分体验角色，遵循一定规则，用游戏化的方式完成角色任务、解决问题的一种活动方式。老年人投入团康游戏中，内在核心动力得到驱动，从中体验到快乐和成就感，进而更加愿意主动参与活动并达成活动目标。

随着身体机能下降，社交能力减弱，反应变慢，生活半径缩小，尤其是中高龄老年人可以参与的社会活动和体育锻炼项目都比较少。专门为老年人设计的团康游戏能让他们沉浸在愉快的游戏氛围中，充分体验到儿时的快乐，锻炼身心功能，结交更多的朋友。

与本书后续介绍其他的主题活动相比，老年团康游戏往往对于活动场地、活动道具、活动计划性等的要求较低，游戏时间也非常灵活，5分钟到30分钟皆可。只要活动工作者需要，能随时安插在主题活动的开始作为暖场游戏，为进入主题活动做好情绪和心理的铺垫；结束时用于渲染升华气氛；或中间大家比较疲惫的时候及时调节活动节奏，带动活动者的情绪。经过适老化改造的老年团康游戏不仅适用于社区、机构的群体，还适用于因特殊情况不能参加团体活动的个体老年人。

二、老年团康游戏的分类

从游戏对老年人达成的功能来看，老年团康游戏大致包括破冰游戏、合作游戏、益智游戏。

（一）破冰游戏

破冰游戏又叫热身（暖场）游戏，是一种打破人际交往的陌生、疏远氛围，使参与活动的老年人之间、活动工作者与老年人之间，迅速熟悉、拉近距离的游戏活动。通常用在游戏对象初次见面、彼此不太熟悉或活动工作者刚刚入场时。通常的玩法是在游戏中介绍伙伴姓名、年龄、家乡、熟悉伙伴的声音、特点等等，就像打破严冬厚厚的冰层，制造轻松的活动氛围。

（二）合作游戏

合作游戏由两个或两个以上的活动参与者，为了明确的目标，在规则的指引下，团结合力完成团队任务的一种游戏。合作游戏有利于促进参与者的社会性、合作精神、组织能力以及责任心的形成和发展。

（三）益智游戏

益智游戏是在游戏中融入感知、记忆力、注意力、逻辑、分析、概括、运算等思维能力训练，能够刺激大脑、活跃思维，促进身心健康。如图形配对、你画我猜、三心二意等游戏。

三、老年团康游戏的作用

（一）帮助建立关系

老年人通常会视活动工作者为有权威、有地位且身份不同的人士。尤其是在活动初期，老年人可能对活动工作者有陌生感，以至于不会主动接触活动工作者。游戏不但可以为老年人提供很多平等参与和密切接触的机会，打破彼此的隔膜，帮助老年人之间建立友好关系；更可以让活动工作者与老年人在游戏过程中，尽快打成一片，从而建立更密切的关系。

（二）认识个性特点

游戏提供一个轻松、无拘无束的时刻，提供很多机会让活动工作者了解老年人的个性、表达情绪的方法、与人相处的特征、沟通方法、才艺特长等。在活动初期，如果活动工作者鼓励老年人多参与游戏，能更快、更全面地掌握每个老年人的性格特点和互动方式，对往后帮助老年人参与后续活动、处理矛盾等有很大的帮助。

（三）带出活动主题

在主题活动前，活动工作者先组织老年人参与主题相关的游戏，能让老年人尽快投入，令活动设计变得顺畅连贯，更有效地达成主题活动的目标。例如：一个以"我的年华日记"为主题的怀旧活动，目的在于帮助每位老年人回顾生命历程，促进晚年整合。在正式开展主题活动之前，活动工作者以"生命树"破冰游戏带动老人积极思考人生中最重要的事件或人（如图4-1所示）。游戏控制在十分钟内，请老人在代表树叶的绿色便利贴上写出关键的事件、特殊的人物等，贴在树干上，并在团体中分享展示。有趣的游戏、伙伴的分享，为参与"我的年华日记"怀旧活动的老年人带来了珍贵的回忆和灵感。活动者很自然地投入到生命回顾的主题活动中，整体活动进行得顺畅连贯。再比如在正式组织老年手工活动前，先邀请老年人进行手指操的康健小游戏，老年人的手部肌肉在游戏中得到了锻炼，更有信心完成后面的手工制作。

图4-1 "生命树"游戏

6. 认识老年团康游戏

任务二　老年团康游戏的要点

一、撰写游戏文本的要点

老年团康游戏文本一般包括以下几个部分：

（一）游戏名称

简洁明了，指向清晰，如"你画我猜""过目难忘""击鼓传花""口传圆圈"等。

（二）游戏类型

明确游戏类别，如破冰游戏、合作游戏或益智游戏。

（三）游戏目的

游戏目的尽可能用正向的语言表达，如"锻炼……""增强……""改善……""促进……""提高……"等句式。常见的游戏目的有：锻炼老年人的手部精细动作；增强老年人的合作能力；提升老年人对日常生活的把控能力；改善老年人的孤僻隔离情绪；增强自我价值感；提高老年人对院内生活的兴趣和参与性，等等。

（四）游戏对象

在团康游戏文书中，要对参与对象的能力、范围、数量等进行界定和说明。由于不同能力的游戏对象参与的游戏效果不一，为了策划出对游戏对象有意义的游戏，应尽可能做到分类实施。比如活力、高龄、失能、失智等等不同的群体，对游戏要求的难易程度不一样，游戏设计的功能和重点也应有所侧重。

（五）游戏道具

写清楚游戏中需要用到的活动材料，并注明数量。游戏道具最好是生活中较容易找到或由日常用品改造而得，选用无毒无味、安全性高的游戏道具。

（六）游戏规则

游戏规则是指在设计游戏之初，根据特定游戏对象的特点、能力和需求，活动工作者专门策划的一套步骤、规则和竞赛方法。游戏规则的设计要符合老年人的认知水平、活动能力，规则表述要清晰明了，容易被学习和模仿，具有可操作性。

（七）注意事项

游戏中的安全性原则或活动组织过程中需要提醒活动工作者注意的部分。常见的注意事项有：为卧床老年人开展活动，要站在患侧，并拉好护栏，起到保护老年人的作用。为坐轮椅的老年人开展活动，要系好安全带；活动中如果老年人有畏难情绪，活动工作者应及时鼓励，或主动迎合、主动援助；注意安全性原则和趣味性原则结合；为不能自理或卧床老年人开展活动，最好有护理人员的共同参与等。

二、游戏带领的要点

(一) 选择游戏

活动工作者经常犯的错误,就是还未了解弄清楚开展游戏的目的,便随意选用曾经玩过且认为好玩的游戏。活动工作者必须清楚知道,以前好玩的游戏并不一定完全适合这一次的目的。游戏只是一个工具,如果运用不当,就不能产生应有的效果。此次团康游戏的目的到底是用于打破初次见面隔阂,还是引出活动主题、带动场内气氛?又或者为了促进团队培养共同合作能力?还是促进大脑思维运作能力?配合老年人的康复训练?所以说,游戏能否配合或达到目的才是最重要的。对于活动工作者来说,思路要清晰,我们要根据老年人的评估情况,清楚游戏开展的目的、作用和可能的效果,才决定选用哪一个最适合的游戏。

(二) 讲解游戏

活动工作者能把游戏的步骤、规则、玩法、注意事项介绍清楚,是一项很重要的带领技能。但是,一个优秀的活动工作者并不是一部讲解游戏和让参与者遵守游戏规则的机器。工作者最好在游戏之初,亲自示范游戏的玩法,逐步解释游戏的规则,然后邀请几位参与者试玩体验,多观察询问他们的反应,确认活动者都能明白接受。在与老年人交流过程中,活动工作者要充分考虑老年人的年龄特征,不能把老年人当作低龄儿童一样,使用幼稚的儿化语言或竖起大拇指说"真棒"这样过于浮夸、不具体的称赞。值得提醒的是,老年团康游戏更偏重娱乐性,工作者不必对游戏规则、扣分惩罚措施等过于刻板,影响活动者参与活动的情绪。

(三) 陪同游戏

不少工作者讲解游戏时很清楚,示范也有条理,但仔细看看,他们往往缺乏喜欢游戏的热情。其实这种热情对老年人有很大的感染力,能使老年人感到工作者不仅是为了工作而带领,而是为了与自己分享喜欢玩的游戏,这会大大提升全体活动者的投入程度。工作者与老年人一同玩游戏,不仅会让老年人产生平等及积极参与的感受,拉近彼此距离,而且更清楚地掌握老年人是否明白游戏的方法,以便及时地调整游戏规则。所以,活动工作者最重要的素质并不是纯熟生动的技巧,而是他们真正喜欢同老年人一起玩游戏。每一次带领都是新的体验,每次都有不同的趣味,只有发自内心的喜悦,才能受到参与者发自内心的接纳。

(四) 改造游戏

不同的老年人有不同的身心特点和功能限制,因此不存在"放之四海而皆准"的一成不变的游戏规则。活动工作者应该在评估了解每一次游戏对象的情况下,在组织游戏前对游戏进行适当地改造,以便更有针对性。

有些老年团康游戏是从儿童游戏中发展而来的,活动工作者不能生搬硬套。儿童的运动能力强、知识储备少、接受能力强、活动节奏快,这些都需要活动工作者进行适老化改造。团康游戏的改造既要挖掘老年人的童心童趣,又要贴近老年人的日常生活,符合老年人的背景阅历、接受习惯和活动能力。

同时,无论游戏多有趣,若同一个老年人玩的次数太多,容易令游戏失去新鲜感。所以,活动工作者在实践过程中要善于将游戏多加变化,增添新意,使老年人在持续的游戏过程中,不断获得新体验、新刺激、新乐趣。

基于以上三个因素,改造游戏的能力是活动工作者带领游戏的一个高阶能力。常见的改造方法有:

(1) 升级游戏规则。当老年人掌握了简单的游戏玩法之后,慢慢增加复杂性或进阶的游戏玩法,或者混合几个不同游戏玩。由简入繁,能够激发老年人的自信心,同时又能调动老年人克服困难,继续参与这个游戏的意愿。

(2) 更换游戏道具。同类游戏采取不同的游戏道具,会得到不同的效果。如活动工作者能带领老年人自己动手制作、改造、游戏道具,对于老年人加深对游戏的理解,并投入主人翁精神参与游戏是非常有益的。

(3) 邀请老人改造。活动工作者不应是唯一设定游戏玩法的人,我们要容许、鼓励活动对象给予意见或建议,改变游戏的玩法与规则。由于有参与设定游戏的机会,参与者会变得更乐于投入,而游戏也会更合他们的需要。

(五) 游戏奖励

常常有人问:"老年人会愿意参加这些看似很简单很童趣的活动(游戏)吗?""如果老年人不愿意参与活动(游戏),有什么机制可以吸引他们加入吗?"对活动参与者给予奖励是最直接有效的。奖品最好是老年人日常生活中的必需品,或者与老年人的生活息息相关的物品,这些奖品会在一定程度上使他们有动力参与团康游戏。当然,也不一定每一次参与活动(游戏)都要立即发放奖品,积分制或代币制是国内外很先进的养老活动理念。也就是说,把参加活动(游戏)的过程、结果与积分、代币对等起来,一定的积分和代币在该活动机构内可以自由兑换礼物。老年人通过参与活动,换得礼品或服务,赠予家人或朋友,是非常有成就感的。游戏奖励的制度化,有利于老年活动安排常态化,有助于提升机构、社区的活动氛围。

任务三　老年团康游戏的案例

7. 老年团康游戏集锦

一、破冰游戏

1. 抛小玩偶

游戏对象:初次见面或彼此不熟悉,6～8位老年人。

游戏目的:通过游戏认识伙伴,加深对伙伴名字的记忆。

游戏道具:小玩偶(或用气球代替)。

游戏规则:参与者围圈坐,让他们初步认识对方的名字;首先由活动工作者向其中一位活动参与者抛玩偶,接到玩偶的参与者则继续将玩偶抛向其他人,直至所有参与者接过玩偶(如图4-2所示)。

注意事项:在抛玩偶时,每人要有眼神接触,同时叫对方的名字,不可以传向左右的邻居。

图 4-2　抛小玩偶

2. 我是"皮皮熊"

游戏对象：6~8 位老年人。

游戏目的：认识参与者的名字，分辨参与者声音。

游戏道具：音乐播放器、眼罩。

游戏规则：小组围圈，邀请一位参与者用眼罩蒙住双眼，站到圆圈中间，其他人则在音乐声中围着这位参与者转圈；中间的参与者随时、随手指向其中一人，被指的这个人说"我是皮皮熊"；圈内的老年人要猜说话老年人的名字，猜中了，便由被猜中者站到圆圈中间，进行下一轮的游戏，反之则继续游戏。

注意事项：如果老年人之间事先不熟悉，在游戏前，引导每一位老年人先自我介绍名字，请参与者尽可能记住姓名和声音。反之，如果老年人朝夕相处，非常熟悉彼此的名字和声音，在玩一轮之后，可以引导老年人用假声说话，通过增加声音的辨识，提升游戏的难度和趣味性。

3. 我是"哥斯拉"

游戏对象：6~8 位老年人。

游戏目的：迅速暖场，降低场内尴尬气氛，促使老年人身心情愉快。

游戏道具：根据老年人手部能力，选择大、中小塑料夹若干。

游戏规则：游戏分两组，每人获得 5 个衣服夹子。每名参与者从人群中邀请一人做对手，二人用"包、剪、锤"决定胜负。胜出者将一只衣夹夹在对方衣服上。送出手上 5 个衣夹后，便为胜出。当所有人完成后，活动工作者可邀请最快完成者及大输家（头上衣夹最多者——像"哥斯拉"）分享感受。

注意事项："哥斯拉"是美国电影里的古代巨型怪兽，如果老年人不了解"哥斯拉"这个动漫形象，可在游戏前放一些动画、电影片段，增加活动的知识背景介绍。使用塑料衣夹而不是不锈钢的，防止伤害老人。大的塑料夹需要的手指力量比小的塑料夹需要的更大，要根据老人的手部能力选择道具。

4. 年龄排队

游戏对象：初次见面或彼此不熟悉，6～8位老年人。

游戏目的：互相认识熟悉，了解年龄大小，促进队员感情。

游戏道具：无。

游戏规则：全体活动参与者分散，站立（或坐在轮椅上），不得开口说话，只能利用身体语言互相沟通，按年龄的大小排好次序。可以用分组形式比速度。

注意事项：该游戏需要走动或移动，如果坐轮椅的半自理老年人参与游戏，必须系好安全带，有护理员在旁边协助最好。

5. 手指操

游戏对象：在活动手指仍有活动能力的老年人。

游戏目的：锻炼手指的精细动作；锻炼对音乐、数字的感知能力。

游戏道具：音乐播放器。

游戏规则：活动工作者播放音乐，示范手指操。邀请老人听着歌谣，模仿活动工作者，用双手做出相应的数字。"一只手指头毛毛虫，两个变成好朋友。三个手指头猫胡须，四个五个拍拍手。六是可爱的公羊角，七来弯弯笑哈哈。八脚蜘蛛爬爬爬，九个十个挥挥手。"

注意事项：歌谣的播放速度要慢，最好活动工作者示范与视频展示相结合，便于老年人模仿。

6. 人体包剪锤

游戏对象：6～8位老年人。

游戏目的：增加活动参与者互动性，营造轻松气氛。

游戏道具：无。

游戏规则：请参与者自发设计代表包、剪、锤的手部或腿部动作，大家取得共识。三者关系为：包制约锤，锤制约剪，剪制约包。可分组积分比赛，分数最高的组获胜。

注意事项：根据活动对象的肢体能力，选择手部或腿部动作完成游戏。

二、合作游戏

1. 你画我猜

游戏对象：6～8位老年人。

游戏目的：培养成员间的合作精神增强默契度；增强老年人思维能力、语言表达能力。

游戏道具：词语牌。

游戏规则：两位老年人为一组。活动工作者准备词语，由一方通过身体语言表达所看词语，让另一方猜词；3～5个词语后，双方角色互换。可以设计PK环节，速度快的一组胜出。

注意事项：为了便于老年人猜出词语，活动工作者可提示类别。

2. 绘制社区地图

游戏对象：住在同一社区的老年人，6～10位。

游戏目的：增进成员凝聚力，锻炼记忆能力。

游戏道具：大白纸（或白板）、彩笔。

游戏规则:老年人共用一张大画纸(或白板)。老年人依次画出社区的某一个印象深刻的地方,直到社区地图完工。大家以画作为蓝本,分享自己的社区生活和故事。

注意事项:该游戏重在参与,手绘社区地图时,不刻意追求方位、位置、比例尺的绝对正确,不纠正、不判断,老年人心里的地图和故事比客观的地图更重要。

3. 脚掌传物

游戏对象:腿部能够活动的老年人。

游戏目的:促进团队合作并增进沟通交流,锻炼腿部肌肉力量。

游戏道具:空易拉罐(或鞋盒、自制的纸团等)。

游戏规则:参与者围圈坐在椅子上,工作者给活动参与者的双脚夹一个空易拉罐。参与者用脚把罐传递给下另一位,但只可用脚而不可用身体其他部分(如图4-3所示)。

注意事项:这个游戏需采取坐姿,选择有扶手的椅子而不是凳子,护理员等相关工作者做好防护。道具越小,完成夹和传动作的难度就越大,工作者通过循序渐进地调整游戏道具,从而改变游戏的难度。

图4-3 脚掌传物

4. 拼图找同伴

游戏对象:6~8位老年人。

游戏目的:训练老年人的合作能力和观察能力。

游戏道具:拼图若干块

游戏规则:根据人数给到场的活动参与者每人发一小块拼图并告知希望分成的组数。每个人根据自己手上的小拼图去寻找其他同伴,看哪组最快。

注意事项:给老年人使用的拼图最好图案简单、色彩明亮、块状较大(如图4-4所示),易于辨识。可以根据老年人的喜好彩色打印图片,DIY制作。

图4-4 简易彩色拼图

5. 口传圆圈

游戏对象：8～10位老年人。

游戏目的：增加合作能力提升默契程度。

游戏道具：甜甜圈、百力滋饼干。

游戏规则：参与者分两组，以直线排开，前后站立（或坐立）。每人分得一支"百利滋"，嘴巴含着一端。活动工作者将一个甜甜圈套入第一个参与者的百利滋，第一个人要将甜甜圈套入第二个参与者的百利滋，不可用手帮助。最快传到最后一位参与者的一队获胜。

注意事项：该游戏的道具含糖，提醒老年人小心食用，糖尿病老人禁止食用。

6. 彩虹涛涛

游戏对象：10～20位老年人。

游戏目的：锻炼参与者的配合程度和协作能力。

游戏道具：彩虹伞一块、海洋球两个。

游戏规则：参与者围着彩虹伞坐，每人拉着彩虹伞的边缘，球放中间。利用彩虹伞的平面高差，大家齐心将球从彩虹伞上滚给指定的老人位置（如图4-5所示），也可以跟随音乐的韵律起伏滚动海洋球。

注意事项：该游戏涉及的老年人比较多，老人呈坐姿，上肢和腰腹部用力。工作人员要在多处看护老年人，做好安全防护。

图4-5 彩虹涛涛

三、益智游戏

1. 一元几角

游戏对象：8～10位老年人，最好有男有女。

游戏目的：训练反应和计算能力。

游戏道具：无。

游戏规则：男性老年人代表的人民币金额是"5角"，女性老年人代表的人民币金额是"1元"。活动工作者说出一个金额，男女参与者自由组合累计求和构成给出的金额。每次要说不同的数目，参与者要迅速成组。入不到组的，就为输。

注意事项：每轮游戏中男女老年人代表的金额可进行调整。给老年人计算的金额数目不宜太大，一般在50元以内。

2. 就不听指挥

游戏对象：自理老年人8～10位。

游戏目的：锻炼大脑反应速度和行动能力。

游戏道具：无。

游戏规则：活动工作者发布指令，比如，"上""下""左""右"等动作指令，要求参与者一听到指令，在规定时间内做出相反的动作。

注意事项：参与者呈站立姿势，两人之间留有一定的距离，防止肢体碰撞发生意外。

3. 组字能手

游戏对象：老年人8～10位。

游戏目的：锻炼老人对汉字的记忆和组字能力。

游戏道具：白板和马克笔。

游戏规则：将老年人划分为两组，不同组别的两位成员进行PK。活动工作者出汉字偏旁部首，两位参与者在规定时间内用偏旁组字（比如"氵"江 涛 泳 池），组字准确并且最多的一组获胜。

注意事项：参与该游戏的老年人需有一定的文化水平。

4. 三心二意

游戏对象：老年人8～10位。

游戏目的：锻炼运算能力和同时处理多件事的能力。

游戏道具：盘子、筷子、花生、加减法题目。

游戏规则：将两个盘子、一双筷子放在桌子上，其中一个盘子放花生米。活动工作者准备几道十以内加减法的题目。当游戏开始时，活动工作者出题，要求老年人一边用筷子向另一个盘子夹花生，一边计算。计时内，花生夹得多、算题又快又准的参与者获胜。

注意事项：根据参与者的运算能力调整题目的难易程度。

5. 还原夹子

游戏对象：老年人8～10位。

游戏目的：锻炼记忆能力。

游戏道具：粉笔、多种颜色的塑料衣夹若干个。

游戏规则：用粉笔在地上画一个九宫格。随机将多种不同颜色的塑料衣服夹子，放入九宫格内，每个格子放一个颜色的夹子。请参与者在1分钟到2分钟内记住夹子颜色和对应的位置，然后背过身。工作者随机拿走三个夹子，然后请参与者转身回忆：被拿走的夹子分别是什么颜色的。多重复几次，也可以变化夹子摆放的位置，看看是否能够还原改变前的夹子摆放次序。

注意事项：彩色夹子可以用不同的水果代替，答对的老人获得水果奖励。

6. 乌龟乌鸦

游戏对象：老年人8～10位。

游戏目的：考验参与者反应，提起精神。

游戏道具：制作乌龟乌鸦的纸质头套，或以不同颜色的马甲做区分。

游戏规则：将参与者分成两行，面对面站，一组为乌龟，一组为乌鸦。乌龟组与乌鸦组的人一起伸出右手，以拇指贴着对方拇指。工作者随机说"乌龟"或"乌鸦"。当听到"乌龟"时，乌龟组的老人要尽快抓着对方的手掌，而乌鸦组的老人要尽快缩回手。听到"乌鸦"时，做法则倒转。

注意事项：待参与者玩熟练之后，工作者可把"乌龟""乌鸦"放进含有"wu"的发音的片段里进行朗诵，请老人集中注意力鉴别，游戏难度增加。

任务拓展

实训指导

1. 职业情境：

你还知道哪些游戏可以经过适老化改造成为老年团康游戏？请将这些老年团康游戏运用到养老机构中去，及时总结实践心得。

2. 前沿应用：

了解上海福晞康乐活动发展中心（公益组织）将各类团康游戏在机构中的应用案例。

乐宅在家——空间游戏一起来

乐宅在家——嗅觉游戏一起来

3. 标准学习：

按照岗课赛证融通的理念，请查阅并对照以下证书、比赛与本项目内容的相关性，开展有针对性的学习。

（1）养老护理员国家职业技能等级证书标准（中级）中的康乐活动内容；

（2）1+X老年康体指导师（初级、中级、高级）为老年人开展游戏活动服务的标准，查阅《游戏活动服务》分册中所有内容。

项目五 老年康健活动

情景聚焦

应对人口老龄化,健康是最核心的问题。我国2.6亿老年人中,超过四分之三的老年人患有一种或者一种以上疾病,失能和半失能老年人超过4 000万。入住养老机构的老年人,更是以失能、半失能老年人为主。由于身体机能的衰退,老年人表现出对健康的忧虑。一旦身体不适或罹患疾病便会惴惴不安,加上行动不便、就医困难,更会加重忧虑。这些不仅影响了他们的生活质量,也给家庭、机构和社会带来了沉重的负担。

为此,对老年人通过康健活动进行日常生活活动能力训练,指导老年人使用简易健身器材进行活动,组织和指导老年人开展康复体操活动等,列入了养老护理员国家职业技能等级标准、1+X老年照护、1+X老年康体指导师等证书、全国养老护理职业技能赛项、健康与社会照护赛项的考点和比赛内容。

任务目标

1. 知识目标:
(1) 充分认识老年康健活动的分类;
(2) 认识老年康健活动的作用;
(3) 熟知开展老年康健活动的要点。

2. 能力目标:
面向不同康健需求的老年人实施不同的康健活动。

3. 素质目标:
(1) 培养尊重接纳每一位老年人,平等对待失能、半失能、自理老年人的职业素养;
(2) 践行爱心、公益、专业、坚守的专业服务理念。

任务要点

1. **重点:** 老年康健活动的实施要点;
2. **难点:** 面向半自理、失能老年人开展老年康健活动的要点。

知识准备

1. 查阅老年人活动能力评估的相关量表；
2. 查阅运动疗法的相关知识。

任务组织

任务一　认知老年康健活动

一、老年康健活动的定义

本书中的老年康健活动，指以促进老年人身体健康为目的，锻炼老年人全身耐力、力量、柔韧性以及灵敏性、协调性、平衡能力等身体素质的运动项目或活动形式。

二、老年康健活动的分类

（一）根据老年人自理能力分类

通常根据ADLs（Activities Daily Living）量表，即日常生活活动能力评定，将老年人区分为自理老年人、介助老年人（半自理老年人）和介护老年人（失能老年人）。不同自理能力的老年人，在策划和组织康健活动时，存在着较大的差异。

1. 面向自理老年人的康健活动

自理老年人指生活能完全自理，行为不依赖他人帮助的老年人。自理老年人多为中低龄老年人，这一群体会出现老年期生理和心理老化的基本特征，比如：身心功能衰退、疏于社会联系、感知觉衰退、思维记忆能力减弱、心理情绪不稳定、兴趣爱好减少、性格变化等特征。同时，他们也随时面临着因为疾病和意外失去部分生活能力的风险。

自理老年人活动能力较强，适合一些活动强度较高、动作较复杂、锻炼部位较系统全面的活动，自理老年人可以根据自己的身体状况和运动习惯，选择强度合适的活动项目，如跳舞、太极拳与太极剑、健身操、木兰拳、健步走、游泳等有氧运动。

2. 面向半自理老年人的康健活动

半自理老年人，又叫半失能老年人、介助老年人，这类老年人通过观察或日常生活活动能力评估，属于"生活自理能力轻度和/或中度依赖"，日常活动需要他人帮助或指导的老年人。他们多为高龄老年人或因疾病导致生活能力依赖，虽然活动受限，但依然有部分能力。他们在感知觉、定向力、语言沟通等方面的能力可能降低，但有一定社会交往能力，思想和意识大部分时候仍然清晰，通常情绪状态受身体状况影响大。

当然，每位老年人的失能程度不尽相同，在策划和组织半自理老年人活动前，要由康复师和医护人员充分评估其功能缺陷和能力水平，既充分训练老年人的健侧活动能力，也可通过活动参与尽可能维持、改善患侧的活动能力。建议根据老年人的实际情况，做一些活动程度略低、对患侧、健侧等部位进行有针对性训练的活动。

3. **面向失能老年人的康健活动**

失能老年人即介护老年人，相当于完全不能自理的老年人，这类老年人通过观察或生活自理能力评估，属于"生活自理能力重度依赖"，全部日常生活需要他人代为操持的老年人。他们基本长期卧床，几乎没有主动活动的能力，也丧失了社会交往的能力；意识水平不稳定，或清醒、或嗜睡，有时出现昏睡交替，甚至昏迷；他们往往病情复杂，有时还会随时有生命危险，需要每小时观察老年人身体的细微变化，测量生命体征。

失能老年人通常需要活动工作者采用个体活动的形式，如抚触按摩、听音乐、感官刺激、被动运动等，帮助失能老年人活动。

（二）根据活动部位分类

按照活动部位的不同，老年康健活动可以分为上肢活动、下肢活动、全身活动。

1. **上肢活动**

上肢包括胸、肩、背、臂，运动以手臂为核心。上肢活动是以锻炼上肢关节活动力量、肌肉运动、手部精细动作等强化上肢为主的老年康健活动，上肢活动适用于需要加强手部力量训练的老年人。可以根据老年人的上肢活动情况，设立不同的活动目标，不同的活动时长并设计不同强度、不同复杂程度的动作。有些老年人尽管坐在轮椅上，下肢力量不太好，甚至长期卧床，但仍可以做手臂、手指的一些活动。例如：为中风偏瘫老年人开展摘花瓣活动，为卧床老年人利用床上小桌板开展一些桌面游戏等。

2. **下肢活动**

下肢活动是以锻炼下肢关节活动力量、肌肉运动、腿部精细动作等强化下肢为主的老年康健活动。下肢是日常行走的主干骨，如果老年人不经常活动下肢，会很容易出现行走障碍的现象。针对需要加强腿部力量训练的老年人，可以根据老年人的下肢活动能力，策划走、慢跑、踢等活动形式的个体或团体活动。如：腿部传球、腿脚操等活动。

3. **全身活动**

全身活动是促进全身的协调能力的老年康健活动。有些活动并不是单纯地锻炼上肢或下肢，而是能够活动全身，尤其适合自理老年人。例如：慢跑、游泳、广场舞、太极拳等有氧运动。

（三）根据适合老年人的项目分类

1. **有氧运动**

有氧运动与无氧运动相对，而有氧运动是老年人最安全的运动方式，是指运动强度低，时间长，全身性的运动或身体大部分参与的运动。对于低龄、自理老年人来说，有氧运动就是最喜闻乐见的老年康健活动，包括散步、健身跑、骑行、游泳、爬山、爬楼梯、游泳、舞蹈、太极拳、康健体操以及一些小球类活动项目。自理老年人可以结合自己的兴趣和身体素质在医生建议下选择，半自理老年人则是在专业评估后，由康复指导师、活动工作者帮助选择活动量适当的康复体操、健身器材。自理老年人参加有氧运动时，最好选择相当于中等强度的运动方式,严格控制运动强度。例如,老年人进行中等强度有氧运动时,心率应控制在60%～70%最大心率。一个有良好运动习惯的老年人每周可进行150分钟以上的中等强度运动,每天运动30分钟或以上,每周运动5天。老年人最好不要进行大强度有氧运动,如果老年人有从事大强度有氧运动的习惯,也要量力而行,每天运动20～25分钟,每周大强度运动不要超过2天。此外,有氧运动的锻炼,对预防高血压、血脂代谢异常、糖耐量异常、肥胖的发生,预防骨质疏松,延缓衰老,提高生活质量等均起着重要的作用。

2. 趣味运动

趣味运动与竞技运动相对,是融合体育、娱乐和文化三大元素于一体的活动。活动组织者通过修改竞技运动规则,加入一些有趣的道具,结合老年团体游戏的玩法,令其变成趣味运动项目。相较于竞技运动和有氧运动,趣味运动对体能要求相对较低,娱乐性增强,适用人群更广,半失能老年人在专业人士的指导下也能参加。

三、老年康健活动的作用

随着人们生活水平的提高,老年人的健康意识也在不断提升,无论是社区老年人活动中心,还是养老院、康复护理院等场所,老年康健活动发挥着越来越重要的作用。

(一) 提高肌肉力量,改善活动能力

相较于其他类型的活动,老年康健活动是有针对性的对身体的某些部位进行强度适宜的训练,活动中,既要充分训练老年人的健侧活动能力,也注重其患侧活动能力的维持和改善。经常进行康健活动的老年人,身体各部分肌纤维较粗,肌肉较发达有力,能够增强韧带的弹性和关节的灵活性,因此,老年人经常参与康健活动,能够有效改善其活动能力。

(二) 增强心肺功能,调节身体状态

老年康健活动表现为身体局部或全身的活动,适度的康健活动,能够加大肺活量,促使心肌加强收缩,增加血液供应,促进血液循环,提高机体的新陈代谢能力,使机体器官功能活动和肌力增强,器官的形态结构也相应地发达,可推迟各器官的衰老,调节身体保持好的状态。

(三) 保持良好情绪,促进心理健康

老年人在康健活动中心情轻松愉快,人会感到舒服、轻松、乐观,维持良好的情绪,此外,老年康健活动通常由活动工作者采用个体活动的方式,能够提高老年人与他人沟通的频率,促进老年人的社交,消除老年人的心理孤独感,减少负面情绪的发生,保持积极乐观的心态,促进其心理健康。

(四) 配合康复训练,提高参与兴趣

单纯的康复训练有时会显得单调乏味,如果适当地采用老年康健活动配合康复训练,能够有效提高其参与康复训练的兴趣。例如:偏瘫老年人在进行上肢的康复训练时,如果选择老年人喜欢的音乐,或者针对性地设计适合老年人上肢训练的康健活动,让老年人在愉悦的活动环境中进行康复训练。

(五) 减轻照护压力,活跃机构氛围

入住养老机构的老年人,大多年龄较大,身体伴有多种疾病,失能、半失能老年人较多,他们承受着身体上病痛的折磨,加上缺乏亲友的陪伴,情绪比较低落,甚至产生一些破坏性行为或者过激行为,而与他们接触最多的养老护理员,通常承担着较重的照护压力。老年人适当参加康健活动,可以给照护者提供喘息机会,减轻照护压力。机构的活动氛围轻松愉悦,生活在其中的老年人和工作人员的主观幸福满意度也会相应提高。

任务二　老年康健活动的要点

一、全程评估,安全防护

安全性是老年康健活动的重中之重。由于老年群体的特殊性,安全性尤为重要。首先,做好康健活动前体格检查。对于自理老年人为健身而进行的体格检查,其内容除了常规指标如身高、体重、血压外,还要特别注意心血管形态和机能检查,如心电图、胸透等;另外还要进行运动能力测试。根据体格检查的结果来评估身体素质和对运动的承受能力,确定是否参加体育等活动项目,参加什么样的项目较为合适等。慢性病患者要在医生指导下进行健身锻炼,常规体检最好每3个月一次,全面体检最少一年一次。对于半自理老年人,在活动准备阶段,要由康复师和医护人员充分评估其功能缺陷和能力水平,根据评估结果来设计老年活动;在活动过程中,要随时关注老年人,及时调整活动强度;活动结束,也需要留意老年人的反应,监测血压和心跳等指标,如果老人运动后不费力,睡眠好,血压心率正常,则说明老年人的运动强度适宜。

其次,工作人员要做好安全防护。老年康健活动宜在平整、松软的场地上进行,地面不平易导致老年人骨折,肌肉韧带扭伤,长期在硬地上运动可使下肢关节出现慢性劳损。盛夏、寒冬季节宜进行室内锻炼。活动准备阶段,工作人员要周详设计,敏锐地发现安全隐患,并制定安全预案。如活动全过程,根据参与人数,配备相应的医护人员、工作人员和志愿者,并事先加强对相关人员的安全培训、急救培训;在活动中对可能危及老年人身、财产、食品安全的事宜应做出翔实说明和明确警示,并采取必要措施。

二、轻柔慢短,循序渐进

自理老年人每次参加运动前需要有个热身过程,即准备活动,活动关节韧带,抻拉四肢、腰背肌肉。一般运动5分钟～10分钟,直到身体微微发热为止。然后从低强度运动开始,逐渐进入适当强度的运动状态。运动结束后也要有个缓冲过程,一般花10分钟左右慢慢走一走或原地踏步,使各器官功能慢慢恢复到安静水平。非自理老年人,建议通过手指挥、按摩球等暖身运动改善血流后再开展活动。

为避免老年人在活动过程中受伤,开展老年康健活动,还需要注意轻柔慢短,即:强度要轻,动作要柔,频率要慢,时间要短,要根据老年人的身体状况,循序渐进地安排活动内容,动作由简单到复杂,活动量由小逐渐增大,避免老年人因无法跟上活动进度而产生挫败感,因活动强度过大引起新的伤痛。

三、保护患侧，强化健侧

如果是面向失能或者是半失能老年人开展康健活动，活动过程中，一是要遵循保护患侧，强化健侧；二是要遵循健侧运动，患侧被动运动的原则。例如：如果是偏瘫的卧床老年人，首先要拉上健侧的护栏或者工作者放在老人的患侧一侧，避免老年人在活动过程中患侧缺乏力量而摔倒，做好患侧的防护措施后再回到健侧，训练健侧的活动能力。健侧要以老年人自主运动为主，工作者为辅，增进肌力；对于患侧，我们先采用被运动训练，让老人在静态下肌肉和肌体的紧张被放松，关节被动活动度好，如果患侧经长期训练之后，具备了一定的活动能力，再开展患侧的主动运动训练。

四、实时沟通，真心鼓励

活动过程中，工作人员要多和老年人沟通，一方面，舒缓老年人的孤单情绪；另一方面，通过沟通了解老年人对活动的感受，及时调整活动强度等安排，解答老年人活动过程中的困惑。当老年人遇到困难想要退缩或放弃时，给予真心鼓励；当老年人参与活动状态很好时，给予及时的表扬。这样能够提升老年人参加活动的兴趣。

五、观察表情，留意情绪

作为老年活动工作者，我们还要做个有心人，要学会用眼睛观察老年人的表情，留意其情绪，并及时调整。只要出现感冒症状，就不应试图通过提高锻炼强度的方法赶走疾病，这样做只会加重病情。感冒发烧时仍从事大运动量的锻炼，会削弱身体对抗炎症的免疫能力。如果老年人情绪不佳时，不要勉强老年人继续参加活动，可以询问老年人的意见，等到老年人心情舒缓后，重新安排活动时间。

任务三　老年康健活动的案例

一、有氧运动

（一）散步

散步是老年人最易掌握、随时随地都可锻炼的活动。选择空气清新，林木幽静的环境，轻松舒展，不紧不慢地信步而来，一定会感到心旷神怡，周身舒爽。参加约会和社会活动，如果路程不远，时间充裕，那么以步当车，也是锻炼机体耐力的良好机会。要达到健身的目的，行走要有一定速度（每分钟达80～90步为中速，100步以上为快速），路程要有一定距离（一般每天6 000步左右，体力强的可达1万步）。每天走路1小时左右，一次完成或上下午分次完成。做到自我感觉良好，没有心悸气促，全身温暖舒适或微微有汗。利用"计步器"测定运动量则是更为可靠的科学方法。

（二）健身跑

健身跑（即慢跑）的运动量比散步走路大，受到许多老年人的喜爱，是风靡国内外的强身健体的体育项目。健身跑在开始时,应舒展活动一下肢体,放松肌肉,作好准备活动。然后展开双臂前后摆动,协调而有节奏,深而均匀地呼吸。锻炼应从慢至快,时间从短而长,开始初练时慢跑5～10分钟而不觉胸闷气短,然后每天逐渐增加至15～20分钟,每天或隔天一次,最后甚至可增到30～40分钟。慢慢结束后,应缓慢步行或原地踏步,不要马上停下,做好放松整理活动,渐渐恢复到安静状态。

(三) 骑自行车

骑自行车是一项锻炼肌肉,特别是腿部肌肉和关节的全身性运动。很多老年人仍将骑自行车作为主要工具,发挥交通和锻炼身体的两重功能。骑车的速度、距离和次数可根据各人体力酌情而定。但老年人究竟年事逐渐增高,应尽量不在刮风、下雨、严寒或酷暑时锻炼。在交通拥挤地区更要特别注意交通安全。

(四) 游泳

游泳是一项比较适于老年人的全身性健身运动,经常锻炼对身心健康好处很多。游泳活动需要一定设备和环境,开始前应作一次全身体格检查(患严重心肺疾病和传染病者不宜)。游泳时务必做好安全措施,下水前要做准备活动。姿势则各取所好,蛙泳、仰泳或自由泳等均可。运动量妥善掌握,根据各人的自我感觉,游程一般不宜过长,50米即休息一下,总量不超过500米。如能坚持每天或隔天活动,效果较好。坚持适度的游泳锻炼,可增强心肺功能,促使肌肉发达,减少腹部脂肪,保持匀称体型。

(五) 太极柔力球

太极柔力球是一种全身性的运动,将太极运动完整连贯、圆润柔和、自然流畅、连绵不断的特点充分体现出来,它可以使颈、肩、腰、腿得到均衡全面的发展。柔、圆、退、整是太极柔力球运动的四大特点。迎——引——抛是太极柔力球运动的三大要素。所以技术性要求比较高,讲究柔缓顺遂、刚柔相济、细腻悠长。柔力球非常适合老年人日常锻炼,占地小,运动器械简单,受天气影响较小。练习者可以根据自身情况自行调节锻炼方式,运动时间和运动量完全由锻炼者自我掌握。运动时要全身放松,然后轻缓用力,做动作要松中有紧,柔中有刚,切不可用僵力。

(六) 登山

登山对提升心肺耐力有很大的帮助,建议老年人准备合适的登山鞋,以轻松可应付的速度前进,若是有身体不适或是有点喘就休息一下。但是,倘若有脊椎或下肢关节肌肉问题的老年人就不合适登山这项运动了。

(七) 健身广场舞

广场舞因多在广场聚集而得名,融自娱性与表演性为一体,以娱乐身心为主要目的。广场舞是群众参与性很强的表演艺术形式,非常适合老年人锻炼。经常练习广场舞,能锻炼心血管和呼吸系统,改善心肺功能,加速新陈代谢过程,促进消化,达到增强体质,延缓衰退的健身作用;同时能陶冶心灵,感受到愉快的情绪,达到最佳的心理状态。

(八) 手指操

手指操把一套手指动作以韵律的方式编排出来,以灵活、简单、方便、易玩为主要特征,尤其对老年人较为适合,可以使手与大脑皮层间建立更多的神经联系,可刺激大脑,延缓脑细胞衰老,改善记忆、思维能力,预防失智,促进老年人的身心健康。

(1) 工作人员与老年人面对面坐着,使老年人可以清晰地看到其手指动作。一边示范一边大声讲解,并请老年人跟着一起做。示范要遵循老人自己的节奏,不要着急。

第一组

步骤①:吐气握拳,用力吸足气并放开手指,每只手做5次。如图5-1所示。

步骤②:用一手的食指和拇指揉捏另一手指,从大拇指开始,每指做10秒。如图5-2所示。

图5-1 第一组步骤1　　　图5-2 第一组步骤2

步骤③:吸足气用力握拳。握拳时将拇指握在掌心。用力吐气同时急速依次伸开小指、无名指、中指、食指。双手均若干次。如图5-3所示。

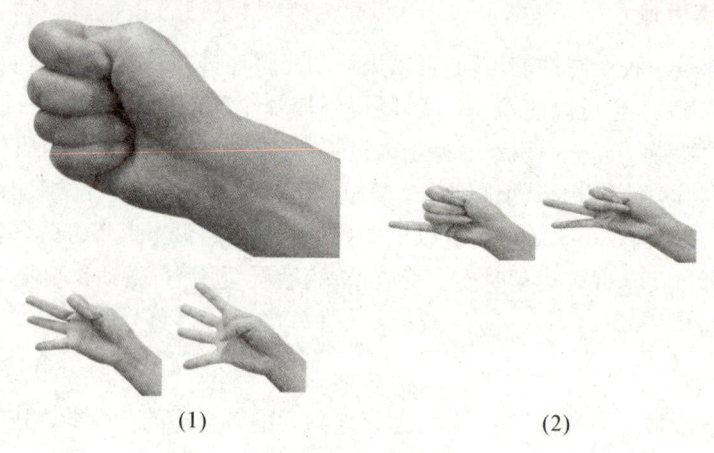

(1)　　　(2)

图5-3 第一组步骤3

步骤④:刺激各指端穴位。用其余各指依次按压拇指。如图5-4所示。

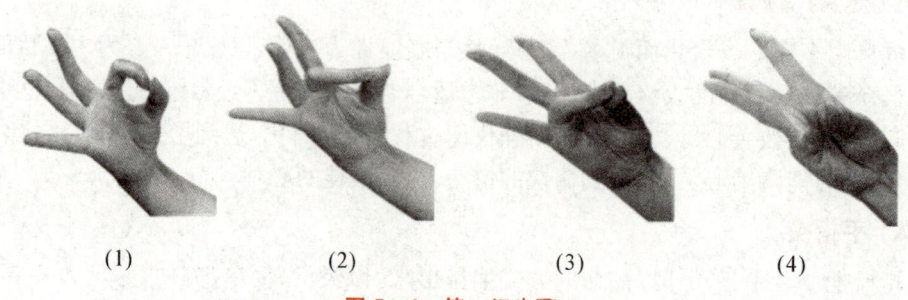

(1)　　(2)　　(3)　　(4)

图5-4 第一组步骤4

步骤⑤:用拇指按压各指指根。如图 5-5 所示。

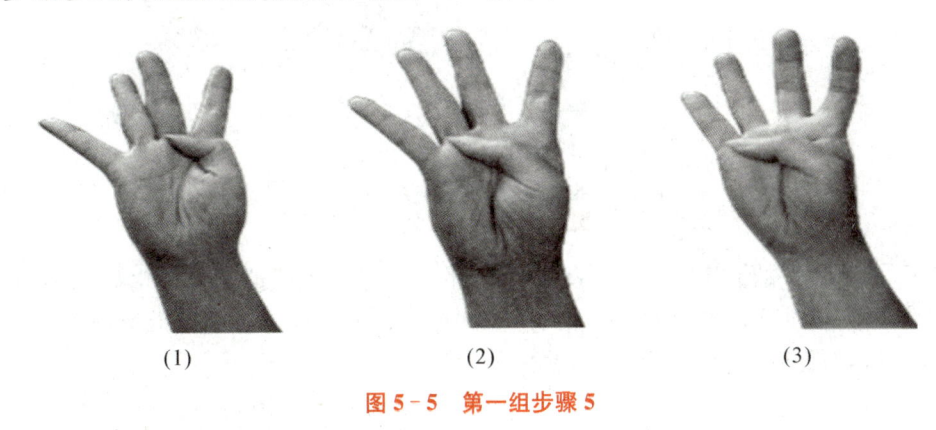

(1)　　　　　　　(2)　　　　　　　(3)

图 5-5　第一组步骤 5

步骤⑥:双手手腕伸直,使五指靠拢,然后张开,反复做若干次。如图 5-6 所示。

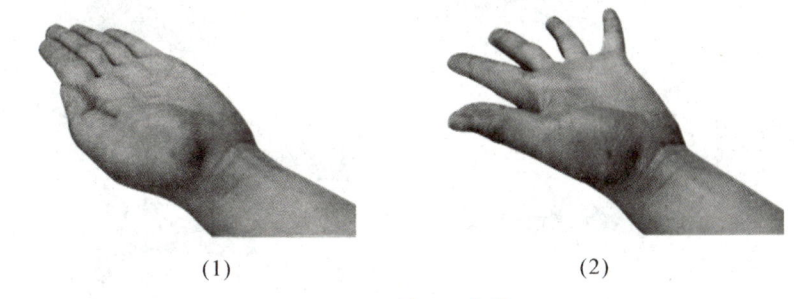

(1)　　　　　　　(2)

图 5-6　第一组步骤 6

(2)第一组完成后,纠正不正确的动作,询问老年人的感受,无不适然后继续第二组动作。

第二组

步骤①:抬肘与胸平,两手手指相对,互相按压,用力深吸气,特别是拇指和小指要用力。边吐气,边用力按。如图 5-7 所示。

(1)　　　　　　　(2)

图 5-7　第二组步骤 1

步骤②:将腕抬到与胸同高的位置上,双手对应手指互勾,用力向两侧拉。如图 5-8 所示。

(1)　　　　　　　　　　　(2)

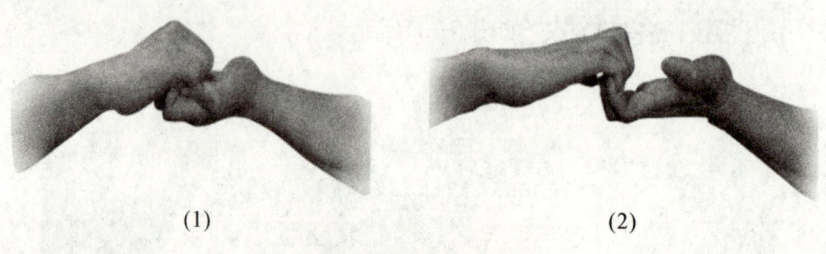

图 5-8　第二组步骤 2

步骤③：用右手的拇指与左手的食指、右手的食指与左手的拇指交替相触，使两手手指交替运动，熟练后加速。再以右手拇指与左手中指，左手拇指与右手中指交替作相触的动作，依次类推，直做到小指。如图 5-9 所示。

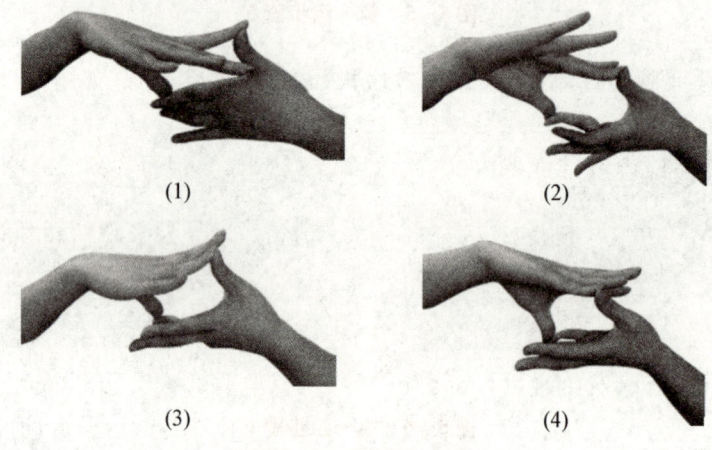

(1)　　　　　　　　　　　(2)

(3)　　　　　　　　　　　(4)

图 5-9　第二组步骤 3

步骤④：双手手指交叉相握，手指伸向手指，以腕为轴来回自由转动。如图 5-10 所示。

图 5-10　第二组步骤 4

步骤⑤：肘抬至与胸同高的位置上，使各指依次弯曲，并用力按压掌心。如图 5-11 所示。

图 5-11　第二组步骤 5

2. 注意事项

（1）随时与老年人交流对手指操的掌握情况，征求老年人对活动的意见和建议，并进行客观记录，根据情况安排下一次的锻炼。

（2）锻炼过程中应注意保护老年人的安全。观察老年人活动状况，发现异常，如呼吸急促心慌、面色苍白、出冷汗等应立即停止活动。

（3）一定要有耐心、细致、周到的工作态度，要尽可能考虑到每个老年人的特殊需要。

（4）选择适合参加本项活动的老年人，可以选择非自理老年人但手部有一定活动能力的老年人。

（九）毛巾操

毛巾操是以身体和毛巾拉扯力量，可以让肌肉充分伸展，以利身体排毒，在伸展中配合腹式呼吸，帮助调节自律神经，活络血液使身体含氧量增加，让筋内脏器真正做到呼吸。让身体变得健康，同时还能矫正体态，让内脏回归到正常位置，促进身心平衡。一节毛巾操的时间一般在十五分钟左右，可播放乐曲，以加强动作的韵律感。

第一组

① 双手握紧毛巾两端，双手向前平举

图 5-12　毛巾操第一步

② 右手伸直，向右拉　　　　　　　　伸直，向左拉

图 5-13　毛巾操第二步(1)　　　　图 5-14　毛巾操第二步(2)

③ 双手向上平举　　　　　　　　双手向前平举

图 5-15　毛巾操第三步(1)　　　　图 5-16　毛巾操第三步(2)

④ 向上平举转身向右　　　　　向上平举转身向左

图 5-17　毛巾操第四步(1)　　　　图 5-18　毛巾操第四步(2)

⑤ 双手向前平举

图 5-19　毛巾操第五步

⑥ 用毛巾紧拉右膝盖　　　　　用毛巾紧拉左膝盖

图 5-20　毛巾操第六步(1)　　　　图 5-21　毛巾操第六步(2)

⑦ 平举,抬右膝碰毛巾　　　　　　　平举,抬左膝碰毛巾

图 5-22　毛巾操第七步(1)　　　　图 5-23　毛巾操第七步(2)

⑧ 弯腰,毛巾在脚前　　　　　　　⑨ 双手向前平举

图 5-24　毛巾操第八步　　　　　　图 5-25　毛巾操第九步

⑩ 毛巾在身后(脖子后面)右手拉直　　毛巾在身后(脖子后面)左手拉直

图 5-26　毛巾操第十步(1)　　　　图 5-27　毛巾操第十步(2)

⑪ 毛巾拉直向右侧弯　　　　　　　毛巾拉直向左侧弯

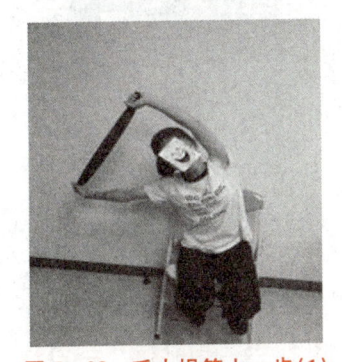

图 5-28　毛巾操第十一步(1)　　　图 5-29　毛巾操第十一步(2)

⑫ 毛巾在身后,右手下向拉直　　　　　毛巾在身后,左手下向拉直

图 5-30　毛巾操第十二步(1)　　　　图 5-31　毛巾操第十二步(2)

⑬ 身体放松,双手向上平举　　　　　身体放松,双手向前平举

图 5-32　毛巾操第十三步(1)　　　　图 5-33　毛巾操第十三步(2)

身体放松,双手向上平举　　　　　身体放松,双手向前平举

图 5-34　毛巾操第十三步(3)　　　　图 5-35　毛巾操第十三步(4)

第二组

(1) 头颈部：肩膀放松，慢慢地将头侧弯。而另一只手，手指并拢做向下拉的动作，让肩膀垂下使肌肉伸展。

(1)　　　　　　(2)

图 5-36　毛巾操第二组第一步

(2) 后颈部：两手轻轻地放在头的后面，一边呼吸一边向前弯，这有助于后颈的伸展。不能驼背，要把背挺直，但是肩膀如果太过用力效果会不佳。注意：用力过度后颈部可能会受伤。

(1)　　　　　　(2)

图 5-37　毛巾操第二组第二步

(3) 肩膀：左手手臂向右侧伸直，右手手腕内侧抵住左手手肘，使左臂屈曲至最大范围，使肩膀得以伸展，伸展完后左右对换。身体面向正面，要伸展的肩膀不要抬高。

(1)　　　　　　(2)

图 5-38　毛巾操第二组第三步

（4）后背：两手十指交扣在胸前形成一个圈，一面呼吸一面让背弯成圆形，手往前伸。左右的肩胛骨会有张开的感觉，让后背的肌肉能够伸展到。

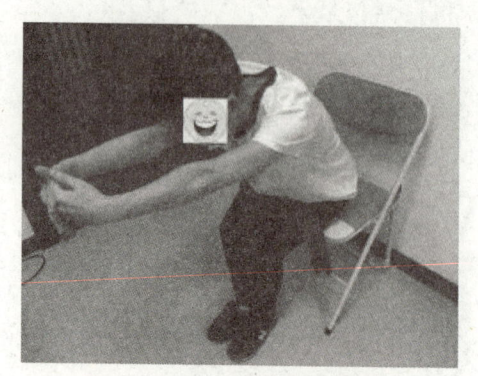

图 5-39　毛巾操第二组第四步 　　　图 5-40　毛巾操第二组第五步

（5）胸：浅浅的坐在椅子上，背部放松。双手于左右两侧上举使手肘与肩膀同高，上臂与下臂约成九十度弯曲。将背部伸直，双肘向后背拉，让胸部慢慢地伸展开来。

（6）身体两侧：一手臂向上举起斜放在头上，要有向上提起的感觉，身体慢慢地向侧面横倒，使腋下到侧腹的肌肉都可以伸展。

图 5-41　毛巾操第二组第六步

（7）腰：坐在椅子上，双脚紧贴地面，将上半身慢慢地向右侧扭转，右手可放于椅背后面，左手则扶着椅子右侧边缘，伸展完后再左右对调。注意：如果一下子用力过度腰可能会痛，所以慢慢地进行即可。

图 5-42　毛巾操第二组第七步

(8) 大腿前侧：坐在椅子的前二分之一，单脚深入椅子下面，膝盖向下，脚背贴于地面，从腿的根部伸展到大腿前侧；上半身稍微向后倾斜时，大腿前侧的肌肉会更容易伸展。

注意：椅子太高容易失去平衡，请选择高度适宜的椅子。

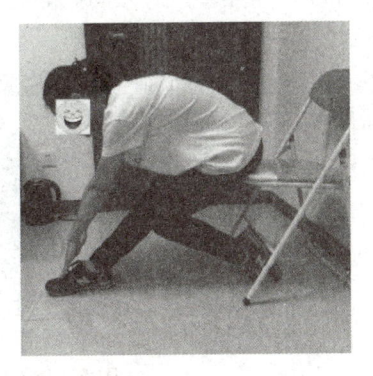

图 5-43 毛巾操第二组第八步

(9) 大腿后侧：坐在椅子的前二分之一，双手抓住椅子边缘两侧，单脚向前伸出，脚尖朝上，脚跟着地；腿部打直，一边吐气一边慢慢将上身向前倾，然后眼睛往斜前方看。

注意：上半身不要过度前倾。

图 5-44 毛巾操第二组第九步

(10) 大腿内侧：坐在椅子上，双腿从膝盖到大腿根部向外大大张开，脚尖也向外，接着将双手放在膝盖内侧，向外轻推，使大腿内侧肌肉得以伸展。

注意：若感到疼痛的话就是过度伸展，感觉大腿内侧肌肉有伸展到即可。

图 5-45 毛巾操第二组第十步

（三）健口操

健口操运动可训练口腔咀嚼肌群，增强咀嚼力量与功能，同时促进唾液分泌，还具有延缓掉牙，帮助维持口腔清洁、预防牙周病等功效。建议每天饭前练习10分钟。

1. 准备动作：

鼻子呼吸、肩膀上提五秒、嘴巴吐气、肩膀放松，重复二次。

颈部往前低五秒、回正。

图5-46 健口操第一步

颈部往后眼睛往上看五秒、回正，重复二次。

图5-47 健口操第二步

颈部左转五秒、回正，颈部右转五秒、回正，重复二次。

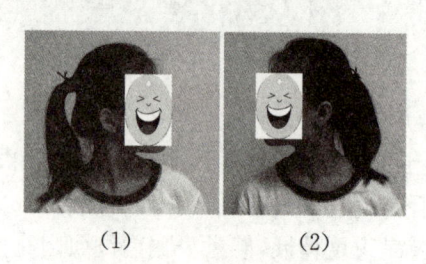

（1）　　　（2）

图5-48 健口操第三步

眼睛用力闭上、嘴角上扬五秒，眼睛张开嘴角放松，重复二次。

2. 健口运动：

张开嘴巴露出牙齿喊一，嘟起嘴吧往右摆动五秒，嘟起嘴巴往左摆动五秒，

（1）　　　（2）

图5-49 健口操第四步

紧闭嘴唇吞口水,鼓起两边脸颊,

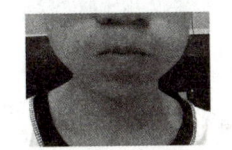

图 5-50　健口操第五步

双手轻压将空气挤出,

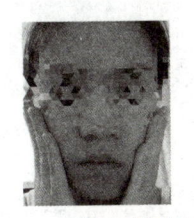

图 5-51　健口操第六步

由下往上按摩,重复二次。

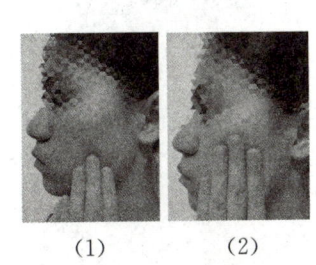

（1）　　（2）

图 5-52　健口操第七步

将双手四指放在脸颊两边凹陷处,往前转圈按摩四下、往后按摩四下,重复二次。

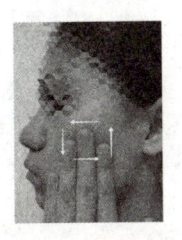

图 5-53　健口操第八步

往上转圈按摩四下、往下转圈按摩四下,重复二次。
将双手大拇指放在下巴,往上按摩四下,重复二次。

图 5-54　健口操第九步

3. 舌部运动
用力伸出舌头,缩回。

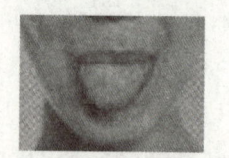

图 5-55 健口操第十步

伸出舌头往右边延伸。

图 5-56 健口操第十一步

再往左边延伸。

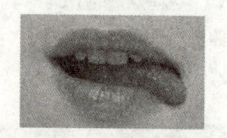

图 5-57 健口操第十二步

伸出舌头往上伸。

图 5-58 健口操第十三步

再往下伸。

图 5-59 健口操第十四步

伸出舌头沿下嘴唇往上画一圈。

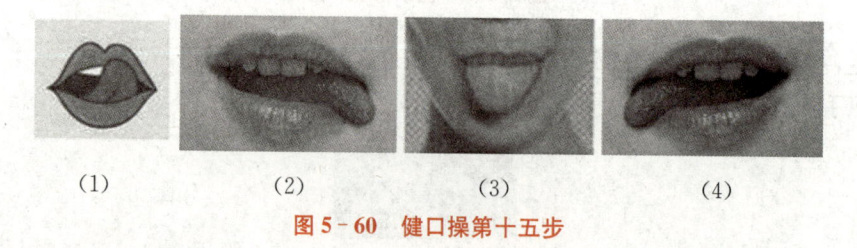

(1) (2) (3) (4)

图 5-60 健口操第十五步

反方向再画一圈。

(十)健康舒压操

健康舒压操是运用简单的道具,利用捶、滚、挤、搓等动作达到按摩全身、塑身健体、调整姿势的舒身减压运动,除了适合健康中老年人外,还特别适合高龄、失能、失智老年人。

整套活动包含五大环节,分别为:元气摇摇操、元气滚滚操、元气扭扭操、手足爽爽操、足部拉筋舒缓,简单易懂,容易上手,趣味性佳。

物品准备:元气摇摇棒、元气大滚轮、元气扭扭圈、脚底按摩器+按摩球、足部拉筋板,数量根据实际操作人数决定。

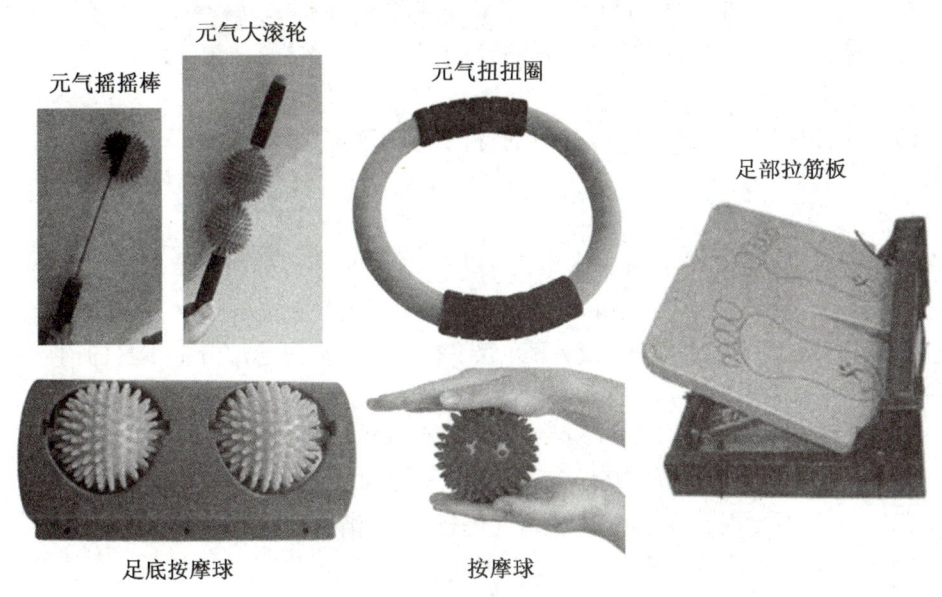

图 5-61　健康舒压操运动器具

1. 活动流程

(1) 第一环节:元气摇摇操

目的:元气摇摇操是发挥元气摇摇棒的特性,握住握把轻轻摇动即可做到捶敲的动作,运用捶敲的方式针对定点的疼痛进行按摩舒缓,按摩手掌、脚底及身体各部位的穴道,促进血液循环以及新陈代谢。可消除全身的疲劳和肌肉酸痛,如肩、颈、背、腰、手、足等。

上身捶敲(左肩10下→左手臂外侧肩部开始向腕部10下→左手臂内侧由腕部向腋下10下→左肩胛骨10下→左腰背10下→左手掌抓握5下→右肩10下→右手臂外侧由肩部开始向腕部10下→右手臂内侧由腕部向腋下10下→右肩胛骨10下→右腰背10下→右手掌抓握5下);

下身捶敲(左大腿上侧由上至下5下→左小腿前侧由上至下5下→左小腿后侧由下至上5下→左大腿后侧由下至上5下→右大腿前侧由上至下5下→右小腿前侧由上至下5下→右小腿后侧由上至下5下→右大腿后侧由下至上5下);

注意事项:捶敲时请注意力道,避开伤口。

(2) 第二环节:元气滚滚操

目的:元气滚滚操是发挥元气大滚轮的特性,运用滚动的方式针对定点的疼痛舒缓,按摩腿部、颈背部,消除疲劳和肌肉酸痛。

实操流程:

可站立或坐在椅上,双手握住元气大滚轮来回滚动并数数(右大腿上侧 10 下→右小腿上侧 10 下→右小腿后侧 10 下→右大腿后侧 10 下→左大腿上侧 10 下→左小腿上侧 10 下→左小腿后侧 10 下→左大腿后侧 10 下);

两人为一组相互按摩(颈椎 10 下→脊椎 10 下→左肩胛骨 10 下→右肩胛骨 10 下→腰部 10 下);

大家围成圆圈,后者为前者进行背部按摩,边唱歌边移动。

注意事项:滚动按摩时请注意力道,脂肪较少部位要轻柔,避开伤口。

(3) 第三环节:元气扭扭操

目的:元气扭扭操是发挥元气扭扭圈的特性,针对胸部、手臂、腹部、腿部进行运动,提升肌肉紧实度,延缓老化。

实操流程:

双手握住扭扭圈黑色部分与胸部齐平挤压 10 下→单手握住扭扭圈黑色部分另一侧贴在腹部挤压 10 下→单手握住扭扭圈黑色部分置于两腿中间夹住挤压 10 下→双手握住扭扭圈黑色部分置于小腿中间夹住挤压 10 下→双手握住扭扭圈黑色部分上半身向前倾双手在背后按压 10 下→将扭扭圈套进左手由上至下再由下至上旋转 10 下→将扭扭圈套进右手由上至下再由下至上旋转 10 下→双手握住扭扭圈黑色部分置于左腰处挤压 10 下→双手握住扭扭圈黑色部分置于右腰处挤压 10 下。

注意事项:注意拿握方式,根据个人情况进行,循序渐进。

(4) 第四环节:手足爽爽操

目的:手足爽爽操是发挥足底按摩器与按摩球的特性,针对足底、手心进行搓揉按摩,减轻足部压力,放松手部,促进血液循环,团体带动趣味性佳。

实操流程:

坐在椅上,将双脚放在脚底按摩器上持续按摩;双手正向揉搓按摩球→反向揉搓→双手按压 5 下;双手伸直至正前方正向揉搓按摩球→反向揉搓→双手按压 5 下;双手伸直至 45 度正向揉搓双手→反向揉搓双手→双手按压 5 下;大家围坐成圆圈,双脚放在脚底按摩器上持续按摩,右手握住按摩球,左手拍打大腿,数到第四下,将右手的按摩球传递给下一位。请大家一同唱歌,其间可左右更换传递方向,训练被带动者的反应能力。

注意事项:需要注意被带动者的坐姿,以防摔落。

(5) 第五环节:足部拉筋舒缓

目的:利用人体本身重量来调整人体本身的不良姿势,改善因姿势不良造成的下背痛,可帮助脚后筋过于紧的使用者达到提臀的效果。

实操流程:

使用时,应先进行脚部热敷或脚部暖身;两边角度可随两脚承受角度分别来调整;欲使用第 6 段(45°)时,须由专业医师评估后方可使用;站立时间以 15~20 分钟较适当;若双脚矫正角度不同时可调整脚踏板度数;

注意事项:脚部受伤者请勿使用(若欲使用应与专科医师及患者的专业治疗师共同协商后使用,切勿未经同意自己使用)。

老年人的保健操有很多类型,总体来说,老年人对保健操的动作和运动负荷的适应能力差,进行保健操锻炼时要运用科学的方法。

1. 动作幅度适中

老年人保健操应多以缓慢移动的四肢协调配合动作,动作幅度不宜过大,特别是肩、腰、髋三大关节扭动、转动时,尽量不做剧烈跳跃、大幅度的屈体和突然性的低头动作。

2. 锻炼时间有规律

一般老年人做保健操的时间以安排在早晨为宜,早晨空气新鲜,空气中的负离子对人体健康十分有益,使精神愉快,对人体紧张的生理和心理进行适宜的调整,起到积极的作用。

3. 活动量适宜

合理安排每次保健操的康复锻炼时间,避免运动过量。

(十一)老年健身器材运动

老年健身器材是常见于社区、养老机构中开展老年人健身活动的运动工具,与医疗健身器材相比,更有普适性和实用性。

1. 常见社区健身器材的使用方法

表 5-1 常见社区健身器材

名称	图片	使用方法	作用	注意事项
健骑机		坐在座板上,双手拉动手柄、同时双脚踩动踏脚,做往返运动	能增强上、下肢的肌肉和胸部肌肉,能锻炼腰部肌肉并按摩内脏,增强消化系统和心脏功能	锻炼时动作幅度不宜过大,速度不能过快
漫步机		双手紧握横杆,双脚分置踏板上,双腿交替前后摆动	增强心脏功能及下肢、腰部肌肉力量;改善下肢柔韧性和协调能力,提高下肢各关节稳定性	踏板未停稳时严禁上下;不要在同侧打秋千;摆腿的幅度不超过45度,频率为每次3—4秒
椭圆机		双脚分站在踏板上,双手紧握把手,上肢做前后屈伸、下肢做椭圆运动	训练上下肢的协调能力,增强心肺功能	踏板静止状态上下;每站位限1人使用
扭腰器		双脚平稳站在圆形踏板上,双手紧握扶手,上身保持不动,腰部以下肢体左右转动	增强腰部、腹部肌肉力量,改善腰椎及髋关节柔韧性、灵活性,利于健美体型	扭腰时动作尽量要慢、柔,扭动幅度控制在80度以内

(续表)

名称	图片	使用方法	作用	注意事项
上肢牵引器		站于器材拉手下方,双手握手柄,两臂同时均衡施力,垂直向上下做匀速交替往复运动	锻炼上肢灵活性、增强神经对上肢的控制能力	切勿握到铁链处,以免铁链活动时夹伤手指
双人浪板		双脚站在同一踏板上,双手握紧护杠,腰部用力做钟摆式运动	增强心肺功能和协调能力,改善血液循环和消化系统机能,加强腰椎、髋关节活动能力	每站位限1人使用;待摆臂静止时方可上下器械
双人腰背按摩器		腰或背紧靠按摩器上,上下左右缓慢移动,利用凸点对相应部位进行按摩	增强人体腰部及背部肌肉力量,调节人体神经系统	双手扶稳站立
太极推手器		面对双盘,手掌贴在圆盘边沿处,然后双臂做顺或逆时针方向转动	通过肩、肘、髋、膝等关节的活动和按摩手掌,以达到贯通血脉、活络筋骨、增强相关肌群功能的目的	锻炼时动作要到位,速度适中

2. 注意事项

由于健身器材的种类繁多,且老年人身体状况存在差异,工作人员要做好充足的评估与准备:

(1) 检查活动环境是否安全,地面是否平整、有无积水,气候是否适宜。

(2) 检查健身器材是否完好,了解健身器材的使用方法和性能。

(3) 了解老年人的身体状况(测量血压和询问等方式),得到医疗专业人员的许可,确认老年人的身体状况允许。

(4) 协助老年人衣着适宜,穿防滑鞋。

(5) 工作人员首先手把手示范健身器材的使用方法。

(6) 活动结束后与老年人交流健身器材使用的感受,后续观察老年人的食欲、睡眠情况是否改善等,根据情况安排下一次活动。

(7) 健身器材的使用应有计划性,遵循因人而异、量力而行、循序渐进的原则。

(8) 医疗机构用专业康复训练器械应在康复师帮助下使用。

二、趣味运动

(一) 适合自理老年人的趣味运动

1. 三步投篮

活动对象：上肢肌力较好、活动能力较强、健康状况较好的自理老年人。

活动目的：增进全身的协调能力，增强体质，也有利于提升团队合作能力。

活动道具：篮球，篮筐(1.5米高)等。

活动规则：一组三人，第一位选手站在第二位选手背后(2米)，计时开始后，第一位选手将球传于第二位选手，在接球后立即将球投到篮筐内，球落地后，第三位选手将球捡起并站到指定点传于第一位选手，第一位选手将球传于第二位选手投篮。最后以规定时间内投进球数多者轮高低。

注意事项：

(1) 活动前充分评估老年人的活动能力，有较强的活动能力和较好的健康状况。

(2) 活动前要充分考虑安全因素，留意场地的选择、地面的防滑措施等细节。参加活动的老年人要选择防滑的鞋子，系好鞋带，避免出现安全隐患。

(3) 活动过程中，留意老年人情绪，及时给予鼓励。

2. 交叉传球

活动对象：自理老年人为主。

活动目的：促进全身协调能力的维持与发展，促进人际互动，提升团队合作意识。

活动道具：两只皮球，标上不同编号。

活动规则：参加人数10人以上，分成人数相等的甲队和乙队。甲队与乙队的队员一个隔一个地站成一个大圈圈，面向圆心。任意选择相邻的两人各拿一球，按裁判员口令按同一个方向传球，每队都传给本队的人。先把球传到开始人手里，又不使球落地的一队为胜。

注意事项：

(1) 分配队员时，要结合老年人年龄、活动能力等情况，合理、均衡分配组员。

(2) 坐在轮椅或椅子上参加活动的老年人，要做好安全防护。

(3) 因活动人数较多，过程中要维持好秩序，避免出现争吵等混乱的情况。

3. 夹球跑

活动对象：自理老年人。

活动目的：锻炼下肢力量，促进全身肌肉活动能力，培养合作能力。

活动道具：两只排球。

活动规则：将参加活动的老年人排成两队纵列，每队两人。两人背对背将球夹在背中间，从起点横着向终点跑去。如果途中球跌落，就必须重新夹好，继续前进。到终点后，两人改为面对面而立，用胸部合作将球夹住，一起横着由终点到起点。然后传给第二组……用时最少的一队获胜。

注意事项：

(1) 最好在身体状况差不多的老年人中开展。

(2) 活动过程中，动作要慢，要稳。

（3）活动前，做好充分热身，待老年人熟悉活动规则，再组织比赛。

4. 赶"猪"跑

活动对象：适合自理老年人。

活动目的：促进全身协调能力，增加团队合作能力，增强趣味性。

活动道具：每组篮球一个、羽毛球拍一副（或鸡毛掸子一个）。

活动规则：每组人数一致，分别站于5米跑道的两端。发令后，每组第一个组员用羽毛球拍将"猪"（篮球）按直线推到跑道的另一端，并将球拍交于另一位选手。另一位选手原路返回，重复第一位选手的动作，直到最后一位选手赶完。

如果中途球滚出跑道边沿，组员必须将球原地放回，再继续比赛。最后以整组用时多少记成绩。

注意事项：

（1）分配组员时，结合年龄、活动能力等因素，合理分配。

（2）尽量选择防滑、宽敞的场地。

（3）活动前检查老年人的穿戴是否合适，尤其注意，鞋子是否防滑，鞋带是否系好。

（4）活动中留意现场秩序，避免老年人摔倒或相互踩踏。

5. 火车竞走

活动对象：适合自理老年人。

活动目的：促进全身协调能力，增加团队合作能力，增强趣味性。

活动道具：无。

活动规则：将参赛者分成两队，每队以8～10人为宜。若参加人数多，可多分几支队伍，或举行接力比赛。每队后面的人，双手扶在前面人的肩上，或腰上，扮成一列"火车"，队首两人叉腰，站在起点线的后面。途中，各人不得将手放下，必须保持原来的姿势竞走。哪列"火车"竞走得最快，又没有脱节或出轨的算优胜。

注意事项：

（1）组员分配合理，选择活动能力差不多的老年人开展活动。

（2）尽量选择防滑、宽敞的场地。

（3）活动前检查老年人的穿戴是否合适，尤其注意，鞋子是否防滑，鞋带是否系好。

（4）活动中留意现场秩序，避免老年人摔倒或相互踩踏。

6. 掷飞镖

活动对象：自理老年人或者手部有一定活动能力的半自理老年人。

活动目的：增进手眼协调能力，锻炼上肢力。

活动道具：飞镖若干支，镖盘一个。

活动规则：

视老年人身体状况，将镖盘置于离投镖处一定距离的墙上，每位老年人掷十镖，最后累积环数定胜负。

注意事项：

（1）在活动道具的选择上，尽量选择适宜老年人使用的大号镖盘。

（2）尽量选择防滑的场地开展活动。

(3) 活动过程中维护好现场的秩序,避免飞镖伤及他人。

7. 飞碟

活动对象:自理老年人为主。

活动目的:锻炼全身调能力,促进人际互动。

活动道具:飞碟若干。

活动规则:两人合用1只飞碟,各自隔开一定距离,甲投乙接,再交换。也可以多人合用1只飞碟,看谁能接住飞碟。工作人员事先对得分、扣分的标准作出规定,然后以得分的总数决定胜负名次。

注意事项:

(1) 活动前,充分评估老年人的活动能力。

(2) 选择活动能力差不多的老年人为一组。

(3) 场地要宽敞、防滑。

(4) 距离要短、速度要慢。

8. 陀螺

活动对象:适合自理老年人。

活动目的:增强手眼协调能力,锻炼上肢肌力。

活动道具:陀螺、细绳若干。

活动规则:参赛者各自手持陀螺1只,细绳1根。裁判宣布开始后,每位参赛者立即转动陀螺,并不断抽打。陀螺转动的时间越长者,成绩越佳。

注意事项:

(1) 场地要宽阔、防滑。

(2) 活动过程中维护好现场的秩序,避免细绳或陀螺伤及他人。

9. 巧吹乒乓球

活动对象:适合于心肺功能较好的老年人。

活动目的:锻炼心肺功能,提升身体协调能力。

活动道具:碗、乒乓球。

活动规则:在一张桌子上放两个小碗,两碗相距30厘米,其中一个碗中放入一个乒乓球。参赛者站在离碗50厘米处吹球,使其落入另一碗中。吹入者赢。

注意事项:可以根据老年人的活动能力,灵活调整距离。过程中,工作人员可以站在老年人身侧,避免老年人摔倒。

10. 球击猫头鹰

活动对象:适合自理老年人。

活动目的:提升手眼协调能力,强化上肢训练。

活动道具:乒乓球、猫头鹰(纸盒制作)。

活动规则:在废旧纸盒上画一只大大的猫头鹰。猫头鹰的眼睛要一只睁开,一只闭上。工作人员将睁着的眼睛用剪刀挖空,准备若干个乒乓球。在距离猫头鹰1.5米处画一条白线作为起点线。参赛者站在白线后面,手拿5个乒乓球投向猫头鹰睁着(即被挖空了的)眼睛。投中球越多的人为胜者。

注意事项:
(1) 挖空的眼睛要大,避免难度太大,挫伤老年人的活动热情。
(2) 挑选活动能力差不多的老年人进行比赛。
(3) 活动前,充分评估老年人的活动能力,灵活调整活动距离。

(二) 适合半自理老年人的趣味运动

1. 坐位投篮

活动对象:适合上肢力量较强的半自理老年人。

活动目的:增进手眼协调能力,锻炼上肢力。

活动道具:篮球、篮筐(1.5米高,或根据老年人身高调整篮筐高度)。

活动规则:老年人选择坐姿,在合理的距离内投篮,篮筐的高度设计要尽量低一些,增加投中球的概率。可以设置多人PK,或多组PK,在规定时间内投进球数多者胜出。

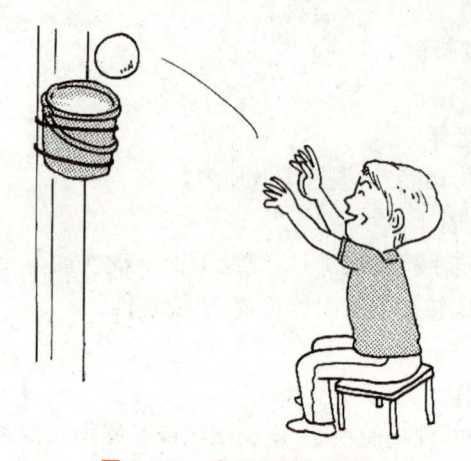

图 5-62 坐位投篮示意图

注意事项:
(1) 要求老年人手臂有一定的活动能力。
(2) 活动前要充分考虑安全因素,留意场地的选择、地面的防滑措施等细节。
(3) 活动前充分评估老年人的活动能力,调整合适的篮筐高度。
(4) 采用坐姿的老年人,要采取系好安全带等安全防护措施。

2. 老年足球

活动对象:适合下肢有一定肌力,但需要训练腿部力量的半自理老年人。

活动目的:锻炼下肢力量,促进全身肌肉活动能力,增进团体情感。

活动道具:皮球、大纸盒。

活动规则:将大纸盒在透明胶带粘贴在地上,放在场地两头做球门。将组员分成两组,组内合作传球,通过努力,把球传入对方的纸盒中。

注意事项:
(1) 活动场地要宽敞、防滑。
(2) 最好在身体状况差不多的老年人中开展。

(3) 与传统的足球竞技不一样,动作要慢,要稳。
(4) 坐在轮椅上的老年人,要提前系好安全带;行动不便的老年人,请护理人员站在老年人身边,做好安全防护。

3. 保龄球

活动对象:适合上肢有一定活动能力的半自理老年人。

活动目的:锻炼上肢力量,增进全身的协调能力,增强体质。

活动道具:皮球、矿泉水瓶、废旧纸盒若干。

活动规则:在空的矿泉水瓶中注入适量的水,搭成三角形的保龄球方阵。把废旧纸盒放两边,围成一条道路。老年人站在保龄球方阵对面三米处,滚动皮球,使皮球击倒瓶子。瓶子数量倒得多的为胜出。

图 5-63 保龄球示意图

注意事项:

(1) 在组织老年人比赛时,注意要考虑到老年人的健康状况,选择同等健康状况的老年人比赛,避免挫伤老年人参加活动的积极性。

(2) 针对坐轮椅的老年人要事先系好安全带,坐椅子的老年人,工作人员要扶住椅背,确保老年人坐稳;用助行器或拄拐站立的老年人,工作人员要在一旁协助和保护老年人安全。

4. 套圈

活动对象:适用于上肢有活动能力的老年人。

活动目的:促进全身肌肉的训练,尤其是手眼的协调力。

活动道具:塑料或铁丝圈若干,不锈钢杯子若干。

活动规则:每人距离投放物1.5米外可站可坐,每人分得十个圈。设法将对面的杯子套中,每一个杯子有对应分值,最后将套中的分值累加,得到相应的礼物或积分。

注意事项:

(1) 在组织老年人比赛时,注意要考虑到老年人的健康状况,选择同等健康状况的老年人比赛,避免挫伤老年人参加活动的积极性。

(2) 针对坐轮椅的老年人要事先系好安全带,坐椅子的老年人,工作人员要扶住椅背,确保老年人坐稳;用助行器或拄拐站立的老年人,工作人员要在一旁协助和保护老年人安全。

(3) 可以根据老年人的健康状况,灵活调整活动规则,如老年人上肢活动能力较弱,可以改为桌面套圈。

5. 夹弹子

活动对象:适合自理老年人或者手部有一定活动能力的半自理老年人。

活动目的:促进手部精细动作,增加手眼协调力。

活动道具:玻璃弹珠若干,容器各两个,体量上要一大一小,木筷子若干双。

活动规则:将玻璃珠根据数量平均放于两个大容器内,每一位组员分配一个小容器和一双筷子。计时开始后,组员将较大容器里的玻璃珠又快又稳地夹入自己面前的小容器内。以限定时间内容器中夹入的玻璃珠计算成绩。数量多者胜出。

注意事项:

(1) 事先根据老年人的健康状况,调整容器摆放的位置。

(2) 坐轮椅的老年人,要系好安全带,做好安全防护。

6. 活动名称:磁力钓鱼

活动对象:自理老年人或者能坐轮椅、椅子,手部有一定肌力的半自理老年人。

活动目的:增进手眼协调能力,锻炼上肢力量。

活动道具:鱼竿若干,"鱼"(木制或塑料材质)若干。

活动规则:老年人坐成一圈,圈内的地上摆放一些带铁钩的"鱼"(木制或塑料材质),老年人手持钓鱼竿,用带磁铁的渔线去钓"鱼"。同等时间内钓鱼最多者赢。

注意事项:注意做好老年人的安全防护。轮椅老年人要系好安全带,坐椅子的老年人,要评估其能力,必要时安排工作人员或志愿者扶稳椅子。

7. 活动名称:摘花瓣

活动对象:适合经过康复训练,手指有一定肌力的半自理老年人。

活动目的:加强患侧的趣味训练,增强患侧的肌力。

活动道具:鲜花(根据老年人精细动作的能力选择花瓣的大小)一长枝。

活动规则:老年人用健侧夹住鲜花花柄,用患侧的手指尝试摘花瓣。一次只摘一片,设定一个小目标,完成小目标即刻休息。

注意事项:活动前做好患侧的安全防护。活动中,耐心沟通,及时鼓励。

8. 堆罐子

活动对象:适用于上肢有活动力的老年人。

活动目的:增进手眼协调能力。

活动道具:空易拉罐若干,方块积木2盒。

活动规则:一个罐子加放一个积木块。最底下先放一个罐子,上面放一个积木块,再放一个罐子,以此类推。最后以堆起的罐子数多者胜出。

注意事项:坐轮椅的老年人,要做好安全防护,避免老年人弯腰捡拾掉在地上的罐子而摔倒。

9. 抛毽子

活动对象:适合上肢有一定活动能力的老年人。

活动目的:提升手眼协调能力,训练上肢力量。

活动道具:毽子。

活动规则：用粉笔在地上先画一个直径8寸的小圆圈，再画一个直径2尺的同心大圆圈，把大圆圈分为6个相等的部分，标上不同的分数，如：50、15、30、5、40、10分等，中间标上100分。参赛者站在距大圆圈2米外，向分数圈抛毽子，压线作废。每人限投两次。以得分最多的为优胜者。

注意事项：
(1) 标分数时，可以根据距离远近，合理设置分数。
(2) 如果是轮椅老年人，要系好安全带，做好安全防护。
(3) 如果老年人行动不便，采用坐位或者借助手杖等，要安排工作人员在老年人身侧防护，避免摔倒。

(三) 适合卧床老年人的趣味运动

1. 卧床投掷

活动对象：适合经过康复训练，患侧有一定肌力的老年人，或需要加强手臂力量的卧床老年人。

活动目的：增加手眼的协调能力，增强手臂力量。

活动道具：沙包若干个、空纸箱若干。

活动规则：在床头放置空纸箱，让老年人处于半卧位，丢球至空箱中。

注意事项：活动前，要拉上患侧的护栏，做好安全防护。

2. 上下其手

活动对象：适用于卧床、手部有一定力量的老年人。

活动目的：增加手部握力，锻炼手部肌肉。

活动道具：有水的矿泉水瓶。

活动规则：让老年人手握矿泉水瓶，自行抬高及放下。为增添趣味性，可设计比赛。

注意事项：活动前，要拉上患侧的护栏，做好安全防护。要提前评估老年人的手臂力量，选择合适大小和重量的矿泉水瓶。

3. 拉弹力带

活动对象：适合卧床、手部有一定力量的老年人。

活动目的：锻炼手指、臂膀的功能，培养对音乐的感知能力。

活动道具：悬挂在床头的弹力带。

活动规则：让老年人在音乐的节奏中，根据韵律拉弹力带。

注意事项：要根据老年人的活动能力，选择节奏合适的音乐。

4. 空中吹吹乐

活动对象：适合卧床、意识清醒，有一定肺活量的老年人。

活动目的：锻炼肺活量，增加娱乐性。

活动道具：气球一包(20个)、打气筒1个、毛线(扎气球所用)。

活动规则：工作人员将吹好的气球丢到空中，由卧床老年人吹气球让气球移动，也可以在规定时间内计算吹动气球数量，选出冠军。

注意事项：活动过程中，要拉上护栏，做好安全防护。

5. 抚触球

活动对象：适合卧床、意识清醒的老年人，也适合作为老年人患侧的热身活动。

活动目的：促进全身血液循环，陪伴老年人。

活动道具：抚触球（可用毛绒球、带触点的塑料球等代替）。

活动规则：采用气球、抚触球，或柔软材质的物体，对老年人的脸部、手臂、腿部进行有节奏的抚触。

注意事项：活动过程中，要及时与老年人沟通，了解老年人的感受。

案例

"我运动 我健康"
——南京福祉养老院趣味体育游戏节策划案

一、活动目的

为了丰富养老机构的文化生活，倡导老年人锻炼身体、陶冶情操的生活理念，提高老年人的肢体活动能力，促进院内老年人人际沟通，增强彼此间的联系，特举办此次"我运动 我健康"——南京福祉养老院趣味体育游戏节活动。

二、组织单位

主办单位：***福祉养老院

承办单位：***老年文化活动公司

三、活动对象及人数

院内半自理老年人约50名，康体指导师或其他工作人员15名左右。

四、活动时间

2021年11月25日14：00—15：20。

五、活动地点

*市*区***福祉养老院北院一楼空地。

六、活动流程

时间	活动项目	活动材料	负责人
14：00—14：10	开幕	电脑、话筒、音响	活动工作者2名 活动志愿者5名
14：10—14：20	保健操表演		活动工作者1名 志愿者2名
14：20—15：20 部分项目可同时开展	1. 夹花生 规则：分5组，两两比赛，在2分钟内，看谁夹的花生数量多。	每组：花生若干、塑料篮1个、筷子1双、铁碗1个。	
	2. 套圈 规则：每人每次派发五个塑料套圈，在一米线外套圈，套中目标即可拿走当做奖品。游戏可同时开展多人。	生活用品、食品若干、套圈（大中小），每人5个圈，准备至少大、中、小套圈各20个圈。	志愿者2名

(续表)

时间	活动项目	活动材料	负责人
	3. 掷沙包 规则：3人同时参加活动，每人三个沙包，投中靶心的相应位置得积分。积分高者赢。	沙包12个、靶。	志愿者1名
	4. 堆罐子 规则：几位老人同时比赛，用空易拉罐堆高，最高者赢。	空易拉罐若干。	志愿者1名
	5. 赶猪跑 规则：用鸡毛掸子将皮球绕着矿泉水瓶走S形，最快到达者赢。	装水的矿泉水瓶20个、鸡毛掸子2个、皮球1个。	志愿者2名
	6. 投篮 规则：篮筐在两米高度左右，可根据老人站姿或坐姿调节高度，皮球投入记一分。五分钟内投中最多的赢。	可自由调节高度的篮筐、皮球2个。	志愿者2名
	7. 腿部传球 规则：将皮球通过腿脚，传入划定的球门五分钟内，传入最多者赢。	皮球1个。	志愿者2名
	8. 磁力钓鱼 规则：五分钟一轮，钓到的鱼积分换奖品。	钓鱼竿5根、磁性玩具鱼若干。	志愿者2名
15：30—15：40	颁奖	奖品、奖状	活动工作者1名 志愿者2名

七、活动预算

项目	经费（元）	预算依据
材料费	300	购买积木2套、磁性钓鱼玩具3套，其余为机构现有物品。
人工费	50*15=750	15名志愿者，每人一天50元。
奖品	50*20=1 000	50名长者，按照人均20元奖品标准。
不可预测费用	300	初步计划按照总费用的10%~15%进行预算。
总计	2 350	

八、安全预案

留心观察老年人的面部表情和情绪，如有不适，立即停止活动，并观察老年人情况。及时启动安全处理程序，反馈机构相关领导。全程做好安全防护，活动场地动线清晰，划好单行线，志愿者从旁协助进场和出场顺序，防止身体碰撞发生意外。

任务拓展

1. 职业情境：

思考如何在实训实习、一线养老服务工作中将老年康健活动要点与具体康健活动相结合？

2. 孝德文化：

如何理解中国优秀传统文化中的"敬亲""奉养""侍疾"？在开展失能、半失能老年人康健活动时，应该如何融入？

3. 前沿应用：

（1）智能护理床、智能轮椅等新技术，帮助失能老年人、半失能老年人实现日常活动无障碍。

（2）养老机构运用天花板投影仪为卧床失能老年人提供感官刺激。

（3）VR钓鱼、VR射箭、VR影院、VR太空等VR技术项目，不仅能够在心理上帮助老年人，同样能够在身体上帮助他们，让他们更有动力去锻炼。

4. 延伸学习：

结合观看以下视频的体验，谈一谈本项目的学习所得和今后的学习方向。

（1）老年人健身操类视频；

（2）老年人轮椅舞类视频；

（3）老年人手势舞类视频。

5. 标准学习：

按照岗课赛证融通的理念，请查阅并对照以下证书、比赛与本项目内容的相关性，开展有针对性的学习。

（1）养老护理员国家职业技能等级标准中的康复服务、功能促进内容；

（2）1+X老年照护、1+X失智老年人照护的功能障碍照护内容；

（3）1+X老年康体指导师中的康体游戏内容；

（4）国家养老服务技能大赛健康与社会照护赛项的康复照护内容。

实训指导

项目六 老年认知活动

情景聚焦

根据世界卫生组织的数据,目前全球共有5 000万人患有认知障碍;到2030年,这一数字预计达到8 200万人,到2050年将超过1亿5千万人。据2020年发表在《柳叶刀》杂志上的一项研究来看,中国60岁及以上人群中,认知障碍患病率为6.04%(1 507万人),其中阿尔茨海默病为3.94%(983万人),血管性认知障碍为1.57%(392万人),其他类型认知障碍为0.53%(132万人)[①]。

当前,对患轻度和中度认知功能障碍的老年人提供非药物干预,包括综合认知训练、蒙台梭利疗法、运动疗法、音乐疗法、怀旧疗法、康娱疗法、园艺疗法、芳香疗法、宠物疗法等新技术、新知识,并结合环境调整、活动安排、沟通方式的改变、营养与饮食的调整等新方式,是行业的新趋势。

为此,养老护理员国家职业技能等级标准、1+X老年照护、1+X失智老年人照护、1+X老年康体指导师等证书、全国养老护理职业技能赛项、健康与社会照护赛项都将对轻度、中度认知功能障碍的老年人进行认知活动,如记忆训练、定向力训练、益智类游戏活动等,纳入老年照护岗、失智老年人照护岗的考点和比赛内容当中。

任务目标

1. 知识目标:
(1) 充分认识老年认知活动的意义;
(2) 掌握老年认知活动的分类;
(3) 熟知开展老年认知活动的要点。

2. 能力目标:
结合不同的认知干预目标实施不同的认知活动。

3. 素质目标:
(1) 培养尊重、平等、接纳每位认知障碍老年人的价值观;
(2) 活动中自觉使用认知症友好行动和认知症友好语言。

---

① 2020年12月1日,《一项横断面研究:中国60岁以上成年人的认知障碍和轻度认知障碍的患病率、危险因素和处理》(Prevalence, risk factors, and management of dementia and mild cognitive impairment in adults aged 60 years or older in China: a cross-sectional study),《柳叶刀》,首都医科大学宣武医院贾建平团队。

任务要点

1. **重点**：对老年认知活动要点的理解和应用；
2. **难点**：策划不同干预目标的老年认知活动。

知识准备

1. 查阅"认知治疗""现实导向"的历史发展资料；
2. 查阅认知功能障碍的相关文献。

任务组织

任务一 学习老年认知活动

一、老年认知活动的定义

(一) 认知障碍

认知是机体认识和获取知识的智能加工过程，涉及学习、记忆、语言、思维、精神、情感等一系列生理心理和社会行为。认知障碍指与上述学习记忆以及思维判断有关的大脑高级智能加工过程出现异常，从而引起严重学习、记忆障碍，同时伴有失语或失用或失认或失行等改变的病理过程。

认知障碍的主要临床表现有：(1) 感知障碍，如：感觉过敏、感觉迟钝、内感不适、感觉变质、感觉剥夺、病理性错觉、幻觉、感知综合障碍；(2) 记忆障碍，如：记忆过强、记忆缺损、记忆错误；(3) 思维障碍，如：抽象概括过程障碍、联想过程障碍、思维逻辑障碍、妄想等。

上述各种认知障碍的原因是多种多样的，除器质性疾病原因外，大多是精神疾患所致，如神经衰弱、癔症、疑症、更年期综合征、抑郁症、强迫症、老年性痴呆、精神分裂症、反应性精神病、偏执型精神病、躁狂症、躁郁症等等。

(二) 老年认知活动

广义的老年认知活动是对认知障碍的老年人，采用多种活动方法，如手工、园艺、运动、音乐、游戏等，目的在于增强老年人认知功能的活动总称。狭义的老年认知活动，特指增强老年人注意力、感知觉、记忆力、定向力、计算力等认知功能的认知刺激和训练。

二、老年认知活动的分类

(一) 根据认知障碍的程度划分

认知障碍是进行性退化疾病,从轻度逐渐进入到中度、重度、末期症状,疾病退化的时间不确定。依不同罹患原因,病程也有个别差异。临床上经常使用 MMSE 和 MoCA 量表来区分认知功能障碍的程度。

1. 面向轻度认知障碍老年人的认知活动

(1) 基本特征。老年人可自理或使用辅具可自理;搞不清楚时间,忘记近期事件、个人过去、熟悉人物;发现部分能力丧失,注意力、计算、判断力减退;害怕失去控制与独立感。

(2) 活动建议。活动工作者需尽快介入目标明确、结构性、周期性的系列活动,从而延缓恶化进程。目标明确指通过活动前评估,了解老年人具体是哪个方面功能缺失,从而策划有针对性的活动,对丧失的功能进行恢复性强化。结构性是指活动不是随机、偶然的,每个活动都有指向性,并做好充分准备,活动安排之间要有逻辑性,比如活动的干预目标一致、活动难度从简单到复杂等。周期性是指活动要有一定的次频,如每天开展一次,持续两周的活动安排;或者每周 2~3 次,持续八周的活动安排。周期性的认知活动安排有助于评估工具进行测量,从而了解认知活动的实施对认知功能干预的阶段性成效,也便于后期调整活动目标和活动侧重点。

2. 面向中度认知障碍老年人的认知活动

(1) 基本特征。随着认知障碍程度的加深,中度认知障碍患者的基本特征是持续性记忆缺失,认人困难,包括熟悉的亲友;需要使用辅具或他人协助才能自理;无法做多样任务,无法学习新事物;交流由主动转为被动,静坐时间延长;有可能出现情绪障碍,游走和谵妄的病情加重。

(2) 活动建议。这个阶段的老年人建议做一些活动程度较低,动作重复简单的团体活动,如拍球、操课等康健活动;缠绕毛线、剥豆子等日常家务活动;给布艺娃娃穿衣、穿鞋、系纽扣等生活护理技能活动;时间、地点、人物定向的现实导向活动;辨别声音、颜色、触觉等感官刺激活动等。在固定的地点、固定的时间安排活动,有助于这个阶段的老年人形成定向力。如果老年人情绪不好,身体欠佳,则不适宜安排上述活动。

3. 面向重度认知障碍老年人的认知活动

(1) 基本特征。重度认知障碍患者日常生活能力基本丧失,一定需要他人协助生活;有游走、反复摇动、哼出声音等行为;精神行为异常、焦虑、抑郁或突然躁狂,意识不清;几乎不能语言沟通。

(2) 活动建议。初期和中期的障碍患者一般适合参与团体活动,重度患者则需要个别活动。面向重度认知障碍老年人的认知活动适宜在老年人熟悉安全的环境中开展,由老年人信任的活动工作者开展身体的抚触按摩、听音乐、感官刺激、被动运动等活动。

(二) 根据认知障碍的特征划分

根据认知障碍的主要临床表现,针对某一种认知功能重复训练的是认知训练活动。并无针对某一种认知功能,而是同时刺激起不同的认知能力。着重趣味性的活动叫作认知刺激活动。不同的活动会带来不同程度的认知刺激。

1. 注意力障碍

(1) 基本特征。一般表现为注意力不集中,自控力差。

(2) 活动建议。如"跟我念"活动。活动工作者一次只给活动对象 5～6 个数字,要求活动对象大声复述这组数字。随着老年人注意力进步,可以延长活动时间,并增加指令的复杂性。活动工作者需创造整齐和安静的活动环境,限制环境中杂乱和分散注意力的各种因素,如拔掉电话线、关上背景音乐等。

2. 记忆障碍

(1) 基本特征。主要表现为记忆缺损、记忆过强、记忆错误。认知障碍的记忆障碍往往是按照即时记忆、短期记忆、长期记忆的顺序出现问题的,最初往往记不住 60 秒以内的事,然后记不住几分钟、几天之内的事,最后才会把过去的事忘记。

(2) 活动建议。多开展对数字、颜色、形状、人物等的记忆力为主要干预目标的活动。如"过目难忘"活动,给老年人提供一些带数字和颜色的卡片,先请老年人记忆当前的数字和颜色,然后抽掉其中一张到两张,邀请老年人恢复原样。活动中工作者可提供一些提示性工具,如标签、口头或视觉提示等,辅助老年人做记忆训练。

3. 思维障碍

(1) 基本特征。逻辑、推理、抽象、联想、分析等能力部分丧失,有时会妄想。

(2) 活动建议。多做一些图形配对、问题解决、逻辑思维、推理分析等能力为主要干预目标的活动。如让老年人围绕一个物品或动物,尽量说出一些与之相关的内容,如"猫有什么特征?";让老年人看电视、看报纸、看卡片,帮助老年人理解其中的内容,并与其讨论其内容。

4. 计算障碍

(1) 基本特征。数字运算能力部分丧失。

(2) 活动建议。如"超市购物"活动,活动工作者创造购买场景,尽量提供真实物品和价格(如图 6-1 所示)。为老年人分发模拟纸币、模拟硬币,邀请老年人扮演售货员和客人角色进行购物。在购买中请他们计算每样物品花了多少钱,共消费多少钱,还剩多少钱。工作者还可引导老年人们说出自己以往购物的故事。在活动中,需要运用到数字记忆、简单运算、口头交流等能力。

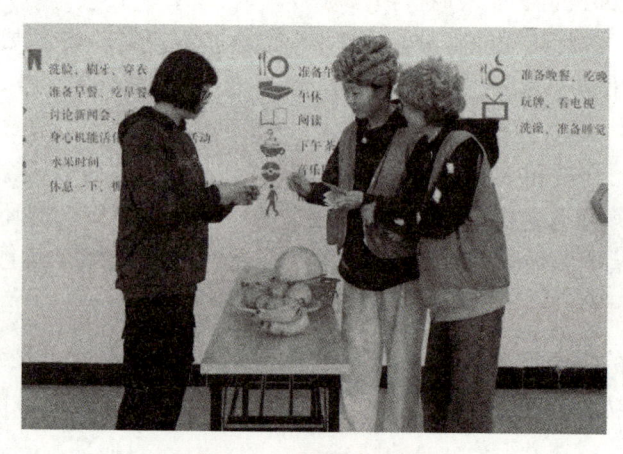

图 6-1 模拟超市购物

5. 感知觉障碍

（1）基本特征。如感觉过敏、感觉迟钝、内感不适、感觉剥夺、幻觉、病理性错觉、感觉变质等。

（2）活动建议。建议增加听觉、视觉、触觉、味觉、嗅觉的感知觉为主要干预目标的活动。在感官活动中，活动工作者可以收集不同的声音、味道、颜色、质感等，尤其是与老年人过往经历、生活背景中熟悉和有特殊意义的，请老年人辨别、回忆，运用引导想象技术和叙事回忆，促使老年人搜寻和表达相关经历。

6. 定向障碍

（1）基本特征。定向力分为时间定向、地点定向、人物定向等。对环境或自身状况的认识能力丧失或认识错误即称为定向障碍。

（2）活动建议。建议开展以干预定向障碍，建立现实生活导向和记忆关联为主要目标，训练对时间、地点、人物、季节、重要事件等定向力的现实导向活动。"现实导向"最初是由Dr. Folsom发明的，最初为一些长期居住在精神病院的缺乏与外间接触的老年人而设计，令他们重新留意周围的事物。直到七十年代初期，研究发现"现实导向"可有效地帮助认知障碍老年人重新学习，使他们保持与外界的联系。如"好日子"活动，请老年人对日历进行填空，引导老年人说出这个日子是否是节日，节日食物和风俗习惯等；邀请老年人根据现在的时间拨出玩具钟的时针和分针；邀请老年人说出现在的地理位置，有什么特点；邀请老年人说出自己的电话号码或填涂机构的电话号码。每日的认知导向会使得认知障碍由"健忘"变成习惯性地去留意重要的事情。

三、老年认知活动的作用

早期认知功能下降是认知活动干预的最佳窗口期。参与有明确目标的认知活动对认知障碍早期患者的身体、心理、情绪、行为、社交等方面都有一定的促进作用，也能够在一定程度上缓解照护者的压力。

（一）减慢认知和身体退化

专门为认知障碍设计的活动，常常涉及记忆、理解、演绎推理和批判分析的认知过程。持续地动脑，可以激活大脑的若干区域，让健康的老年人保持精神刺激，预防大脑退化，让轻度认知障碍患者延缓疾病的恶化进程。在活动中由于需要患者适当地运动四肢，因此能促进心血管系统的功能，缓解老年人因长时间静坐导致身体僵硬、肌肉萎缩的弊端。

（二）减少情绪和行为问题

认知障碍会引发情绪反应障碍，导致悲伤、抑郁、暴怒、狂躁、游走等负面情绪和行为问题。通过活动的适时干预，转移患者注意力，促进心情愉快，一旦患者能够专注到喜欢的活动中去，紧张情绪就能够得到放松，减少因此引发的行为问题。

（三）增强社交能力

不少认知障碍的老年人为了防止其他人给他们贴上"老年痴呆"的标签，主动缩小社交范围，减少社交互动，逃避平时喜欢的人和事情，容易引发老年抑郁症。鼓励老年人走出房间，参与认知活动。在参与活动中赢得的自信，培养的新技能，都能提升老年人的自我形象；

活动中结交新的朋友,则成为老人新的社会支持网络。

(四) 减轻照护压力

罹患认知障碍导致了记忆障碍、失语、失用、失认、视空间损害、执行功能障碍以及人格和行为改变,照护者经历着高强度的压力。为了防止患者走失,照护者也许会反锁门,限制患者的人身自由;为了防止患者误伤自己或别人,可能使用束缚带捆绑患者;照护者也会迁怒于患者,对无药可治感到愤怒或对于患者不明白发生了什么而感到生气。如果认知功能障碍的老年人能有规律地参加日常活动,白天参加活动消耗精力,夜间睡眠也有改善的可能。那么无论白天还是黑夜,就能腾出一些时间让照护者喘息,适当地身心放松。

任务二 老年认知活动的要点

一、活动目标的针对性

与一般的娱乐活动不同,老年认知活动是专门为认知功能下降、认知功能障碍的老年人设计的,因此活动对认知障碍老年人的改善效果往往取决于活动工作者对老年人的专业评估和综合了解。

首先,活动工作者要整体了解活动对象的认知障碍评估与分级照护状况。借助护理人员的认知功能评估量表,如简易心智量表(Mini-Mental Status Examination,MMSE)、临床失智量表(Clinical Dementia Rating,CDR)、简易心智状态问卷(Short Portable Mental Status Questionnaire,SPMSQ)等评估工具,了解患者的生活能力、身体健康、认知功能、精神行为状况、社会支持、非专业照护需求、照护者负担、专业照护需求等照护分级状况。

其次,活动工作者要重点关注老年人的个人背景、职业经历、生活经历、兴趣爱好,寻找有价值、有意义的"点",挖掘潜在动力与可能性等。评估可采访照护者,用观察法、交流法,深入了解老年人,为活动的策划预做准备。

最后,活动工作者根据老年人的认知障碍特征,结合个人特质,策划出具有明确指向性的活动方案。针对注意力衰退、记忆力衰退、执行功能减弱、空间能力减弱、反应慢、语言能力下降、感官能力下降、运算能力差等评估结果,为老年人量身定做具有专项干预目标的认知训练或认知刺激活动。在"评估—摸索—试行—评价—改进"的动态循环过程中,根据老年人的接受程度和反馈,工作者不断完善和修正活动目标。

二、活动安排的有序性

认知障碍常常出现时间交错、空间混乱,因此认知障碍老年人比其他人更需要简单清楚、规律有序的作息时间表。认知活动常常是有周期的,一般为1周到8周,每周5~1次,每次30~40分钟。在固定的时间参加固定的活动,可以减少认知混乱。活动安排要尽量保持老年人原有的生活习惯,活动时间尽量与休息、吃饭、家务劳动、家庭聚会等的私人时间不冲突。

针对面向认知障碍老年人,着重围绕认知障碍干预目标,重点关注对往事如童年时代的回忆。运用训练时间、地点定向、时事讨论、词语联想、感官训练等多手段,融合园艺疗法、抚触疗法、光照疗法、音乐照顾等多种非药物干预手法,既训练老年人的反应力、记忆力、注意力等思维能力,又要锻炼老年人的语言能力和认知水平,还要关注老年人的肌肉、力量、精细动作等肢体能力训练。

选择老年人熟悉的活动场地,或收集老年人熟悉的物品进行空间的装饰布置。活动空间尽量保持安静,避免噪音产生。不要安排太多的访客干扰到患者。维护空间走道的充足光线,防止阴影与错觉产生。

认知障碍患者往往不信任陌生的人,与固定的照护者和活动工作者建立熟悉的信任关系,对维持稳定的情绪有积极作用。

三、活动氛围的友好性

活动工作者要具备认知障碍病程的基本认识,具有以生命历程为了解基础,以认知障碍患者为中心的活动理念。对于认知功能障碍老年人而言,活动的重点在于学习过程,不在于活动结果。工作者要了解认知障碍患者的限制及退化的情况,维护他们的尊严与价值感,不要求他们在活动中做超过其能力范围的事;避免在老年人面前耳语,防止猜忌;避免负面的态度及语气,不要责骂或惊吓到老年人;不要直接修正老年人行为,没有任何标准答案,不做任何正确性或逻辑性判断,不与之争辩,不勉强、不批判,代之以正向的鼓励和交流;善用拥抱、手部抚触等肢体语言和专注的目光,真诚的微笑等神态与老年人交流,鼓励老人表达新想法。

对于老年人来说,来自家人、朋友、熟悉信任的工作人员等方面的情感支持很重要。因此,认知活动的安排要适当考虑将家人、朋友、熟悉信任的工作人员邀请进活动中来,尤其在家人、孩子休息的周末,安排陪伴日、自由日、亲情日等活动,有助于老年人形成积极情绪,促进身心健康。

任务三　老年认知活动的案例

一、认知训练活动

1. 切水果(电子游戏)

活动目的:提高反应力。

活动对象:轻度认知障碍患者,或需要提升反应力、强化色彩形状等认知能力的老年人。

活动道具:平板电脑,"切水果"等认知训练游戏。

活动规则:游戏界面会出现不同的水果,指导老年人一看到水果就用手指划过水果,不同的水果得分不同,要避免炸弹。

注意事项:老年人反应缓慢,活动策划者一对一帮助,可以手把手教,指导老年人闯关。每次活动时间不超过十分钟,以免造成疲劳。平板电脑比较大,比手机更适合老年人。如有适老化改造过的认知训练电子游戏更合适。

2. 就不听指挥

活动目的：提高反应力和执行力。

游戏对象：轻度认知障碍，或需要提升反应力的老年人。

活动规则：活动工作者发布指令，比如"上""下""左""右"等动作指令，邀请老年人一听到指令，立即做出相反的动作。

注意事项：此活动需要根据老年人的接受程度进行灵活改造。如果活动对象觉得困难，则执行"听指挥"活动，根据指令做出相同的动作。如果活动对象经过一段时间训练，对该活动掌握得很好，可以增加复合指令。如增加红色、绿色、黄色的卡片。当工作者拿出红色卡片，老年人做出与指令相反的动作；如果拿出绿色卡片，需要做出与指令相同的动作；如果拿出黄色卡片，则老年人无论听到什么指令，都不动。

3. 摸摸乐

活动目的：锻炼触觉等感知能力，增加感官刺激。

活动对象：轻度认知障碍，或需要加强感官能力的老年人。

活动道具：不透明的袋子，多种日常用品或食物。

活动规则：工作者准备一个不透明袋，内置10～20种没有危险性的日常用品或食物。请老年人只能摸、不能看，摸完说出物品的名称，记录所得分数。

注意事项：对于认知功能障碍老年人，每次摸物品最好是一种类型的，并在活动前给予提示。下次再玩的时候，可以更换另一种类型。如本次摸摸乐的物品都是水果，下次则更换为日用品，便于训练认知功能障碍老年人的逻辑能力。

4. 闻香大考验

活动目的：训练味觉等感官能力，激化与气味相关的长期记忆，并与参与者讨论这些记忆。

活动对象：轻度认知障碍，或需要加强嗅觉能力的老年人。

活动道具：托盘、几个相同大小、形状的非透明罐子，内置味道悬殊的棉球。

活动规则：将所有罐子放在参与者面前；打开第一个罐子，工作者先闻第一个罐子，以语言或非语言邀请参与者闻气味，问"你喜欢这气味吗？"如参与者无法回答，进一步问气味名称，提示如"它闻起来像……吗？"盖上第一个罐子的盖子，再打开第二个，以此类推（如图6-2所示）。

注意事项：工作者在每次活动中，可提供不同形态的气味组合；如果参与者无法辨识，被动接受感觉也很重要。

图6-2 闻香大考验

5. 辨别声音

活动目的：锻炼听觉能力，提供多感官刺激。

活动对象：轻度认知障碍，或需要加强听觉能力的老年人。

活动道具：音频、耳机。

活动规则：收集不同的声音（人声、动物、大自然、机器等），辨别声音来源，引导老年人搜寻和表达相关经历。

注意事项：如果认知功能障碍老年人辨别声音比较困难，应从老年人熟悉的声音、感兴趣的声音入手，给老年人一些提示。

6. 过目难忘

活动目的：训练数字、颜色的识别能力和记忆能力。

活动对象：轻度、中度认知障碍老年人，或需要加强认知能力的老年人。

活动道具：带颜色和数字的卡片若干。

活动规则：给出两三张带颜色和数字的卡片，先请老年人记忆当前的数字和颜色，然后抽取其中一张到两张，要求恢复原样（如图6-3所示）。

注意事项：活动规则由简入繁，循序渐进。活动难度根据老年人的记忆能力调整。

图6-3 过目难忘

7. 各行各业

活动目的：加强人物定向，提升老年人对各行业特征的辨认能力，加强对职业和人关联性的识别。

活动对象：中度认知障碍老年人。

活动道具：代表不同行业穿戴的图片。

活动规则：将图片逐张展示在参加者面前，让参加者辨认图片属哪一个行业。在展示图片的过程中，给予有关行业的特色作为提示。如医生戴听筒、法官穿黑袍、厨师戴白色高帽、裁缝拿针等等。

注意事项：

可由图片引起话题，让参加者表达日常生活与图中人士的关系，如：在什么地方会见到医生？他们是否需要定期见医生？

8. 室内用品大搜查

活动目的：引发参加者留意身边物品的兴趣，训练参加者的辨认能力，保持参加者对各用品的记忆。

活动对象：中度认知障碍老年人。

活动道具：十样物品，如：电饭锅、电视机、收音机、热水壶、椅子、梳子、风扇、微波炉、抽纸、药盒等；该十样物品的打印清单；星星贴纸若干。

活动规则：

（1）每人（或每组）有1张室内物品的名单，全部参加者在工作者带领下一同看看名单上列有什么物品。工作员可逐项读出，或由参加者轮流读出。

（2）每人（或每组）有一张星星贴纸，星星的数目要等于或多于名单上物品的数目。

（3）每人（或每组）由一名工作员带领，环绕活动场地一周，一边走一边提醒参加者留意身边的物品，看看有什么与名单上的物品相同。若找到名单上的物品，参加者将星星贴在该物品上。

（4）贴齐十样物品后，参加者可回到座位休息并等候其他未完成的人。

（5）最后，工作者与参加者一同重温曾贴星星的物品，给予提示让参加者逐样想起各物品。

注意事项：若老年人认知能力较差，工作者需引领到名单上的物品前，然后让参加者指出该物品，甚至向参加者说出物品的名称，叫他/她重复读一次名称，然后才贴上星星。为避免所有参加者同时聚集在同一物品前，每人（或每组）应由不同物品开始，如（组一）由物品甲开始；（组二）由物品乙开始，如此类推……

二、老年认知活动安排表

1. 一周认知活动表

活动目标：面向轻度、中度认知障碍老年人（或者需要加强认知功能的老年人），初步让老年人体验认知活动的玩法。

活动时间：周一到周五，每天上午9：00—9：30，一共5次。如表6-1所示。

表6-1 一周认知活动表

时间	周一	周二	周三	周四	周五	周六周日
上午 9：00— 9：30	摸摸乐	过目难忘	辨别声音	就不听指挥	闻香大考验	亲情日 陪伴日 自由日

2. 二周认知活动表

活动目标：面向轻度、中度认知障碍老年人（或者需要加强认知功能的老年人）建立短期的团体，提供多种感官刺激和认知刺激，丰富老年人的业余生活。

活动时间：周一到周五，持续2周，每天上午9：00—9：30，一共10次。如表6-2所示

表6-2 二周认知活动表

第一周	周一	周二	周三	周四	周五	周六	周日
主题活动名称	欢迎日 破冰游戏	感官日 气味辨别	怀旧日 儿时玩意	康健日 夹豆子	认知日 图片分类	陪伴日	
第二周	周一	周二	周三	周四	周五		
主题活动名称	园艺日 树叶贴画	认知日 好日子	绘画日 手指画	手工日 撕纸	音乐日 音乐照顾		

1. 八周认知活动表

活动目标：面向轻度、中度认知障碍老年人（或者需要加强认知功能的老年人）建立长期

的活动团体(小组),提供多种活动类型,锻炼老年人的语言、定向、运算、记忆、反应等认知能力,增强语言表达能力,促进人际交往。

活动时间:每周一个主题,围绕主题开展 2~3 次活动,每次 30~40 分钟,持续 8 周,共计 16~24 次。如图 6-4 所示。

第一周:庆建军、怀旧情　　第二周:我和我的故乡　　第三周:时空探索　　第四周:心灵手巧,共度乞巧

第五周:益智益脑　　第六周:桃李满天下　　第七周:数字无处不在　　第八周:食百味

图 6-4　八周认知活动示意图

实训指导

任务拓展

1. **职业情境:**

"如果您不记得我,我该为您做些什么?"假设你的至亲患上认知障碍,我们可以策划哪些有意义的认知活动?

2. **孝德文化:**

搜索 2021 年度第七届慈孝文化节暨慈孝人物评选,理解对生命和老年人、身边人的感恩。

3. **前沿应用:**

(1)《天鹅湖》的听觉感官刺激唤醒了认知症老年人的芭蕾舞记忆。

(2) 北京国投健康长者公寓多感官活动室

4. 延伸学习:

认知障碍的非药物干预方法和认知障碍友好社区的相关资料。

结合以下视频的观影体验,谈一谈本项目的学习所得和今后的学习方向。

(1) 电影《桃姐》;

(2) 电影《我和我的家乡》;

(3) 电影《困在时间里的父亲》;

(4) 其他与认知障碍相关的视频。

5. 标准学习:

按照岗课赛证融通的理念,请查阅并对照以下证书、比赛与本项目内容的相关性,开展有针对性的学习。

(1) 养老护理员国家职业技能等级标准中的认知训练内容;

(2) "1+X"老年照护的认知功能促进内容;

(3) "1+X"失智老年人照护的失智症照护内容;

(4) "1+X"老年康体指导师中的益智游戏、认知游戏内容;

(5) 国家养老服务技能大赛健康与社会照护赛项的康复照护内容。

项目七 老年怀旧活动

情景聚焦

辽宁省大连市中心医院,89岁患阿尔兹海默症抗美援朝老兵尉丕廷在这里接受治疗。老人记不住吃饭,也经常忘记回家的路,但仍然能清晰地唱出《中国人民志愿军战歌》。大连市中心医院医生表示,跟老人说话,刚说完转身就忘了。针对尉爷爷的情况,治疗期间,医院专门为其打造一间具有战争年代感的"怀旧军旅"病房,用以辅助常规药物治疗。病房摆放着冲锋号、军大衣等怀旧老物件,墙上还贴着军旅题材的海报画。慢慢地,老人的部分记忆被唤醒,病情也得到控制。

老年人容易怀旧,如何运用这一特性更好地为老年人服务,也一直是老年工作者们不断探索的问题。在活动中,鼓励老年人将整个人生的经历尽可能详细地倾诉出来,让老年人回忆过往生活中最重要、最难忘的时间或时刻,从回顾中让老年人重新体验快乐、成就、尊严等多种有利身心健康的情绪,帮助老年人找回自尊和价值。这一缅怀往事技术被证明对调整老年人心态十分有效。

任务目标

1. **知识目标**:
(1) 充分认识缅怀往事活动的意义;
(2) 掌握缅怀往事活动的主要类型;
(3) 学习缅怀往事活动的方法。
2. **能力目标**:
能够根据不同老人的生活背景,运用不同的活动方法,提取活动主题,开展缅怀往事活动。
3. **素质目标**:
(1) 培养对社会个体价值真诚感恩的生命观;
(2) 与老年人知心亲近的核心素养。

任务要点

1. **重点**:掌握缅怀往事活动的类型;
2. **难点**:运用合适的活动方法为老年人整理过去。

知识准备

1. 查阅"缅怀往事""怀旧疗法"的历史发展资料及其实践运用;
2. 查阅老年人的怀旧心理特征和认知症老年人的怀旧心理表现。

任务组织

任务一 认知缅怀往事活动

一、缅怀往事活动的定义

怀旧疗法(Reminiscence therapy)也称缅怀疗法,其中"怀旧"源自美国心理学家巴勒特的"生命回顾"理念,强调回忆过去和回顾生命历程,以顺利渡过老年阶段,通过怀旧完成老年的自我整合。1986年诺里斯将怀旧疗法引入老年痴呆照护,最初应用于老年精神医学领域,是在他人的引导下通过接触过去事物的方式重现往日记忆,协助老年人生活恢复的治疗过程。美国护理措施分类系统将怀旧治疗定义为,通过回顾过往经历、情感及想法的方式,帮助人们增加幸福感、提高生活质量及增强对现有环境的适应能力。

缅怀往事活动,又称为怀旧活动,活动工作者运用适当的缅怀技术和活动方法,有意识地对老年人进行引导性回忆,帮助老年活动对象梳理个人过去的重要人生事件。在倾听交流中,分享老年人的过往,引发老年人的积极情绪,帮助老年人对过往人生中的主要事件产生正向的主观评价,肯定自我价值,提高生活满意度。开展缅怀往事活动符合老年人普遍的怀旧心理,对于认知症老年人来说,通过鼓励老年人回忆以往幸福的重要经历,使富有力量的记忆不断重现,能减轻抑郁、焦躁的情绪,是认知障碍非药物干预的一种手段。

二、缅怀往事活动的分类

根据怀旧场景、怀旧物件、怀旧事件的不同,缅怀往事活动大致可以分为以下几种类型:

(一)老照片、老故事展

有一种情怀叫"老照片",照片拍的是岁月,诉说的是情怀,情怀足以引起共鸣。老照片,穿越历史的长廊,见证风云变幻。透过岁月的眼眸,细数风流人物。通过老照片、老故事展刺激老年人的记忆,任何能刺激感官的东西都可能比口头语言更能激发起老年人的回忆。活动开展时,围绕老年人的时代特征、记忆背景,紧扣老年人的生长环境、过往经历,展示各类主题的老照片。如开国大典、少先队入队仪式等,请活动参加者结合照片诉说当年的老故事,回忆曾经的美好岁月。

(二) 小人书、影视剧作品

组织老年人阅读小人书、观看怀旧影视剧,让老年人重温经典,回忆当年的岁月。那些具有年代性的标志书籍和影片能够引起老年人的共鸣。老年人和书中、影片中人物同悲同喜,是很好的精神调剂品。活动开展时,活动工作者请大家一起观看《地道战》《铁道游击队》等老电影,观影后请参加者讨论有关问题。如:曾否亲身经历过片中的情况?他们的实际经历跟影片中有何相同或不同?战后他们的生活如何?通过交流,一起回顾曾经的战争岁月。

(三) 怀念名人、历史人物

组织老年人怀念所处年代的名人和历史人物,回忆当年所经历的时代变迁。活动开展时,活动工作者请参加者互相分享大家喜爱的名人事迹。

(四) 儿时游戏、儿时玩意

以儿时游戏,比如捉迷藏、跳皮筋、弹珠跳棋等为题材;儿时玩具,比如弹弓、陀螺、斗翁、沙包、风筝、象棋等为活动道具,让老年人回忆儿时的游戏和玩具,从中得到乐趣和欢愉,增进彼此间的认识。开展时,活动工作者请参加者尝试回忆年少时喜欢的玩意,然后轮流分享;若参加者一时未能记起,活动工作者可将预先准备的活动道具逐样放在参加者面前,引发参加者的记忆,如:儿时如何打发时间?和谁玩?让参加者分享各玩意的玩法、形式或细则,并鼓励参加者示范具体玩法,甚至让参加者比较各人玩法的习惯,以加强讨论的气氛。

(五) 童年零食、家乡味道

通过品尝童年零食、家乡特产,通过视觉、味觉刺激帮助老年人回忆童年生活,家乡味道。活动开展时,让活动参加者有机会重尝昔日钟情的零食,如:麦芽糖、山楂饼、陈皮、话梅等(某些食物可部分切片以方便试食,另一部分留整粒作示范用)。引导参加者讨论有关各零食的特点,如在什么地方才能买到?价钱如何?谁给他们零钱买零食?为何他们如此喜欢该零食?通过分享,彼此相互了解。这个活动要注意的是,提前询问老年人是否对某种食物忌口、过敏,提醒老年人谨慎食用。

图7-1 加应子

图7-2 麦芽糖

(六) 育儿经验、家庭叙事

通过回忆育儿及家庭生活中愉快、幸福的往事,帮助老年人回忆家庭角色和当年的奋斗岁月。活动开展时,请参加者彼此分享各人教养儿女的经验,讲述为人父母的贡献和辛劳。通过背带、摇鼓、洋娃娃、奶瓶、布尿片、开裆裤、宝宝海报等育儿老物件,引发参加者对宝宝讨论的兴趣,展开有关带孩子或教养子女的话题。如:孩子未懂走路,是否需要用背带?如何打理宝宝的大小便?当时用什么喂养孩子?孩子病的时候,如何处理?有什么自备药方?孩子的读书怎样安排?多大入学?觉得带孩子是辛苦多还是快乐多?通过分享,总结各自教养孩子的经验,获得为人父母的喜悦感和成就感。对于一些对自我照顾有困难的认知症老年人,通过开展这个活动,可以激发他们在活动中重新学习系扣子、拉拉链、绑鞋带等日常生活技能,改善他们的自我照顾能力。

图7-3 育儿老物件

(七) 学习工作、奋斗历程

缅怀往事不只是回想过去的好时光,而是在缅怀过去时,通过叙述和总结老年人过去如何成功地应对学习和工作中面临的挑战和难题,来改善老年人的自尊和应对技巧。活动开展时,通过参加者以往曾用到的工具或有关相片,如算盘、纺纱机等,引导参加者逐个介绍自己以前的工作背景和奋斗历程,总结各人的工作经历。透过分享,彼此了解,一起获得成就感。

图7-4 算盘 　　　图7-5 纺纱机

三、缅怀往事活动的作用

（一）改善情绪状态

通过回忆愉快、幸福的往事，帮助老年人改善当前的情绪状态。缅怀往事不只是回想过去的好时光，更是协助老年人重新营造能适应现有生活的状态。谈论儿时家里度假或过节时的情境，也许能让老年人激活与往事联结在一起的正面情绪，重新讲述能唤起幸福感受的事件。这种愉快、正向的情绪状态如果能迁移到现在，有利于帮助他们缓解抑郁，平息焦虑。

（二）改善应对技巧

在缅怀过去时，通过叙述和总结老年人过去如何成功地应对人生难题，来改善老年人的自尊和应对技巧。在面对诸如学习理财、慢性疾病或痛苦的隔离等困扰人生的生活事件时，老年人倾向于只关注眼下的处境。这一取向可能会妨碍老年人调动一生积累的应对问题和自我调整的技巧，而这些本可以成功地运用到当前的生活情境中。帮助老年人重现过去某个具体的情境，得出一些与现有情境相关的应对技巧，汲取过去的经验，能让老年人有能力重新控制眼下看似应付不了的状况。重新激发老年人的主动精神，恢复他们的自信，他们或许有许多年没有动用这些过往技能了。

（三）改善社交技巧

当老年人变得与人疏离或隔离时，容易丧失社交技巧。在团体活动中，帮助老年人回想社会生活事件、约会、求婚或者抚养孩子，都有助于老年人学会使用较为正面的、双向的方式跟他人交往。怀旧可带动组员主动倾谈。由于谈话的话题往往是一些他们熟识的内容，老人们可以有信心地分享自己的人生经历，从而促进彼此的自然交流，改善社交技巧。

（四）增进照护关系

缅怀往事活动可以增进照护者及被照护者之间的关系，特别是这些技巧在养老机构环境中尤为有效。因为在机构内，各工作人员会忙于应付各项照顾工作，而无暇与被照护者倾谈，建立工作关系。透过缅怀往事活动，照顾者可从另一个角度去了解被照护者的过去、成长背景、兴趣、技能、优势、需求，促进照护工作顺利展，有效改善和增进照护关系。

（五）做好自我整合

自我整合是埃里克森人格发展八阶段理论中，处在老年期的老年人所要完成的任务，从而避免老年人陷入绝望。回顾过去痛苦的经历或者一直未能解决的冲突，能使老年人重整对这些事的看法，接纳过去或者采取行动解决问题。在活动过程中，发现老年人不愿意分享的往事，弄清楚老年人不愿意分享的原因，是记不得还是不愿意说出来。通常这些不愿提及的往事很可能有未解决的冲突，我们通过帮助老年人仔细回想，挖掘老人当年的潜能，重新评价对这些事件的看法，并帮助其赋予事件新的意义。通过自我整合，让老年人度过自己的晚年生活。

任务二 缅怀往事活动的要点

一、确定活动规模

缅怀往事活动一般由6~10人组成小组开展活动。如果老年人在沟通上有障碍,诸如听力不好或语言表达有问题,那么可能需要更多活动工作者和志愿者加入,以帮助老年人进行口头交流。如果所有成员都能独立与人沟通,那么活动对象可以多于10人。

二、制定活动计划

为了达到老年人较完整回顾的目的,缅怀往事活动可设置3~8次系列活动。如围绕生命周期的回顾,幼儿期、少年期、青年期、中年期、老年期;围绕主题的回顾,老物件、老照片、老人物、家庭叙事、职业回顾等。每次活动持续的时间一般是40分钟到1.5小时。

三、挑选活动主题

缅怀往事活动的主题应该基于活动对象的性别、同期群的共同经历、地区和文化特性等。个体缅怀往事活动的主题挑选应具有定制化色彩:如果缅怀往事的目的是改善老年人的自尊,那么工作者可以帮助老年人找出每个人生阶段取得的主要成就。如果目的是找出应对问题的长处,那么可以让老年人回忆在一生中的特定时段他们是如何度过艰难时光的。如果目的是引发正面的、幸福的家庭生活回忆,那么工作者就要引导老年人盘点人生这些阶段度过的快乐时光。对于团体缅怀往事活动,如果挑选更加宽泛些的集体话题,如节假日的活动,早年的工作经历,或者儿时喜爱的宠物等,能引发较广泛的讨论。

四、收集活动道具

在缅怀往事活动的组织中,需要搜集与活动主题相关的道具来刺激老年人的回忆。方法之一是让成员带一些与过去生活有关的东西来参加活动,可以是一件衣服、一段音乐、一张旧报纸、一些与特定历史阶段联系在一起的收藏品或者是公共事件的照片等。也可以是家庭成员的传记、老照片集锦、族谱、作品集、家庭烹饪手册等,这要视具体老年人的能力和兴趣而定。也可以使用布衣拼贴、雕塑、绘画和其他的艺术表现手段,帮助老年人纪念人生中那段特殊的时光。

五、选用合适方法

在实践中,运用绘制生命树、照片集锦、情感温度计和时间轴等故事梳理方法,活动工作者帮助老年人整理往事。每种方法都有其优点,活动工作者需要结合活动对象的特点和需要选用。

以绘制生命树的方法为例,根据老年人回忆录的几大板块,大致在主树干上画出家庭、教育、工作等几根大树杈。再凝练出各个板块中重大的事件,标注在叶片上。事件和叶片是一一对应关系。最后,叶片的高低按照时间的先后关系从下到上粘贴。在生命树上挖掘出对老年人影响深刻的事件,从而帮助老年人在回忆过去成就的过程中重新构建自己在进入老年后的自尊,改善服务对象的情绪状态,使老年人顺利而愉快地度过人生中的最后一个阶段。

情感温度计分红色和蓝色两种,红色代表人生情感的正向情绪事件,可以跟老人们讨论人生的沸点温度是什么事件;蓝色代表负向情绪事件,如丧偶、离婚等人生挫折事件。时间轴是帮助每位老人回忆人生重要经历和时间的对应关系。

六、应用活动技巧

在缅怀往事活动中,营造一个安全、轻松的氛围和适当自我表露的技巧是非常重要的。活动工作者在和老年人对话的时候,要注意自己的语气和表情。同时,一个自然轻松的环境能给老年人带来安全感,促进服务对象进行自我分享。专注的倾听很重要,在老年人分享时,活动工作者要学会用眼神注视着老年人,并且点头示意自己在认真聆听,这样有利于促进老年人继续说下去,否则会让老年人感到不被尊重,从而中断谈话。有些老年人在表述自己经历的过程中积极性不高,对活动的话题比较排斥,这时活动工作者要积极建立信任关系,使老年人尝试敞开心扉。

怀旧疗法一般引导老年人回忆的是正向的事件,但是老年人的人生经历较多,难免会在回忆时陷入悲伤的情绪,这时,工作者要帮助老年人回忆起当年应对困境的勇气和能力,重新评价挫折事件。

七、形成活动成果

在怀旧系列活动的最后,如果能够结出一个独特的果实可能会有益处。果实的形式采用影集、Video 或者是有图片文字的生命历程日志等,需要活动工作者和志愿者辅助老年人完成,对参加活动的老年人来说,这将是一份丰厚的礼物。

任务三 缅怀往事活动的案例

一、"我的年华日记"生命回顾访谈活动

(一) 活动背景

生命回顾是一种重温的过程,使人们看到自己一生的重要性,使得自己的人生更有意义。提及陈年人、事和感受是生命回顾的重要一环。长者对自己的人生经历进行回顾解读,并书写记录长者的生命故事。生命回顾活动一方面可以缓解长者的负面情绪、增强其自我认同,另一方面用长者的生活智慧启迪新一代年轻人,做到生命影响生命。活动工作者坐在老人的面前,聆听他们讲述曾经的过往。每一次讲述,都是对生命深刻的感悟;每一次聆听,都是对生命致以崇高的敬意。通过生命回顾的访谈,让老人再次拾起记忆的碎片,将它们拼凑成从过去到现在的完整旅程。将它们慢慢地拼凑,完成了一次从过去到现在的旅程,那些

或幸福或痛苦的时刻,让他们对自己的生命有了更深刻地理解,也让我们看到了生命的可贵之处。

(二) 活动目的

1. 促使老年人找到生命片段的价值;
2. 帮助老年人实现晚年愿望;
3. 协助老年人重新整合人生意义,寻找正面的力量,从而积极地面对和享受当下的生活;
4. 为老年人和家属留下生命的礼物。

(三) 活动时间

上午 9:00—11:30

(四) 活动地点

养老机构内活动室

(五) 活动流程

1. 破冰游戏

通过"抛玩偶"团体游戏破冰,建立老年人之间与活动工作者之间的初步认识,营造活动氛围。

2. 介绍活动

"我的年华日记"主要从少年、青年、中年三个时间段去进行生命回顾。

3. 恰同学少年——少年时期生命回顾

活动工作者请老人们带来自己少年时期的老物件进行交流,并且分享儿时求学之路,少年时期立下的志向和追求。工作者总结老人们少年时期的经历,并根据老人回忆录的内容做好"年华日记"记录。

4. 而立之年——青年时期生命回顾

活动工作者请老人们讲述青年时期如何为了少年时期立下的志向和追求而努力奋斗的过程,分享青年时期遇到的困难及如何克服的经历。工作者总结老人们青年时期的经历,并做好"年华日记"记录。

5. 不惑之年——中年时期生命回顾

活动工作者请老人们分享中年之后事业家庭取得的成就,提升人生价值感。工作者进行总结并做好"年华日记"记录。

6. "心"的出发——老年时期生命回顾

活动工作者请老人们谈一谈退休后的生活和生活愿望,以及如何去实现愿望,大家一起讨论实现愿望的路径和方法,引发老人们对退休生活的美好向往。工作者进行总结并做好"年华日记"记录。

7. 绘制生命树

活动工作者、志愿者帮助老人们将生命中的重大事件、重要人物写在叶片上,然后贴在每棵属于自己的生命树上。

（六）注意事项

（1）活动工作者要和老年人之间建立相互信任的关系,这是做好生命回顾访谈的重要前提和基础。

（2）活动工作者鼓励老年人回忆往事,尽量回顾正向的、愉快的、有成就感的人生经历。如果不可避免地触及较为消沉的往事,要注意聆听老年人诉说时的感受,密切关注他们的情绪,多使用肢体语言,运用同理心,帮助他们抒发被压抑的感受。

（3）当老年人怀旧情绪抒发后,活动工作者要帮助老年人从过往回忆中回到现实。并协助老年人对自己生命回顾做出肯定的评价,让他们对自己的生命有了更深刻的理解,感受生命价值所在。

（4）此次现场活动结束后,活动工作者将制作好的"年华日记",作为活动礼物亲手交给各位老人。

二、"重温趣味童年,畅想老年生活"活动

（一）活动背景

我们每个人都要走过少年、青年、壮年、老年的人生之路,这是任何人都不能抗拒的自然规律。每一位老人都曾有快乐温暖的童年,让老人们重新玩起儿时游戏,在各种游戏中体会童年趣味,增加老年人的身心愉悦感。

（二）活动主题

重温趣味童年,畅想老年生活

（三）活动目的

让老人们重温他们当年的游戏,回忆他们儿时的乐趣,让老人们在轻松快乐的氛围中找回曾经最朴实的温暖。

（四）活动时间

9:00——10:30

（五）活动地点

养老机构的院子

（六）活动流程

（1）介绍活动主题及活动内容,并提前为老人们准备好制作儿时玩具的各类材料,如:沙包、陀螺。

（2）向老年人展示提前做好的沙包和陀螺,请老人们尝试丢沙包和抽陀螺,通过活动增进彼此熟悉程度和信任感。活动中邀请老人们分享儿时玩过的玩具和快乐感受。

（3）向老年人分发提前准备的制作儿时玩具的各类材料,并按照兴趣分组制作。

（4）制作完儿时玩具后,组织老人们进行一场儿时游戏竞赛活动,如:沙包投掷比赛,投掷距离最远的为获胜者。抽陀螺比赛,陀螺旋转时间最长的为获胜者。比赛过程中,进一步促进老人们的沟通交流,通过竞赛游戏,增加老人们的愉悦感。

(七) 注意事项

(1) 每个竞赛活动要分配裁判,把比赛规则事先说清楚。
(2) 竞赛活动分为自理组和非自理组,分开进行。
(3) 竞赛活动以趣味性为主,活动工作者要给予老年人适当的帮助。

三、观怀旧影视剧

(一) 活动背景

2017年年底,冯小刚导演的《芳华》使大批中老年人走进电影院,在怀旧的光影和旋律中缅怀他们逝去的芳华和青春,打破了"中老年人不爱看电影,不舍得花钱"的偏见。《芳华》的票房证明了,中老年人并非不爱电影院,并非不舍得花钱看电影,而是电影院里没有适合他们、见证他们成长经历并引发他们情感共鸣的电影。

(二) 活动目的

(1) 重温往日经典,引发老年人的共鸣;
(2) 排遣负面情绪,调节精神生活。

(三) 活动地点

机构多媒体放映室

(四) 活动时间

下午2∶30—4∶00

(五) 活动流程

(1) 活动前通过投票方式,收集影视剧——《地道战》。
(2) 播放《地道战》的三个重要桥段。每播一个桥段前,活动工作者带领老年人回忆,讲述。播放完之后,带领分享讨论。
(3) 请机构中的两位活跃老年人扮演《地道战》中的角色。

(六) 注意事项

(1) 为了保证观影效果,活动工作者要求老年人保持安静,认真观看。过程中尽量不随意走动,不吸烟。倘若有如厕的需要,示意工作者帮助。
(2) 提倡活动中有家人陪伴,号召老年人的子女,多抽时间陪伴父母、陪伴空巢老人,工作者不妨邀请子女陪父母看一场电影。

任务拓展

1. 职业情境:

思考如何在实训实习、一线养老服务工作中将缅怀往事活动的方法和要点结合起来;结合养老机构实践经验,补充并细化缅怀往事活动的要点。

2. 孝德文化:

搜索"感动中国2021年度人物"中,哪几位是老年人;理解并懂得每一个人的历史都有意义,每位老年人值得尊重的价值观。

3. 前沿应用:

(1) 各国养老院对认知症长者的管理方式。

(2) 为抗美援朝老兵打造的怀旧军旅房间。

4. 延伸学习:

结合电影《我和我的家乡》第三个故事《最后一课》,总结本项目的学习所得和今后的学习方向。

项目八 老年节庆活动

情景聚焦

2022年1月28日,某老年公寓里张灯结彩。"今年春节装饰品都是我们自己制作的。"现场,一位老年人提着自己刚刚完成的彩灯说。连日来,公寓的养老护理员带着住养老年人和护工一起动手制作装饰品迎新春。"各楼栋结合自身的需求和喜好,选择了折扇、彩灯、春联、拉花、年画等各具特色的装饰品,吸引许多老年人前来参与。"公寓社工部相关负责人介绍。"这样才有年味儿!"当天,入住老年人和护理员一起,将制作的"成果"装饰到各个楼层,营造浓郁的春节氛围……随着社会和经济的发展,节日纪念活动如一位善良多情的女子,携着阳光与灿烂从远古款款而来,并逐渐成为城市一张张靓丽的名片。节日纪念活动集中体现尊老爱幼、追求和平、团结合作等优秀品质和精神,对社会发展和个人都有积极的意义。

任务目标

1. 知识目标:
(1) 掌握节日纪念活动的分类;
(2) 熟知策划和组织节日纪念活动的要点。
2. 能力目标:
针对不同的节日实施相应主题的老年活动。
3. 素质目标:
培养尊重传统文化与关注时代发展并重的核心素养。

任务要点

1. 重点: 对开展节日纪念活动要点的理解和应用。
2. 难点: 灵活实施不同主题的节日纪念活动。

知识准备

1. 查阅相关资料,了解国内外都有哪些主要节日,分别有哪些活动、仪式、习俗等;
2. 了解国内社区、养老机构常见的节日纪念活动。

任务组织

任务一 认知节日纪念活动

一、节日纪念活动的定义

节庆活动是在不同国家、不同民族、不同区域的长期生产与实践活动中产生的一种特定的社会现象，是一种在固定或不固定的日期内，以节日为载体，结合约定俗成的节日习俗和仪式，世代相传的社会活动。具有鲜明地方特色和群众基础的文化活动，它是该国家、民族或区域历史、经济以及文化现象的综合体现。正因为如此，大多数节庆都有着丰富的历史、经济和文化。

本书所指的节日纪念活动是指针对老年群体提供相应主题的节庆服务活动，以及老年人经常参加且适宜参加的面向社会大众的节庆活动。

二、节日纪念活动的分类

我国节庆种类很多，从节庆性质可分为单一性和综合性节庆；从节庆内容可分为祭祀节庆、纪念节庆、庆贺节庆、社交游乐节庆等；从节庆时代性可分为传统节庆和现代节庆。本书基于社会大众的普遍认同和老年人经常参与的节日类型，将节日纪念活动分成以下四类：一是民俗传统节庆活动；二是法定节假日庆祝活动；三是纪念日活动；四是时令节气活动。

（一）民俗传统节庆活动

中国民俗传统节日，是中华民族悠久历史文化的重要组成部分，形式多样、内容丰富。传统节日的形成，是一个民族或国家的历史文化长期积淀凝聚的过程。中华民族的古老传统节日，涵盖了人文与自然文化内容，蕴含着深邃丰厚的文化内涵，不仅清晰地记录着中华民族先民丰富而多彩的社会生活内容，也积淀着博大精深的历史文化内涵。

1. 春节

春节是中华民族最隆重的传统节日，俗称新年、大年、新岁。在千百年的历史长流中，庆贺春节已形成了一些较为固定的风俗，并相传至今，如张贴春联、吃年夜饭、除夕守岁、穿戴新衣、燃放爆竹、拜神祭祖、打牌团圆等，这些传统习俗都属于春节文化。

春节活动形式多样、内容丰富，在策划老年人春节活动时，可以重点考虑以家庭为核心开展活动，如邀请全家人来养老机构参加"过大年 贺新春"主题晚会活动，通过丰富多彩的节目形式，增强老年人与家人之间的互动，提升活动的喜庆氛围；对于没有亲戚、子女的老年人来说，不妨策划"我们一起吃年夜饭"活动，一方面增进工作人员与老年人之间的沟通与交流，另一方面使老年人在活动中感受到社会的关怀和家庭般的温暖，从而减少孤独心理与消极情绪，开开心心吃年夜饭，快快乐乐品新春福。

2. 元宵节

元宵节又称灯节、小正月、元夕、上元节，为每年农历正月十五日，是中国的传统节日之一。正月是农历的元月，古人称"夜"为"宵"，正月十五日是一年中第一个月圆之夜，所以称正月十五为"元宵节"。元宵节自古以来就有热烈喜庆的观灯习俗，民间又称为"灯节"。元宵节主要有赏花灯、吃汤圆（元宵）、猜灯谜、放烟花等一系列传统民俗活动。此外，不少地方元宵节还增加了耍龙灯、耍狮子、踩高跷、划旱船、扭秧歌、打太平鼓等民俗表演。

每年的这一天，无论是南方还是北方，大街小巷张灯结彩，人们赏灯，猜灯谜，舞龙扭秧歌，饮食上南方吃"汤圆"（"元宵"），北方吃"饺子"已成为世代相沿的习俗，寓意团团圆圆。在老年人的眼里，这一天，各自成家的儿女都要回到家中吃团圆饭，一起做元宵。元宵作为一种传统食品，在我国由来已久，元宵节吃元宵取月圆人团圆之意，有团圆、美满的寓意。因此，在元宵节这一天，可以组织老年人闹元宵、做花灯、煮汤圆活动，或者邀请他们的家人、朋友一起，通过亲手制作花灯和汤圆，感受元宵佳节的欢聚情怀；社区和养老机构也可策划组织元宵节猜灯谜活动，增进老年人之间的交流，丰富文化生活。

3. 清明节

清明节为每年公历4月5日，有记载认为清明节的来历和纪念介子推有关。清明节最重要的习俗是追思亲人和先祖，之前我国民间有烧纸钱的习俗，近些年为了环境保护和防火安全，很多机构或社区开展集体追思活动，例如"追思先人，文明共祭"，以祭献鲜花、在心愿贴上写下对亲人的思念、"云"祭拜等形式代替传统祭祀，宣讲文明祭拜。很多老年人也愿意参与到造福子孙的环保改革中，为生态文明建设贡献力量。

在春意盎然的四月，清明节的习俗除了扫墓追思，还有踏青、荡秋千、蹴鞠、打马球、插柳等一系列风俗体育活动。对于老年人来说，清明节扫墓活动，能够与故人近距离交流未必是悲痛的事情，更多体现的是心情的释放与生命的延续。因此，在策划与组织老年人清明节活动时，可以考虑适合老年人身心发展的活动项目。如"清明节放风筝"活动，老年人通过了解清明节放风筝的传统习俗，亲手绘制具有独特意味的风筝，在活动工作者的指导与陪护下，将风筝放飞升空，从而达到愉悦身心活动筋骨的目的。

4. 端午节

端午节，又称端阳节、重午节、龙舟节、正阳节等。端午节是龙的节日，龙及龙舟文化始终贯穿在端午节的传承历史中。端午节的节俗以祈福纳祥、压邪攘灾等形式展开，内容丰富多彩，热闹喜庆。祈福纳祥类习俗主要有扒龙舟、祭龙、放纸龙等，压邪攘灾类习俗主要有挂艾草、浸龙舟水、洗草药水、拴五色彩线等，节庆食品主要有粽子、"五黄"（黄鳝、黄鱼、黄瓜、咸鸭蛋黄及雄黄酒）等。在传统节日中，论民俗之繁多复杂，或只有端午节能和春节可比拟。端午节有着丰富多彩的节庆活动，与春节一样，其习俗蕴含着祈福、消灾等文化内涵，寄托了人们迎祥纳福、辟邪除灾的美好愿望。

在这一天，人们多用传统的包粽子活动来庆祝。不妨在这一天，邀请各位来自不同地域的老年人，各显身手，包出不同形状、不同风味的家乡粽子（如图8-1所示），分享品尝；带领老年人做香囊、五色丝线等手工活动，多么心灵手巧！也许端午节的划龙舟活动对老年人来说有难度，但是折龙舟、画龙舟、给纸龙涂色等艺术活动就很适宜老年人；在端午"诗歌"比拼活动中，社区、机构的家人们一同朗诵与端午有关的诗词，甚至现场即兴创作，在诗歌的氛围中庆祝端午节;对于失能老年人来说,这一天工作人员如果为老年人安排一个仪式感满满的洗草药水澡活动,亦能让老年人感受节日习俗,失能不失爱,失能不失落。

图 8-1 中国各地粽子

5. 七夕节

每年农历七月初七是我国传统节日——七夕节,2006 年 5 月 20 日,七夕节被国务院列入第一批非物质文化遗产名录,人们称之为"中国情人节"。牛郎织女的爱情故事与七夕节习俗相互融合,增添了节日的浪漫主义色彩。

七夕节成为普遍的节日,其活动也日益丰富,在七夕节活动创意上,紧扣"情"字,举办"我能想到最浪漫的事"活动,通过老年人讲述自己相知、相恋、相伴的浪漫故事,营造活动的温馨氛围。在七夕节这一浪漫的日子,特别适合为老年人策划金婚、银婚纪念活动,教老年人制作情人贺卡,为老年人录制表达爱意的视频等,都可以成为七夕节活动里的一些精彩设计内容。

6. 中秋节

中秋节是中国的传统节日之一,据史籍记载,古代帝王有春天祭日、秋天祭月的礼制,而祭月的节期为农历八月十五,时日恰逢三秋之半,故名中秋节。关于中秋节的传说有许多,月亮则是不可或缺的产物,从月中蟾蜍到玉兔捣药,从吴刚伐桂到嫦娥奔月,中华民族丰富的想象力为月宫世界描绘了一幅幅的胜景。

中秋节是团圆的节日,因此在策划中秋节活动时,一方面尽量考虑以老年人和家人、亲人为参与活动的主体对象;另一方面也要考虑活动的操作性,赏月、品诗、猜灯谜等都是很有节庆仪式的活动。"迎中秋 做月饼"活动比较常见,除苏式、广式传统月饼之外,甜品店中流行的雪月饼和冰皮月饼既容易制作,又为活动对象带来了新味道、新体验,展示了新一代老年人的审美趣味与动手能力。在赏月、品月饼的过程中,活动工作者融中秋典故、中秋诗词、中秋歌曲于活动中,带给老年人美好的节日时光。

图 8-2 制作现代冰皮月饼

图 8-3 手工制作中秋灯笼

图 8-4 猜灯谜

7. 重阳节

重阳节作为中国传统节日之一,时间为农历九月初九。由于九月初九的谐音是"久久",有长久之意,加上重阳节最常见的习俗有登高、吃重阳糕、赏菊花、饮菊花酒、插茱萸等,因此,常在此日祭祖,推行敬老活动。

通常每年重阳节,各社区、单位、机构都有重阳节的慰问活动,例如组织自理老年人登高,为居家不方便的老年人送去节日的糕点。如果活动工作者策划一场低龄老年人做糕点,送给高龄老年人品尝的活动,促进社区、机构老年人之间的交流,是多么温暖的活动啊!也可以通过举办"故地聚欢庆,佳节又重阳"的活动,带自理老年人重游故地,回忆过去生活的点滴,感受时代的变化与发展。

8. 腊八节

腊八节,即每年农历十二月初八,又称为"法宝节""佛成道节""成道会"等。腊八节在我国有着很悠久的传统和历史,本为佛教纪念释迦牟尼佛成道之节日,后逐渐也成为民间节日。在我国民间有"小孩小孩你别馋,过了腊八就是年"之说,过腊八意味着拉开了过年的序幕。腊八粥,又称"七宝五味粥""佛粥""大家饭"等,是一种由多样食材熬制而成的粥(如图8-5所示)。每到腊八节,做腊八粥、喝腊八粥是全国各地老百姓最传统的习俗。

图 8-5 腊八粥

在这样一个温暖的节日里,组织老年人们通过游戏挑选制作腊八粥的食材,精心熬制腊八粥、共享腊八粥、为社区孤寡老年人送腊八粥等活动。

(二)法定节假日庆祝活动

法定节假日,一般是指根据各国、各民族的风俗习惯或纪念要求,由国家法律统一规定的用以进行庆祝及度假的休息时间。我国现行法定年节假日标准为 11 天。全体公民放假的节日是新年放假 1 天;春节放假 3 天;清明节放假 1 天;劳动节放假 1 天;端午节放假 1 天;中秋节放假 1 天;国庆节放假 3 天。法定节假日对于老年人来说既是全民欢庆的美好时

刻,也是子女探望、陪伴长辈的机会。除去上述春节、清明等民俗传统节日外,还有如下几种节日:

1. 元旦

元旦,即公历的1月1日,是世界多数国家通称的"新年"。元,谓"始",凡数之始称为"元";旦,谓"日";"元旦"即"初始之日"的意思。现代中国的元旦,根据中国政府将其列入法定假日,成为全国人民的节日。较之春节,元旦对于老年人来说,重要性要小得多。但是元旦毕竟是公历新年的开始,组织老年人开展迎新年联欢会,老年人才艺会演或观看文艺汇演,都是欢度新年到来的重要形式。

2. 劳动节

每年五月一日的国际劳动节又称"五一国际劳动节"(International Workers' Day 或者 May Day),是世界上80多个国家的全国性节日,它是全世界劳动人民共同拥有的节日。在这个节假日期间,可策划一些简单的劳动活动,使老年人享受到劳动的成果;也可策划诸如"勤劳动、享健康"为主题的活动,帮助老年人改善不良的生活方式和态度,提高自己的健康认知水平。对于有能力、有热心的社区老年人,可以发挥其余热,组织策划他们打扫社区卫生环境,营造文明社区的活动;对于养老机构里的老年人,在这个节日邀请他们共同参与机构的环境布置,增加对机构的归属感;组织房间收纳比赛,将家务活动的能力锻炼和劳动节的节庆活动结合起来。

3. 国庆节

国庆节是由一个国家制定的用来纪念国家本身的法定假日。1949年12月2日,中央人民政府通过《关于中华人民共和国国庆日的决议》,规定每年10月1日为国庆日,并以这一天作为宣告中华人民共和国成立的日子。从1950年起,每年的10月1日成了中国各族人民隆重欢庆的节日。国庆节是我们国家的全民性节日,承载和反映了国家、民族的凝聚力,显示了国家力量,增强了国民信心,体现着凝聚力。

老年人们经历过历史的变迁,见证了国家从贫穷落后一步步走向繁荣昌盛的过程,更有很多平凡的老年人们在平凡的岗位上为家庭、为国家、为社会、为时代发展做出了巨大的贡献。因此在国庆节假日期间,可以开展丰富多样的主题活动,例如制作手工国旗、搭建祖国标志性建筑、集体观看国庆庆典、祖国发展纪录片和当代优秀的爱国主义影片《我和我的祖国》等,带领老年人感受时代发展成果,重温历史发展过程,释放对过去发展时代的缅怀之情,弘扬伟大的中华民族精神,高举爱国主义旗帜,以老年人们特有的方式向祖国国庆献礼。

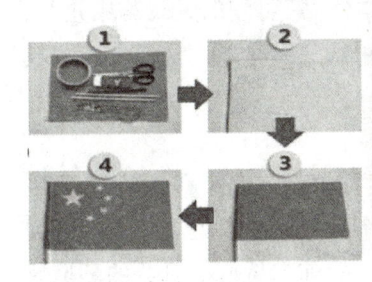

图8-6 制作手工国旗　　图8-7 搭建天安门　　图8-8 观看《我和我的祖国》

（三）纪念日活动

纪念日一般是指某个国家为了纪念重大事件、伟人、先烈等特定的节日，常会开展相关活动，或者是朋友、夫妻以及其他人际关系之间所发生重要事情的日子，通常会将此作为彼此之间需要纪念的日子，同时也是彼此之间关系维系的关键日子。在我国，老年人常参与的纪念日活动有：

1. 中国共产党建党日

每年的七月一日是中国共产党的诞生纪念日。虽然党的诞生纪念日并不是党的一大召开的具体日期，但"七一"这个光辉的节日已经深深地铭刻在全党和全国各族人民的心中，它成为人们每年进行纪念的一个重要节日，也成为中国节日文化的一部分。老党员们经历过党和国家在发展过程中最为艰难的岁月，在这值得纪念的日子可以开展例如"峥嵘岁月，党在我心"的纪念日活动，组织老党员们唱红歌、重温红色电影、分享红色故事、诗歌朗诵、观看阅兵式等活动，缅怀先烈，抒发老年人们对于中国共产党和国家深深的情感。

2. 八一建军节

每年的八一建军节（Army Day）是中国人民解放军建军纪念日，定为每年的八月一日，由中国人民革命军事委员会设立，为纪念中国工农红军成立的节日。

老战士们有的是大漠边疆的建设者，有的是高山哨卡的守护神，有的在军营中为国家奉献了自己的青春岁月……他们在庄严的军号声指引下完成了许多使命担当，吃过苦，流过汗，流过血，谱写了一篇篇波澜壮阔的诗篇，也谱写了自己的人生历史。在这一天，可以组织老战士们开展诸如"致敬最可爱的人"的主题纪念日活动；组织老战友们线下或线上隆重集会等活动，唱军歌，诉当年，在一首首军歌中心潮澎湃，犹如青春再现，重温战友情谊，回顾人生荣光时刻，激发老年人的能量感。

3. 抗美援朝纪念日

1950年10月25日，中国人民志愿军打响入朝后的第一次战役，以光荣的胜利拉开了伟大的抗美援朝战争的帷幕。抗美援朝战争的胜利，让全世界看到了中华民族捍卫和平的伟大力量。1951年党中央决定将10月25日定为抗美援朝纪念日。有些老年人亲历了抗美援朝战争，有些经历了抗美援朝的年代，有些则深深受到此段历史的影响……因此，在这样的特殊日子可在机构举办主题纪念日活动，通过诗歌朗诵活动或红歌合唱等活动，缅怀革命先烈，在"雄赳赳，气昂昂，跨过鸭绿江……"的歌声中牢记光荣历史；观看以抗美援朝为背景的电影也是很好的纪念日活动，遵循老年人的意愿观看老电影《最可爱的人》《英雄儿女》或是当代最新的高度还原写实的优秀影片如《长津湖》《金刚川》《集结号》等，重温那段荡气回肠的历史，向舍生忘死的英雄致敬。

4. 生日

在中国，一般比较重视老年人和儿童的生日，每一年的生日都是一次家庭的聚会，所以在中国生日可以看作是一个家庭的节日。在养老院，可在每个为当月生日的老年人们开展诸如"岁月荏苒童心永驻"的集体生日主题活动，工作人员需要提前布置好生日会的环境氛围，为老年人们戴上生日帽，增添仪式感，大家一起唱生日歌、做手工拉面、做蛋糕、吹蜡烛、切蛋糕、许愿、抽生日大礼包等，给每位老年人都带来生日的快乐和幸福。

5. 结婚纪念日

结婚纪念日，是指婚后纪念结婚的日子。老年人们庆祝得最多的和最隆重的就是"银婚(25年)"和"金婚(50年)"。一般认为，幸福美满的婚姻生活对于老年人的生活品质有很大的影响，协助老年人进行有一定仪式感的结婚纪念日活动，可以增进老年夫妻的情感，更容易使他们在老年生活中携手同行。现在的许多老年人当年结婚的时候，由于当时条件和观念的限制，没有拍婚纱照，也没有录像。对有些老年人来说，这可能是内心的一个遗憾，活动工作者组织有意愿的老年人拍结婚照、重走婚礼仪式，在平凡冗长的生活中捡起一些美好的回忆；抑或是通过制作家庭影集的活动形式让老年夫妻有机会重温婚姻中的美好。

（四）时令节气活动

众所周知，中国有二十四节气，其中有些兼具自然与人文两大内涵，它们既是自然节气点，也是传统节日，例如清明；也有一些虽然不是传统节日，但也有着民间自古以来非常重视的节气礼俗，例如立夏、冬至等。

1. 立夏

"立夏"的"夏"是"大"的意思，是指春天播种的植物已经直立长大了。古代，人们非常重视立夏的礼俗。对今人来说，立夏是一个节气，表明春天结束，夏日由此开始而已。立夏日的传统风俗大部分与预防老年人"疰夏"有关。夏季酷热，有些人不适应气候，吃不好，睡不好，一到暑季，老年人就会很容易瘦下来，浑身不顺畅快，南方称此为"疰夏"，北方称之为"苦夏"或"枯夏"。可见，如何让老年人过好夏天，我国古人极其重视，因此有一些地方有立夏碰蛋、吃蛋的习俗，以寓意不疰夏，能够安度盛夏。

俗话说："立夏吃个蛋，力气大一万"，可策划组织老年人编织蛋套、创意绘蛋、挂蛋、碰蛋、煮茶叶蛋、称体重等活动，"立夏胸挂蛋，孩子不疰夏"这个民间传统风俗相信能勾起许多老年人的儿时记忆，忆儿时乐趣，幸福满载；立夏以后天气就愈来愈热了，这对老年人来讲，正是养生保健的好时节，也可在此日策划开展以"老年人立夏养生"为主题的活动，通过讲座、有奖问答等多种形式提醒老年人在酷热夏季的一些养生常识。

图 8-9 挂蛋　　　图 8-10 创意绘蛋　　　图 8-11 斗蛋

2. 冬至

冬至，又称冬节，兼具自然与人文两大内涵。既是二十四节气中一个重要的节气，也是中国民间的传统节日，素有"冬至大如年"之说。冬至节，民间历来十分重视，在中国南方地区，有冬至祭祖、宴饮的习俗。在中国北方地区，每年冬至日有吃饺子的习俗。因此，在冬至这一天,组织老年人开展包饺子活动几乎成为惯例。老年人们分工协作,一边包饺子,一边聊家常,在轻松愉快的氛围中共同欢度冬日,感受"家"的味道与温暖。

三、节日纪念活动的作用

(一)感受时代脉搏

随着时代的发展和社会经济的不断进步,不管是春节、中秋、清明、端午等中国民俗类或传统的节庆活动,还是五一、元旦、国庆节等具有纪念意义或特殊含义的节日,都可以策划与组织各种形式的节日纪念活动,它们相互融合、交相辉映,相得益彰,让老年人也能在活动中感受时代发展的变化,共享改革发展的成果。

(二)扩充文化知识

我国地域辽阔,民族众多,不同的民族在欢度各类节日时体现出千姿百态的民族风情;南北方在饮食、生活习惯等方面也有着较大差异,例如过年北方要吃饺子守岁,南方则会吃汤圆或者做年糕;在我国北方,每到腊八节,北方地区忙着剥蒜制醋,泡腊八蒜,吃腊八面、腊八粥,在南方腊八节可能不会这么隆重……这些差异都带有着各地区各民族自古以来源远流长的历史文化渊源,有趣、有意义,在节日纪念活动中有机会让老年人们进行分享和交流,让差异也变得熟悉和温暖。再比如,老年人们可能对中国的传统节日及其文化渊源较为熟悉,但对一些现代节日相对陌生,尤其是现代社会大家喜闻乐见的节日,以这些节庆活动为载体,帮助老年人拉近与社会的距离,既扩充了老年人的节日文化知识,也满足了现代社会老年人活到老学到老的求知欲。

(三)增加生活仪式

幸福的生活,往往是充满仪式感的生活;乐观有趣的人,往往会把普通的日子都过成了节日。通过各类节日纪念活动的载体,让养老机构、养老社区月月有节日,包粽子、做月饼、熬腊八粥、做灯笼等仪式感满满,为老年人提供了展示的舞台,也帮助失能失智老年人进行时间定向,建立与外在的连接。

(四)创造团聚机会

各类节庆活动为老年人和亲朋好友的团聚增加了机会,尤其是在国家法定节假日期间开展的活动,老年人有机会和家庭成员欢聚一堂,不仅可以加强老年人与家庭成员亲情上的交流,更可使老年人充分感受家庭的爱与情感支持,促进了老年人与亲友之间的交流和互动,有利于建立老年人的家庭支持网络。

任务二 节日纪念活动的要点

一、围绕主题系统,活动程序层级化

老年人节庆活动的主题是活动的主旋律,是贯穿活动内容和项目的主线,鲜明的主题,会使整个节庆活动的内容与流程层级分明、章法有序。要想成功举办节庆活动,必须有一个

合理的中心思想与主要内容,节庆活动的主题与内容要相互联系,这不仅需要吸引参与节庆活动的老年人的注意力,更应体现活动核心议题的方法与手段。

如策划端午节活动,由于端午节属于传统节庆活动,在策划活动内容时,可以从端午节的风俗习惯入手,将吃粽子、划龙舟、挂五彩蛋、做香囊、悬钟馗像、挂菖蒲、艾草等习俗贯穿于活动流程中,并围绕这些习俗,开展包粽子、钓粽子、折纸龙舟、画龙舟等手工活动,策划以龙舟为元素的团体游戏。

在策划端午节节庆活动中,可以采用"一根针多条线"的发散式构思,将端午节节庆活动打造成集趣味性、习俗性、历史性于一体的活动策划方案。比如以"我和端午节有个约会"为主题的活动流程可分为五个环节:(1)戏端午——跨越时空的游戏;(2)说端午——鲜为人知的故事;(3)唱端午——追思情怀的民谣;(4)品端午——独一无二的味道;(5)喜端午——量身定做的惊喜。

二、寻求文化根源,过程强调故事性

从古到今,民间崇拜与信仰是至高无上的精神情感,对传统文化的习俗、仪式等都真实地彰显了虔敬、思念、崇拜、追思等人性情怀,而这些感受的深层次内涵便要追溯到节庆活动的文化根源上。

节庆活动是人们在岁月长河中的欢乐盛宴,寄托着对美好生活的憧憬与向往,在活动策划的思路安排中,要求老年人在获得身心愉悦的同时,感受和体验节日活动本身蕴藏的精神内涵,从而深入了解文化背后的故事。

在活动策划的思路选取上,挖掘节庆中相关的典故与趣闻,有利于烘托整个活动的主题,提升活动的文化品位,增强活动的吸引力。如在策划端午节节庆活动时,可以从屈原、伍子胥、孝女曹娥、古越民族祭祖等端午节的传说中选取一个适合主题、方便活动演绎的版本,增强活动过程的趣味性;在策划七夕节节庆活动时,通过讲述牛郎织女的爱情故事,呈现执着追求爱情的无畏精神,感受相知相守的浪漫时刻。

三、设计仪式活动,营造节日环境

策划节日纪念活动时需要特别设计与节庆主题相对应的仪式活动,在组织实施时需要利用各种装饰布置场地,营造浓浓的节日环境。例如,欢度新春佳节的节庆活动,在整个场地的布置上一般以喜庆的大红色为主,大小红灯笼、春联、福字、充满朝气的各种盆景等能够渲染节日氛围,策划写贴对联、包饺子等仪式活动,让老人们感受春节的喜悦;中秋节是一个团圆的日子,机构可以在门厅、走廊里悬挂带有中秋节日氛围的图片和装饰品,策划制作手工月饼、嫦娥奔月手工作品、邀请亲友共同参加的中秋联欢会、吃团圆餐等活动,让老年人们享受中秋佳节团圆的乐趣。

四、扣准节庆物品,活动结果设惊喜

为了使老年人更好地融入节庆活动氛围中,在策划活动时,将具备节日特色的物品巧妙地运用于活动流程中,不失为有意味的活动安排。通过各环节的层层衔接,带领老年人进行物品认知、手工制作等活动,并将完成的手工产品作为活动的精彩成果。

运用节庆活动中特定的节目安排策划"惊喜",设计饱含情怀的活动环节,如往事回忆、情感寄托、温馨祝愿,这一系列的环节策划都能呈现活动结果的独特艺术效果与魅力。当然,也可以通过活动的设置与安排,在活动结束时为老年人准备节日相关小礼品,使老年人心情愉悦、精神饱满,从而达到烘托活动气氛、引导公众情趣的目的。

8. 活动的环境设计

任务三　节日纪念活动的案例

一、民俗传统节庆活动

（一）端午节活动策划

1. 活动主题:浓情端午 粽意暖心
2. 活动背景:端午节是中国的传统节日,欢度端午是我国两千多年来的民俗习惯,端午节也是一个和亲朋好友团聚一堂的美好日子。
3. 活动目的:通过端午节进一步了解中国的传统节日,用心去体验我国的传统节日中蕴涵的温情感受,使老年人在节日的氛围内愉悦身心。
4. 活动时间:端午节的那一周,挑选三个下午时间,每个下午约1小时—1.5小时。
5. 活动地点:场地开阔、有活动桌椅的活动中心
6. 参与对象:每次活动约15名老年人
7. 活动前期准备:

(1) 活动前期做好宣传工作,包括网站、论坛、条幅、海报等宣传。
(2) 准备好活动用具,分配各部负责项目及人员安排。

8. 活动流程:

环节一:万水千山"粽"是情

(1) 让老年人们自行分为四人组,每组通过游戏来优先选取红枣、红豆、蛋黄、肉馅四种馅料。
(2) 游戏名称为"答题争馅",由现场工作人员准备十个生活小知识,采取抢答的形式,到最后按照答对题数的多少,依次选择馅料,次序是由高到低。如果有两组或者三组答对的数目一样,可以重新进行比拼。
(3) 包好粽子以后,评选出"最精美粽子"组。
(4) 各组挑些粽子出来当场煮食,其余的粽子分给社区高龄或失能老年人。

环节二:寄君做香囊

(1) 让老年人们自行分为四人组,工作人员给每组分香料,再由老年人们自行选择自己喜欢的香包式样。
(2) 工作人员给老年人们演示做香囊的办法,手把手教学。
(3) 做好香囊后,让老年人们分享过端午节的趣事或故事。

环节三:两两龙舟来往频

(1) 将老年人分为四组,给每组五分钟时间起一个队名和加油口号。

(2)工作人员教老年人折叠纸船,每组选出一艘"最坚固纸船"参加接下来的龙舟比赛。

(3)每组发放几片粽叶。

(4)事先准备一个盛水的大盆,纸船统一从一侧由手拿粽叶的老年人扇向另外一头,达到终点之后由另外一名老年人接力,再扇回终点,两组同时进行,先到达终点的那一组获胜。

9. 注意事项:

(1)工作人员提前到场布置,消除安全隐患。

(2)工作人员的任务分配要合理,避免出现冲突任务事件。

(3)活动进行时,要时刻关注老年人的各种情况,避免发生突发事件,并及时采取应急措施。

9. 端午节的子主题设计

(二)重阳节活动策划

1. 活动主题:九九重阳节 浓浓敬老情 风采照片展

2. 活动目的:重阳节作为中国传统的节日,又是老年人节,是我们以情感纽带维护亲人感情的好时机。通过举办此次活动,丰富老年人晚年生活,帮助老年人找回青春的记忆和朝气蓬勃的感觉,重拾个人价值,并希望通过活动的开展,从正面引导年轻人树立正确的人生观、价值观、世界观,形成尊老、敬老、爱老的优良品格。

3. 活动对象:社区55周岁及以上的老年人

4. 活动时间:10月17日重阳节当天上午9:00

5. 活动地点:社区活动中心大礼堂

6. 活动道具:老年人的照片、挂绳、气球、彩带、桌椅若干、宣传单、海报、小礼品若干、相机、展板等。

7. 活动前期准备:

(1)展示场地工作人员的确定与安排

(2)参展照片的整理与布置

(3)展示场地的布置

8. 活动流程:

(1)活动宣传阶段

活动策划人员负责在社区宣传栏处粘贴海报,并在社区范围内发放活动宣传单,通过宣传的方式使社区老年人了解本次活动的内容,在宣传的过程中,为老年人讲解摄影的基本知识,并亲自指导老年人进行摄影训练,激发老年人的兴趣爱好,从而积极踊跃地参与到活动当中。

(2)作品征集阶段

征集时间:9月25日—10月5日(每天8:00—17:00)

报名地点:社区活动中心一楼接待室

照片提交形式:同时提供电子版+纸质版照片,其中电子版照片不低于1920×1440像素,纸质版照片尺寸不小于8寸。

作品征集信息:报名者须填写展示作品征集信息表,其中包括作品名称、拍摄时间、作品设计说明、作者基本信息、联系方式等基本信息,并做好相应的登记手续。

(3)照片展示阶段

展示时间:10月17日上午9:00

展示流程:布置会场的工作人员将照片展示区域布置好,并安排安保人员进行现场秩序的维持工作,防止照片在参观过程中造成不必要的损失;参观展览的过程中,加入观众参观的心得体会环节,为进场的观众发放便利贴与铅笔,在参观中对欣赏的照片及照片作者赋予问候与祝福;离场前将便利贴统一粘贴在出口合影留念处的展示板上。

(4)展示反馈阶段

社区工作人员深入老年人家中,了解老年人照片背后的故事,并通过微信平台、新闻报道等媒体传播、反馈、宣传老年人的生活故事,让更多的人了解本次活动,更重要的是了解当代社会老年人的生活状态和精神面貌,帮助老年人摆脱孤独寂寞,重新融入社会,建立快乐的心态。

(三)中秋节活动策划

1. 活动主题:月浓中秋 情系花甲
2. 活动背景:八月是丹桂飘香的季节,八月中旬正值团圆思念的日子,老年人思念亲友的情绪愈加强烈,他们希望家人欢聚一堂,品月饼赏月亮,其乐融融。
3. 活动目的:让老年人了解中秋节的由来,感受中国传统文化节日的温馨氛围,并通过多种活动形式锻炼老年人动手能力,增进老年人之间的交往与互动,丰富老年人的精神生活,展示老年人才艺。
4. 活动时间:中秋节当天17:30—19:00
5. 活动地点:老年人社区活动中心
6. 参与对象:年满60周岁的老年人
7. 活动前期准备:

(1)场地的布置(电脑一台、投影仪一台、音响一套、有关赏月的背景音乐,烘托气氛)。

(2)展示场地工作人员的确定与安排。

(3)手工月饼材料准备:月饼模、面皮、红豆沙、枣泥、白砂糖。

8. 活动流程:

(1)播放舒缓悠扬的轻音乐,迎接老年人入场,工作人员安排老年人在指定位置就座。

(2)主持人致辞,播放嫦娥奔月的神话传说视频供老年人欣赏,作为开场安排。

(3)手工月饼制作。工作人员为老年人提前准备好制作手工月饼的原料和工具,主持人根据大屏幕的制作步骤带领老年人进行月饼造型的想象与创作。

(4)猜灯谜赢礼品。老年人在已贴好谜题的灯笼中,选择自己感兴趣且会解答的灯谜,在工作人员的陪伴下,摘取试题并到指定位置进行作答,猜中者可获得精美奖品一份。

(5)共赏团圆明月。工作人员将赏月活动现场布置为半圆形,邀请老年人就座,并奉上制作好的手工月饼与茶饮供老年人品尝,老年人可以边赏月边品茗,主持人可随机邀请老年人畅谈中秋节愿望,抒发情怀。

(6)主持人对活动进行总结、致谢。

9. 注意事项:

(1)工作人员提前布置现场,检查存在的安全隐患,避免意外事件发生。

(2)合理分配工作任务,避免出现冲突任务事件,影响活动的进程。

(3)活动进行时,要时刻关注老年人的各种情况,如食品卫生、安全问题、身体状况等,并及时采取应急措施。

二、法定节假日节庆活动

（一）劳动节活动策划

1. 活动主题：乡野踏青 快乐采摘
2. 活动背景：劳动节是全世界人民共同欢庆的节日，人们用顽强、英勇不屈的精神，争取合法权益，在庆祝节日的过程中活跃身心、增强劳动的积极性。
3. 活动目的：为了让老年人感受自然、接触自然，丰富老年人的娱乐生活，感受劳动的快乐和丰收的喜悦；在活动实施的过程中，培养老年人与工作者之间默契与沟通，增强老年人之间的凝聚力。
4. 活动时间：5月1日上午9：00
5. 活动地点：××采摘园
6. 活动对象：55周岁及以上，具有较好活动能力的老年人
7. 活动前期准备：

（1）召开参与采摘活动的工作人员会议，明确各自职责，强调活动安全。

（2）制定合理的活动行程路线。

（3）准备活动现场所需的器具与贺卡。

8. 活动流程：

环节一：自然课堂的奇幻之旅

以草莓主题为核心，围绕农场情况介绍农时农趣、有机种植，通过老年人对农耕知识的回顾，增加他们对自然课堂内容的好奇心与趣味性。

环节二：有机采摘的农趣体验

（1）采摘园工作人员带领老年人到达有机草莓采摘区域，告诉大家能够采摘的品种，并为大家展示采摘技巧。

（2）为了节约环保，为老年人准备好采摘篮，采摘过程中耐心提醒老年人保护幼苗，不要踩踏和破坏植物成长。

环节三：浓情蜜意的草莓制作

材料准备：草莓、白糖、一次性手套、玻璃碗。

（1）挑选优质的草莓去蒂，装置碗中待用。

（2）在碗中撒入白糖，白糖的比例可以根据个人口味确定。

（3）将糖与草莓搅拌后放置20分钟，看到有草莓汁溢出可以进行下一步操作。

（4）把草莓块放入锅中，小火煮，注意要边煮边用勺子搅拌，防止粘锅，注意在搅拌的过程中不需要加水。

（5）待草莓煮至黏稠时，即可关火。

（6）将盛有草莓酱的锅静置，直至常温。

（7）把草莓酱倒进提前准备好的玻璃瓶中，甜蜜的草莓酱便制作完成。

环节四：享受劳动的胜利果实

（1）老年人将采摘的草莓与制作好的草莓酱分享给在场的人员，互相品味草莓酱的甜

蜜滋味。

（2）工作人员带领老年人手写纪念卡片，将劳动的美好回忆记录下来。

（3）相互传送老年人制作的草莓酱和纪念贺卡，增进老年人之间的沟通与交流。

9. 注意事项

在采摘的过程中，老年人应该注意安全，防止蚊虫叮咬、树枝划伤等意外事件的发生。

（二）国庆节活动策划

1. 活动主题："我和祖国心连心"系列活动

2. 活动背景：国庆节是全国人民共同欢庆的节日，是我们国家的全民性节日，承载和反映了国家、民族的凝聚力，显示了国家力量、增强了国民信心，体现着凝聚力。

3. 活动目的：通过国庆连续三天的系列活动，带领老年人欢度国庆，感受祖国的成功与伟大，体会作为中国人的骄傲和自豪；营造国庆氛围，提高老年人的参与性和成就感；锻炼老年人的手部力量、精细动作、推理能力，提高认知能力。

4. 活动时间：10月1日—3日，每日上午9：00

5. 活动地点：社区日间照料中心

6. 活动对象：60~70岁的低龄自理老年人

7. 活动前期准备：

（1）召开参与国庆活动的工作人员会议，明确各自职责，强调活动安全；

（2）布置场地，营造国庆节日氛围；

（3）准备活动现场所需的材料。

8. 活动流程：

子活动一（10月1日）：手工活动——制作五星红旗

（1）材料准备：红黄色卡纸、安全剪刀、胶水、铅笔、小旗杆等；

（2）在工作人员的带领下，将老年人按照2~3人一组进行分组，分配材料，每组老年人根据"裁剪合适比例的旗面——画五角星——剪五角星——粘贴五角星——固定旗杆"的流程共同协作制作五星红旗。

子活动二（10月2日）：搭建活动——搭建祖国代表性建筑

（1）材料准备：天安门积木、长城插塑玩具等；白胶、剪刀等；

（2）根据老年人对建筑的喜好自行分组（4~5人一组），分配材料，进行搭建活动；

（3）邀请每组老年人介绍本组搭建的祖国代表性建筑，分享与之相关的旅游经历或趣事；

（4）发放下次活动备选观看的影片介绍，工作人员进行口头说明，并请老年人们举手表决或用便利贴的方式选择最想看的一部电影。

子活动三（10月3日）：集体观看爱国主义电影

根据老年人的意愿，按照少数服从多数的原则集体观看一部电影，并进行观影后的分享和讨论。

9. 注意事项：

（1）在手工活动时要注意安全剪刀的使用，避免受伤；在粘贴五角星的时候，工作人员要指导或提醒老年人注意大五角星和小五角星的关系（四颗小星都有一个角对着大五角

星);

(2)在安排老年人集体观看电影活动前,工作人员应尽可能尊重老年人的意愿,给老年人一定的选择权。

三、纪念日活动

(一)建军节活动策划

1. 活动主题:"不忘初心 扬我国威"演讲比赛

2. 活动背景:为纪念中国人民解放军的光辉历程,会见老战友,宣扬"老兵"精神。社区联合电台、报社等新闻媒体制作报道有关抗战纪录、"老兵"事迹等专题节目,记录老兵们无法释怀的历史记忆,还原刻骨铭心的烽火岁月,号召人们要铭记过去,珍惜当下,展望未来。

3. 活动目的:通过本次活动的开展,使老年人回忆军旅生活中的故事,与老战友交流,愉悦身心,并通过回首往事,重温战友之间真挚的友谊,增进战友情感,激发昂扬斗志,增强老年人精神的凝聚力、向心力。

4. 活动时间:8月1日14:00—16:00

5. 活动地点:××养老院活动大厅

6. 活动对象:55周岁及以上的退伍军人

7. 活动前期准备:

(1)做好充分的宣传工作,与电台、报社等新闻媒体取得联系,吸引老年人积极参加。

(2)邀请列席评委。

(3)提前布置好会场,确定选手上场顺序并做好标签,准备好评委打分的纸笔和计算工具,准备好水、茶点和奖状。

(4)召开工作筹备组会议,工作人员合理做好分工,明确分配任务,责任到人。

8. 活动流程:

(1)播放歌曲《中国人民志愿军战歌》,迎接老年人入场。

(2)主持人步入会场,致开场词。

(3)幻灯片展示老年人的军旅照片,回忆军旅时代的美好时光。

(4)主持人向全体人员讲述比赛具体内容与流程。

(5)老年人按照赛前抽签顺序进行演讲比赛。

(6)每位老年人演讲结束后,评委根据评分标准进行打分,计分人员在全部参赛老年人竞赛结束后汇总排名。

(7)主持人宣布比赛结果,根据各组最终排名办法发放奖状和奖品。

(8)主持人及工作人员与老年人合影留念。

9. 评分标准:

(1)演讲内容:30分。要求演讲内容紧扣主题,主题鲜明、深刻,格调高雅,语言自然流畅,富有真情实感。

(2)语言表达:30分。要求脱稿演讲,声音洪亮,口齿清晰,普通话标准,语速适当,表达流畅,激情昂扬。讲究演讲技巧,动作恰当。

(3)形象风度:20分。要求衣着整洁,仪态端庄大方,举止自然、得体,体现朝气蓬勃的精神风貌,上下场致意、答谢。

(4) 综合印象:20 分。由评委根据演讲选手的临场表现做出综合演讲素质评价。

(二) 生日活动策划

1. 活动主题:"岁月荏苒 童心永驻"集体生日会活动

2. 活动背景:百善孝为先,生日是每个老年人一年中非常重要的日子,晚辈给老年人过生日,体现着对老年人的孝心和尊敬,在养老机构给老年人们过集体生日,是一件有意义的活动。

3. 活动目的:通过集体生日会,为当月生日的老年人庆祝生日,使他们感受生日的快乐和养老院如家般的温暖,有机会增进老年人和机构工作人员的感情,增强老年人对机构的归属感。

4. 活动时间:每月 10 日 14:00—16:00

5. 活动地点:××养老院活动大厅

6. 活动对象:当月生日的所有老年人及其家属

7. 活动前期准备:

(1) 工作人员需要提前布置好生日会的环境氛围,准备好生日帽,生日彩旗等;

(2) 提前预订或制作合适尺寸和主题的生日蛋糕;

(3) 准备音响播放生日歌;

(4) 可提前邀请工作人员或其他老年人为当月生日的老年人准备一个节目,如唱歌等;

(5) 工作人员提前合理做好分工,明确分配任务,责任到人。

(6) 提前联系当月生日的老年人的亲属,邀请有条件的家属来机构共同参加生日会。

8. 活动流程:

(1) 邀请当月生日的老年人入座;

(2) 伴随着生日歌,由工作人员用推车将生日蛋糕推到现场,大家一起合唱生日歌;

(3) 主持人步入生日会现场,致开场词;

(4) 由护理员向在座老年人献唱歌曲《今天是你的生日》;

(5) 邀请机构的其他老年人或家属献唱歌曲或其他节目;

(6) 老年人们一起吹蜡烛,切蛋糕,所有在场人员共同分享蛋糕;

(7) 主持人邀请工作人员为老年人们送上精美的生日礼物;

(8) 团体人员合影留念。

9. 注意事项:

(1) 应提前确定好当月生日的老年人人数,根据人数进行合适的场地布置,以免有老年人被忽视;

(2) 尽可能邀请老年人的家属共同参与活动,加强老年人和家人之间的情感互动。

四、时令节气活动

(一) 立夏日活动策划

1. 活动主题:立夏,我们这么过

2. 活动背景:夏是农历二十四节气中的第七个节气,是夏季的第一个节气,表示盛夏时节的正式开始。民间相传立夏吃蛋拄心。因为蛋形如心,人们认为吃了蛋就能使心气精神不受亏损。立夏以后便是炎炎夏天,为了不使身体在炎夏中亏损消瘦,立夏应该进补;有些地方民间还流行立夏当日称体重。精彩纷呈的立夏民俗活动,让老年人们在童年回忆中感受独特的立夏气息。

3. 活动目的:丰富机构老年人的院内生活,品味传统文化的魅力
4. 活动时间:5月5日8:30—10:30
5. 活动地点:××养老院活动大厅
6. 活动对象:养老机构的自理老年人
7. 活动前期准备:
(1) 煮好咸鸭蛋,蛋带壳清煮,不能破损,用冷水浸上数分钟;
(2) 制作或购买彩色丝网袋;
8. 活动流程:
(1) 称体重:5月5日周五早上8:30分将由工作人员在大厅为老年人们称体重并发放体重卡。
(2) 画彩蛋:组织老年人们分小组坐下,开始画蛋,用水彩笔或油画棒将准备好的鸡蛋或鸭蛋进行装扮(可先用马克笔构线,再用水彩笔涂色),彩绘出一个个属于自己的独一无二的蛋。将蛋装进编好的网袋里面,挂在胸前。
(3) 斗蛋吃蛋:工作人员介绍斗蛋的方法,所有参加活动的老年人均可参与斗蛋并角逐出"蛋王",提醒老年人一般是蛋的'小头'碰撞,注意用力适度。
9. 注意事项:
(1) 斗蛋时工作人员需要及时关注到老年人的安全;
(2) 活动结束需要妥善打扫好现场的卫生,注重环保。

(二) 冬至日活动策划

1. 活动主题:暖暖冬至日,浓浓敬老情
2. 活动背景:冬至是我国农历中一个非常重要的节气,也是中华民族的一个传统节日,冬至又俗称"冬节""长至节""亚岁"等,我国多地有冬至吃饺子的习俗。
3. 活动目的:让机构老年人感觉到节日和集体的温暖;丰富老年人的院内生活;增进老年人之间的感情。
4. 活动时间:12月20日9:00—12:00
5. 活动地点:××养老院活动大厅
6. 活动对象:养老机构的自理老年人
7. 活动前期准备:
(1) 工作人员需要确定参与人数,准备好场地和相应的食材。
(2) 准备好所需物资:饺子皮10斤,大白菜5斤,肉末5斤,小葱1斤,香菇2斤,鸡蛋1盒,便利贴,签字笔等。
8. 活动流程:
(1) 集体准备饺子馅儿,所有老年人自行分工协作。

（2）包饺子比赛：将老年人们分成2组，用准备好的馅料和饺子皮进行包饺子比赛，增加活动趣味性。比赛结果判定标准：饺子数量一个一分，质量不过关的饺子不计分，记录各组得分情况。

（3）送祝福游戏活动（与煮饺子同时）：请每位老年人在准备好的彩色便利贴上写下对其他老年人的祝福，并且贴在对方的后背上，结束时每位老年人可得到多张祝福。

（4）共同品尝大家亲手包的饺子，欢度冬日节日。

9. 注意事项：

（1）工作人员应用相机记录下精彩的瞬间，为老年人们留下美好的回忆；

（2）做好活动结束后的善后工作；

（3）在游戏环节如有老年人没有便利贴祝福，工作人员要及时关注到并给予祝福。

任务拓展

实训指导

1. **职业情境：**

思考作为活动工作者，如何为养老机构做一份饱满的年度节日纪念活动计划？

2. **孝爱实践：**

你的家中有老年人吗？在下一个节日，为了体现你对身边老年人的孝心与感恩之情，你可以为他们策划与组织怎样的节庆活动呢？

3. **前沿应用：**

（1）日本蒲公英养老服务中心创造虚拟币，为老年人每天带来节日般的快乐。

（2）清明节纪念的最新理念：网上祭祀、绿色缅怀，参见各网站、App。

（3）用"千结记"App帮助老年人做好重要纪念日、节日的提醒。

4. **延伸学习：**

"中国节日创意大赛"。

5. **融通学习：**

在老年认知活动项目中，曾经学习过"现实导向技术"，请说说该技术如何与老年人的节日纪念活动相结合？

项目九 老年园艺活动

情景聚焦

近年流行用园艺治疗改善精神病患、老年人、青少年、儿童、认知和身体障碍人士、经常感受压力人士等的身心状况,提升生活质量。园艺治疗最独特的地方在于介入媒体是植物。植物是拥有生命的,其生命周期能够在服务对象的悉心照料下成长。在治疗小组完结后,服务对象可以继续照料所栽种的植物,一起分享植物生长的状况,园艺治疗的疗效可以持续下去。养老机构中将园艺治疗的方法和理念运用于日常的活动中,用植物的生命影响人的生命,引导人内部的精神力量,带来情绪的改善,形成了老年园艺活动的热潮。

养老护理员国家职业技能等级标准将园艺活动作为对轻度、中度认知功能障碍的老年人进行非药物干预的重要手段。

任务目标

1. **知识目标:**
(1) 掌握老年园艺活动的基本概念;
(2) 掌握老年园艺活动的分类;
(3) 理解老年园艺活动的作用。

2. **能力目标:**
(1) 培养学习者将知识进一步转化成实际应用能力,使园艺活动的基本理论和方法在实践活动中转化成解决实际问题的能力;
(2) 针对不同活动对象,策划不同类型的老年园艺活动,能进行活动创新和拓展。

3. **素质目标:**
(1) 通过学习及实践任务组织,培养学习者对老年人的同理心、爱心与耐心,体现人文关怀;
(2) 增强学习者对老年人服务的认识与体会,增强涉老服务专业人才的社会责任感、职业认同感。

任务要点

1. **重点:** 认识老年园艺活动的分类;认识园艺活动对老年人的作用;

2. 难点: 掌握对不同老年人策划园艺活动的要点。

知识准备

1. 查阅"园艺治疗"的历史发展资料;
2. 查阅相关资料,了解国内外"老年人园艺活动""康复花园""空中花园"相关案例。

任务组织

任务一 认知老年园艺活动

一、老年园艺活动的定义

老年园艺活动,是以植物(花卉、树枝、叶片、种子、蔬果等)为媒介,由老年活动工作者对老年人开展的一种愉悦身心的活动。由于植物随处可见,活动材料取得容易,活动组织的费用不高;园艺活动类型丰富,室内户外大小空间皆可作为活动空间,场地要求有弹性;活动技巧难度不高,入门容易,因此是一种很适合老年人的活动。

园艺活动与专业的园艺治疗是有区别的。根据美国园艺治疗协会的定义,园艺治疗是在接受专业训练的园艺治疗师指导下实行园艺活动,更强调工作者的从业/职业资格,突出对病患疗愈、复愈、促进福祉等有针对性的治疗效果。

但是园艺活动与园艺治疗在以植物为工具、关注人的身心灵成长、促进人的全面健康等方面有很多共性,建议老年活动工作者多学习园艺治疗的课程,将园艺治疗中的专业园艺技巧结合到老年活动中,对提升老年人参加园艺活动的效果更有裨益。

二、老年园艺活动的分类

园艺活动的类型大致分为以下几种:

(一)植栽活动

指栽植果树、蔬菜、花卉等植物,既有户外高架式花床栽种,也有室内容器栽种,包括播种、移植、松土、除草、除虫、修剪、施肥、收获等一系列工作。

(二)工艺活动

一类是组合设计盆栽和插花艺术,是根据一定的构思来选材(包括根、茎、叶、花、果、树皮),遵循一定的创作法则(颜色、高低、质感、疏密等特性),创造优美的形体造型,表现植物的活力和自然美,赋以植物新的艺术。

另一类是经采集、脱水、保色、压制、拼贴、干燥、装裱等工艺,处理成平面花材,经过巧妙构思,制作成精美的压花、标本制作、干花束、香囊、拼贴画、种子画、装饰卡片和日用品、首饰等植物制品的艺术。

(三) 户外教学

组织老年人参访植物园、公园、花园、花卉展等,在庭园享受阳光和新鲜空气;沉浸于花草树木的自然景观中修身养性。

(四) 团体活动

以植物为题材的益智活动、读书会、电影观赏等团体活动。

(五) 衍生活动

利用栽植蔬果花卉收获物来进行贩卖、料理等,享受收成、烹饪入菜、冲煮成饮等成果。

三、老年园艺活动的作用

老年园艺活动的作用主要体现在认知、身体、情绪、社交等方面。

(一) 认知方面

园艺活动要求人在种植的全过程、各步骤做出不同程度的决策,种植中时常遇到困难,如虫害、植物凋谢、如何修剪枝叶等,要求参加者集中专注力,锻炼跟从指示和步骤的能力,不仅在园艺种植中学习新的知识及技能,还能训练记忆力、逻辑思维、抽象思维等认知能力。

运用园艺活动来调整及改善人的身、心、灵,植物独特的结构、气味、花色和烹调方式,可以打开老年人的五感。植物茎叶花的色、形、味会刺激观赏者的视觉、嗅觉;修剪枝叶、绿篱,接触不同质感的有生命力的植物,分辨土壤的干、湿,能增强老年人的触觉;环境中的水声、虫鸣、鸟啼可以刺激人的听觉;食用花卉、品尝蔬果的味道,可以调动味觉和嗅觉,从而与老年人的五感记忆做联结,延缓器官的衰老。

(二) 身体方面

田园劳作及一些简单园艺活动,为服务对象提供锻炼体能机会,尤其对一些平时疏于劳动的老年人十分有用。播种、替植物换盆、浇水、修剪枝叶的过程中需要服务对象不时举手、伸展、蹲下等动作,可训练大、小肌肉训练、手眼协调、视觉空间感及精细动作。园艺活动的开展增加了老年人外出活动、运动,能够改善身体机能的机会。

(三) 心理/情绪方面

对有些老年人来说,重温种植,可以重拾以往的喜好和技能;透过种植过程,感受植物带来的愉悦和寓意;发挥艺术创意,制作的每一件独一无二的工艺品,能给予老年人成就感、改善自信心、提升自我形象。即使不亲手参与园艺,只是欣赏青绿的树木、五彩缤纷的花卉,也能让老年人情绪松弛、降低血压、减少压力、稳定情绪、减少异常行为,如游走、焦虑、烦扰、发脾气等。

(四) 社交方面

园艺活动多样化,能迎合不同的需求和兴趣。在轻松自然环境下,一边参与园艺作业,一边增进沟通与交流,以锻炼老年人学习合作的互动交往能力,改善沟通技巧,学会体谅他人需要,与他人分享,促进社会化。

任务二　老年园艺活动的要点

一、评估对象

在策划老年园艺活动前,活动工作者需要先评估老年人的能力,了解老年人是否有兴趣、有能力参加园艺活动,如何组织园艺活动更有效果。

(一)认知能力

1. 定向能力:是否清楚准确地说出时间、地点、人物、季节;
2. 辨别能力:是否准确地认识植物、工具和材料;
3. 专注能力:是否能够专注,注意力能持续多久,是否容易分心;
4. 跟从活动的步骤:评估老年人能跟从多少项步骤、口头指示,是否能看懂工作者的示范及视觉提示。

(二)社交方面

1. 语言表达能力如何,是否运用方言;
2. 文化背景的差异;
3. 表达能力如何,是否主动沟通,是否对提问做出适当的回应;
4. 是否容易融入小组;

(三)体能方面

1. 紧握物件(植物、工具、材料)的能力,能够提起多少重量;
2. 身体哪个部分可以灵活操作园艺活动;
3. 手眼协调能力;
4. 视觉空间能力;
5. 坐、站的平衡力如何,是否有足够体能执行任务。

(四)情绪行为方面

1. 对园艺活动的态度;
2. 是否有任何问题行为,如游走、谵妄,有没有异食症状?
3. 如何表达情绪,控制情绪的能力如何?
4. 情绪/行为会否影响小组参与?
5. 上洗手间频率。

二、目标设定

在开展园艺活动时要考虑不同类型老年人的特点,结合具体老人的不同身心限制和需要,设定不同的目标,进行有针对性的园艺活动策划。

(一)高龄老人

各种心理和生理的变化令高龄老人的日常活动急剧减少,他们经常蜗居在床,身体机能直线下降;对外界的人和事漠不关心,不愿与别人交流,还经常出现消极言行。园艺活动是一味提高他们生活质量的催化剂。活动工作者要善于开发有创意的园艺活动。比如树叶贴画,区别于需要专业训练的绘画,将各种形状和颜色的树叶组合构图,拼贴成不同的造型绘画,图片其他部分可以用水彩笔勾线或补充。完成作品既降低了绘画的难度,又增添了很多新意。做好的树叶贴画署名、标记时间、贴膜装框,用以装饰老年人房间或者养老院的走廊、大堂等公共空间,可以激发老年人的参与兴趣,唤起他们对园艺活动的热情。

图9-1 树叶剪贴

(二)身体功能障碍的老人

中风偏瘫老人或身体有残疾的老年人,常因活动能力的丧失或减退,导致生活不能自理,康复训练的枯燥又使得他们难以长期坚持训练,导致患肢功能不能得到最大限度的康复,甚至肢体挛缩越发严重。活动工作者要与老人的康复治疗师、医护人员进行团队沟通,本着保护患侧、锻炼健侧的原则,让身体功能障碍的老人循序渐进地完成播种、施肥、浇水、摘花等工作,帮助偏瘫老人的协调和运动神经获得发展。比如一位中风的老人,右手活动能力不佳,活动工作者以增加中风老人右手活动能力为活动目标,带领老人做摘花瓣的园艺活动。首先每天连续5分钟摘取菊花花瓣,半个月之后,如果老人完成5分钟的摘花瓣动作不觉得困难之后,活动时间延长到每天连续10钟摘取花瓣。活动伊始,工作者为中风老人示范正确方法,并每天协助老人完成。根据情况减少帮助,直到中风老人可独立完成任务。

图9-2 摘花瓣

(三)认知功能障碍的老人

早期认知障碍老人能够参与一般种植活动,园艺活动的目标是能够有效抑制异常行为,改善早期认知障碍老人的生活素质和减慢病情发展,对睡眠、不安情绪及认知方面均有正面影响。虽然园艺活动需要多重技巧与步骤,然而多数都是重复步骤,中期认知障碍老人仍然可以参与简单重复的活动。对于晚期认知症患者,园艺活动以感官刺激为主,让他们通过园艺活动,和自然界接触,令心情愉悦,如水果猜猜活动,活动工作者事先准备一些不同颜色的水果,询问老年人哪种水果是红/黄/橙/绿色的。活动工作者每次只问一种颜色,当老年人想不起任何一种水果,工作者可以再问另一种颜色。如当老年人说出了一种水果而工作者预先有准备实物的,便拿出来放在老年人面前,让他们触摸及闻闻水果,说出水果的颜色、味道等,并将水果送给该老年人,或为大家切开,邀请老人们一起品尝水果。这个园艺活动能刺激认知症老人的嗅觉、味觉,加强老年人对颜色的辨别能力,增强老年人对水果名称的记忆。

三、注意事项

（一）活动场所

园艺可在室内和室外进行。如果室外天气很好，温度适宜，活动对象身体允许，尽量选择室外环境。但如果以上条件不允许，园艺活动可选择在室内进行，种植后由工作者把盆栽搬到有阳光照射的地方，保证植物有充足的阳光照射。

考虑到高龄老人和残障老人的身体状况，最好选择高床种植架或者适合轮椅操作高度的桌面（如图9-3所示）。有足够的无障碍活动空间，动线设计合理，有可供老年人休息的地方。

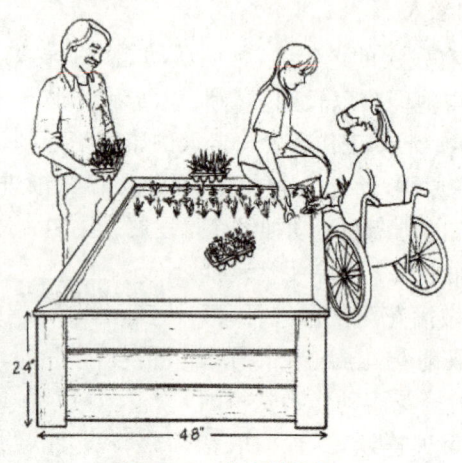

图9-3 高床种植架

（二）活动物资

园艺活动中涉及花盆、土壤等有重量的物质，剪刀、耙子、铲子等利器。活动工作者要事先了解老年人的能力，提前让老年人熟悉，了解每个工具的使用。在操作中要协助高龄老年人进行使用，并且要反复提醒老年人使用时注意安全。不能使用化学药剂。

根据活动季节选择耐暑性、耐寒性的植物。不耐热的植物，在夏天要放在避荫凉爽的地方；不耐寒的植物，要放在花盆等容器里培植，在冬天把它搬进室内会比较好。许多种类的花和香草，虽然可以用种子来培育，但种植时间和功夫较多，建议初学者最好选择健壮的、没有病虫害的、没有刺的花苗来种植。为老年人选择种植的品种，最好选择开花期长的品种，便于老年人常年欣赏，也避免花开花落引发老人伤感。如三色堇、凤仙花能开到半年以上，天竺葵、海棠、碧冬茄、万寿菊等几乎整年开放，称为四季开放性花。

（三）活动工作者

活动工作者要主动学习种植方法技巧，了解植物的习性和料理技巧，最好能参与园艺治疗的相关培训。

活动工作者以老年人的需要和能力为重点，随时与老年人保持深入地沟通，了解他们的畏难情绪，在适当的时候提供帮助，引导老年人发言，时常给予真诚的鼓励。如有个别老年人未能成功种植，要鼓励他们不要放弃，要多做尝试，思考是哪个环节中有做得未够好的地方，累积经验，再次种植。

任务三　老年园艺活动的案例

一、个案活动：豆子拼图

活动对象：杨爷爷（患中期认知障碍）

活动道具：绿豆、红豆、黄豆、黑豆等彩色豆子，白色厚纸板、白胶

活动目的：1. 训练手指的精细动作；
　　　　　2. 训练对颜色、形状的识别能力；
　　　　　3. 训练地点定向和事件定向。

活动过程：活动工作者给杨爷爷发放活动道具，示范如何用白胶将豆子贴在纸板上，并且跟爷爷说可以随意拼贴，工作者在旁边观察，需要的时候提供帮助。杨爷爷不太带劲地随意拼着，突然听到他兴奋地喊叫："你看，我拼出了中国地图！"工作者凑近一看，果然，他用黄豆拼出了地图。看杨爷爷兴奋的样子，工作者知道这个活动联结到了爷爷记忆中的某个点，趁势问他："爷爷，您家乡在哪里？""广西。""在地图的哪个位置啊？"于是杨爷爷拿起绿豆，放在地图上，很有自信地说："在这里。""哇，那我们现在在哪个位置呢？"他又拿起红豆，放下去说："在这里。"那天，杨爷爷回到当年的青葱岁月，跟活动工作者一起精神抖擞地游历了大江南北。

注意事项：工作者密切关注认知症患者，不能吞咽误食豆子；如果涂抹白胶对认知症患者有困难，可以提供适当的帮助；关注认知症患者有积极反应的"点"，引导深入讨论，唤起正向记忆。

二、小组活动：喜笑颜开——老年人园艺活动小组

（一）基本资料

	说明
小组名称	喜笑颜开——老年人园艺活动小组
活动对象	高龄老年人8人
日期 时间 节数 地点	日期：略 时间：9：30—10：30 节数：8节 地点：养老机构公共活动区
活动目标	认知训练，提升专注力； 肢体训练，改善肌力； 改善情绪，感受植物带来的愉悦。

（二）活动内容及程序

节次	活动时间	活动目标	活动内容	活动物资
1	9:30—9:45	介绍小组内容 活跃小组气氛 分组（选组长）	播种 (1) 主持人自我介绍及介绍小组目的、内容、流程。 (2) 老年人相互认识。 (3) 将老年人分成2个小组，每组选出一名组长，并取一个组名。	园艺工具（铲子、耙子、一次性手套）、营养土、花盆、新鲜樱桃萝卜2个、樱桃萝卜种子、标签牌、大头笔、一次性筷子、浇水壶、植物打卡表、心情指数量表
	9:45—9:50	制定小组契约	(1) 积极遵守活动时间的原则。 (2) 对老年人的认可和不批判等。	
	9:50—10:00	樱桃萝卜展示和介绍	(1) 展示樱桃萝卜，并介绍其特性、功效以及食用方法。（可鼓励长辈发言）	
	10:00—10:20	播种	(1) 分发材料和工具。 (2) 展示播种步骤。 (3) 指导老年人播种。 (4) 浇水（让老年人自己动手浇水，锻炼手部肌肉）。	
	10:20—10:30	派发植物成长记录卡 活动小结 下节内容预告	(1) 教导填写植物成长记录卡。 (2) 活动小结及分享。 (3) 心情指数评估。 (4) 介绍下节内容。	
2	9:30—9:45	回顾上节内容 介绍本节内容	水培红薯叶： 分享照料打卡表，鼓励老年人之间相互交流发表感受，向大家分享自己照料植物的记录情况及植物的生长情况。	玻璃花瓶10个、彩色小石头、红薯10个、营养土、标签牌、大头笔、心情指数量表
	9:45—10:20	水培红薯叶制作	(1) 认识红薯：拿出一个红薯作为展示，与老年人进行互动，请老年人分享有关红薯的故事。 (2) 介绍本节课的内容。 (3) 分发材料和工具。 (4) 逐一展示种植步骤，老年人一边学习一边操作。	
	10:20—10:30	分享及布置作业	(1) 鼓励成员间互相分享感受。 (2) 照顾植物，填写打卡表。如每天浇水后在该列表上打"√"。 (3) 心情指数评估。	
3	9:30—9:45	回顾上节内容 介绍本节内容	疏苗： 与老年人一同观察的萝卜和蔬菜盆栽的生长，让老年人互相分享感受。	种植花盆10个、营养土、铲子、耙子、浇水壶5个、心情指数量表
	9:45—10:15	疏苗	(1) 老师讲解疏苗的作用。 (2) 示范疏苗的步骤过程。 (3) 让老年人分组进行移苗。 (4) 让老年人给萝卜苗浇水（锻炼手部肌肉）。	

(续表)

节次	活动时间	活动目标	活动内容	活动物资
	10:15—10:25	感受分享	分享疏苗的心得体会,疏苗的过程与人生的联系有什么?(引导老年人思考,生活有舍才有得,舍弃不好的,才能获得更好的)	
	10:25—10:30	布置作业 预告下节内容	(1) 持续照料植物,进行"打卡"。 (2) 心情指数评估。	
4	9:30—9:45	回顾上节内容 介绍本节内容	施肥: (1) 分享照料打卡表,鼓励老年人之间相互交流发表感受。 (2) 带领老年人一起观察植物的生长状况。	有机肥、心情指数量表
	9:45—10:20	施肥 浇水	带领老年人给植物施肥(引导老年人思考,植物需要施肥,人也需要好好补充营养,所以每天要好好吃饭)。	
	10:20—10:30	布置作业 预告下节内容	(1) 持续照料植物,进行"打卡"。 (2) 填写心情指数量表。	
5	9:30—9:45	回顾上节内容 介绍本节内容	花样追忆: (1) 分享照料打卡表,鼓励老年人之间相互交流发表感受。 (2) 带领老年人一起观察植物的生长状况。	剪刀10把、干花种类多样、九宫格木盒子
	9:45—10:20	花样追忆	(1) 主持人带领老年人熟悉多种干花,介绍各种干花的功能。 (2) 按照颜色、形状、名称等不同分类法指导参与者在一定时间内识别九宫格盒子内的物品。可以通过短时间记忆多种植物,锻炼老年人的记忆力。	
	10:20—10:30	布置作业 预告下节内容	(1) 持续照料植物,进行"打卡"。 (2) 心情指数评估。	
6	9:30—9:45	回顾上节内容 介绍本节内容	制作香草包: (1) 分享照料打卡表,鼓励老年人之间相互交流发表感受。 (2) 带领老年人一起观察植物的生长状况。	香囊、盘子、香草多种(薄荷、果皮、薰衣草等)、剪刀、水杯、茶水、心情指数量表
	9:45—9:55	认识香草	(1) 向老年人展示现有的香草。 (2) 通过视觉、触觉、嗅觉等感官刺激让老年人记忆不同香草的特点。让老年人闭眼猜香草名称。透过香草的独特味道,唤醒老年人五官感觉,提高老年人注意力。 (3) 品尝花茶。	
	9:55—10:25	制作香草包	(1) 派发物资,让老年人制作香草包。可以让老年人自由选择自己喜欢的香草搭配制作。 (2) 分享自己所制作的香草包,回忆说出香草包里放了哪几种香草。	
	10:25—10:30	布置作业 预告下节内容	(1) 持续照料植物,进行"打卡"。 (2) 心情指数评估。	

（续表）

节次	活动时间	活动目标	活动内容	活动物资
7	9：30—9：45	回顾上节内容 介绍本节内容	丰收萝卜： 分享照料打卡表，鼓励老年人之间相互交流发表感受。	篮子、心情指数量表
	9：45—10：15	丰收采摘	带领老年人进行采摘，教导老年人正确采摘萝卜。	
	10：15—10：25	清洗萝卜	（1）工作人员协助老年人清洗萝卜的表层泥土。 （2）把萝卜交给餐饮部制作萝卜美食。	
	10：25—10：30	预告下节内容 约定时间	（1）告诉小组即将完结，下一节即是小组的最后一节。最后一节小组将会是总结分享会。 （2）心情指数评估。	
8	9：30—9：45	回顾上节内容 介绍本节内容	成果派对： 告知老年人此次已是小组的最后一节，处理离别情绪。	PPT、水果、萝卜糕、卡片10张、茶水
	9：45—10：10	成果派对	（1）播放小组照片视频册、暖场音乐。 （2）老年人轮流分享感受。 （3）品尝萝卜美食。	
	10：10—10：20	祝福寄语	（1）鼓励成员回忆在小组中令你最开心的一件事。 （2）派发老年人每人一张卡片，写上祝福寄语交给主持人。日后可用作成果展示。	
	10：20—10：30	大合照	（1）大合照。 （2）鼓励成员在结束后可继续进行植物种植。 （3）心情指数评估。	

（三）活动预算

序号	物资	规格	数量	单价（元）	小计（元）
1	营养土	600 ml/包	30包	6	180
2	方形种植盆	42.5 cm×19 cm×14 cm	5个	18	90
3	园艺工具套装	—	5套	10	50
4	一次性手套	—	1包	5	5
5	浇水壶	—	4个	16	64
6	园艺剪刀	—	10把	20	200
7	标签牌	—	20个	1	20
8	樱桃萝卜种子	500 g/包	1包	80	80

(续表)

序号	物资	规格	数量	单价(元)	小计(元)
9	有机肥料	—	5 包	12	60
10	透明花瓶	—	10 个	10	100
11	番薯	—	10 个	2	20
12	水培植物营养液	300 ml/瓶	5 瓶	8	40
13	雨花石	—	5 斤	10	50
14	九宫格木盒子	—	1 个	70	70
15	鲜花、植物	—	若干	1	50
16	干花	—	若干	1	50
17	香囊包	—	10 个	3	30
18	香草	—	若干	1	50
19	果皮、薰衣草	—	若干	1	50
20	卡片	—	10 张	5	50
21	不可预测费用				130
合计					1 439

(四)预期困难和解决方法

预期困难	解决方法
室外天气不可测。	每节园艺活动都在室内进行,种植后由工作者把盆栽搬到有阳光照射的地方。
对使用剪刀、耙子、铲子等利器有困难。	工作者要提前让老年人熟悉,了解每个工具的使用,在操作中要协助高龄老年人进行使用,并且要反复提醒老年人使用注意安全。在适当的时候提供帮助。
老年人中途提出退组的情况。	与要求退出的老年人进行深入的沟通,找出真实原因,并分析中途退组可能的影响,工作者也要尊重老年人自决权; 若沟通失败,工作者对其行为表示理解,并向其他老年人说明原因,安抚其他老年人的情绪。
在活动分享环节中,有老年人不愿意说话,不愿意与别人交流。	引导老年人发言,鼓励他们表达自己的想法,多采用开放式提问进行谈话。
如有个别老年人未能成功种植樱桃萝卜。	要鼓励他们不要放弃,要多做尝试,思考是哪个环节中有做得未够好的地方,累积经验,再次种植。

三、Dannenmaier(1995)12周园艺疗法[①]活动案例

12周后,采用 TSI(Test for Severe Impairment)评估,发现与对照组相比,在维持认知水平上,实验组在0.05水平上差异显著。研究认为采用园艺治疗对老年认知症康复具有明显效果。

周次	活动内容
1	老年人选择喜欢的种子及合适的花盆;
2	种蔬菜种子,制作标签并标记上各自的名字;
3	观察幼苗生长、浇水、调整光照;
4	将幼苗从小花盆移到大花盆;
5	观察植株的生长,分享植物的变化;
6	区分植物,并对植物的需求进行提问和回答;
7	介绍不同花,将香味与过去的经历联系起来;
8	区分植物叶形状及大小、触感;
9	通过观看水果和蔬菜的幻灯片进行视觉刺激;
10	浇花;
11	展示和品尝水果、蔬菜(如能收获种植成果更好),彼此感谢、庆祝;
12	对老年人喜欢和照顾的植物进行讨论。

任务拓展

实训指导

1. **职业情境:**
结合一线养老服务工作实践,如何将老年园艺活动的方法和要点结合起来?
2. **拓展学习:**
结合以下视频的观影体验,总结本项目的学习所得。
(1)纪录片《大不列颠园艺复兴》;
(2)纪录片《园艺世界》;
(3)纪录片《花开中国》;
(4)其他园艺种植视频。
3. **哲理文化:**
朗读下面这段文字,谈谈你的感受。
"观看植物的生长,我们见识到自然神奇与疗育的力量。花借由种子让自己获得永恒,生生不息的一再循环。自然懂得宽恕,一株植物死了,另一株植物可以取代它的位置。如果

[①] 1DANNENMAIER. HEALING GARDENS, LANDSCAPE ARCHITECTURE1995.1 85(1):56-58.

犯了错,自然教导我们如何避免重蹈覆辙,因为植物的生命循环启示我们生命更新的希望,以及重新开始的机会。"

——Mitchell Hewson(加拿大 Homewood Health Center)

4. 标准学习：

按照岗课赛证融通的理念,请查阅并对照养老护理员国家职业技能等级标准(中级)中应用园艺活动对失智老年人开展活动的相关要求,开展有针对性的学习。

项目十 老年艺术活动

情景聚焦

随着时代的发展,教育的普及,如今的老年人口文化水平逐渐提高,对于文化艺术的鉴赏能力也逐渐提升,为此,文化养老方式成为继康养结合之外的又一种养老诉求。文化养老是以老年人的物质生活需求基本得到保障为前提,以满足精神需求为基础,以沟通情感、交流思想、拥有健康身心为基本内容,以张扬个性、崇尚独立、享受快乐、愉悦精神为目的的养老方式。艺术活动是其中很受老年人喜爱的一类活动。一项观察性研究通过对 6 710 名 60 岁以上的英国老年人进行为期 14 年的随访分析[1],观察人们进行艺术活动的频率与死亡率之间的关系,得出结论:多参加艺术活动有助于老年人延年益寿。

任务目标

1. 知识目标:
(1) 熟知老年艺术活动的主要形式;
(2) 掌握艺术活动对老年人的作用。

2. 能力目标:
能根据不同的老年人需求策划与组织不同类型的艺术活动。

3. 素质目标:
(1) 具备较好的艺术审美素质;
(2) 具备优势视角,善于发掘老年人的资源、优势、能力。

任务要点

1. 重点: 创意美术和手势舞;
2. 难点: 灵活实施不同类型的老年艺术活动。

---

[1] 《喜欢艺术的人更长寿》,科学之友(上半月),2021(03)。

知识准备

1. 查阅"音乐治疗""美术治疗"的相关研究资料;
2. 了解"文化养老"概念的提出和内涵。

任务组织

任务一 认知老年艺术活动

一、老年艺术活动的定义

艺术活动既是人类的社会实践,又是以个体的艺术创造为基本表现形式的精神活动,它主要通过具体可感的审美意象、形象和意境来表达某种观念和情感,是一种以审美意象和形象掌握世界的方式,其形象及美感形式具有多义性。现代社会艺术渗透到方方面面,艺术不是只属于名家大师,也不只属于年轻人。

本书中的老年艺术活动是面向老年人开展,或老年人也能参与的,利用艺术媒介开展的活动。艺术活动为老年人提供了一种非语言的表达和沟通机会,老年活动对象通过接触艺术材料或艺术媒介,在体验、摸索、创造、呈现等活动中,真实地流露出自己的状态和情不自禁表达内心的感受,获得成就感和满足感,起到愉悦身心、提高审美情趣的作用。

二、老年艺术活动的分类

艺术的形式百花齐放,如绘画、摄影、书法、手工、剪刻、塑作、编织、雕镂、扎糊、染织绣、表演、器乐、声乐、文学等。本项目重点介绍美术和音乐这两类喜闻乐见、覆盖面广的活动类型。其余类型由活动工作者结合老年活动对象的具体爱好需求,链接场地、设备、师资等活动资源灵活开展。

(一)老年美术活动

美术是视觉的艺术,美术的语言一般由形状、线条、色彩、纹理等因素构成,通过各种各样的巧妙组合,创造出千变万化的视觉形象,表达丰富复杂的客观物象与思想情感。对于有些有语言功能障碍的认知症老年人来说,美术活动就是直接有力的图形"语言",能反映出无法用口头语言表达的生理、心理、情感、社交等需求。

1. 绘画艺术

绘画是一个从审美认识到审美表现,从艺术构思到艺术传达的过程。按工具材料和技法的不同,以及文化背景的不同,分为中国画、油画、版画、水彩画、水粉画等主要画种。以上画种,又依描绘对象的不同,分为人物画、风景画、静物画等。人物画又依据描绘题材内容的不同,分为肖像画、历史画、宗教画、风俗画、军事画、人体画等。有的老年人拥有多年美术功底,希望在老年阶段能继续爱好;有的老年人为了丰富生活或实现过去未能学习绘画的心愿,开启学习绘画之路。活动工作者可邀请相应的美术老师在社区或机构开设相应画种的绘画班、系列绘画活动等,满足老年人的这一需求。

2. 美术欣赏

美术欣赏是运用自己的视觉感知进行感受、体验、联想、分析和判断,获得审美享受,并理解美术作品与美术现象的审美活动。"一千个读者有一千个哈姆雷特",对于老年人来说,即便没有美术基础,但基于每个人过去已有的生活经验和文化知识,都能拥有自己的玩味、尝试、领略,内心产生喜悦的审美过程。活动工作者带领老年人欣赏古今中外的世界名画、雕塑、建筑等活动,邀请有鉴赏能力的老师予以指导,能够提高老年人的艺术素养,陶冶思想情操,开阔视野;也可以将美术作品欣赏与老年户外活动相结合,带领老年人们在旅游、参观中陶冶情操,感受艺术的魅力。

3. 创意美术

创意美术来源于儿童艺术教育,它是以绘画性游戏为载体,设计通过视觉、听觉、触觉和嗅觉等感觉器官,用颜料、树叶、沙石、纸片、布料、绳子等多样化的材料,活动主体发挥创意能力,尽情表达自己的想法,从而达到开阔思路和主动思考的能力。老年创意美术活动源自儿童活动,表现形式丰富,不拘泥于材料的限制,门槛低,对老年人没有专业的绘画功底要求,以运用所有可利用的美术材料表达自我为主要目的,使操作简单、易于学习、形式丰富,老年人容易上手,便于培养老年人的信心和成就感。

(1) 粘贴画

活动目的:带领老年人体验美术活动的乐趣,增加艺术审美能力,锻炼老年人的手部力量。

物品准备:树叶、粮食、碎布片、纸片、毛线、花瓣等素材,剪刀,胶水等。

活动规则:将各种废旧材料的小碎片,拼接、粘贴、制作成各种图案,装饰艺术品的活动。

图 10-1 树叶粘贴画　　图 10-2 豆豆粘贴画

图10-3　布艺粘贴画　　　　　　　图10-4　毛线粘贴画

（2）指印画

活动目的：让老年人感知丰富的颜色，受到良性的视觉刺激；鼓励老年人发现生活中的美和物化创造的能力，从而自我赏识。

物品准备：颜料、画纸、吸水海绵。

活动规则：把颜料调好，倒进吸水海绵，放在每张桌子上。用手指沾颜料，像盖印章一样的方式，印在图纸上，以各种缤纷颜色，创作自己喜爱的图画。

图10-5　指印画（花园）

（3）水彩吹画

活动目的：锻炼动手能力，培养创造力和想象力，加强肺活量，增加团队趣味性。

物品准备：水彩颜料、吸管、白色图画纸、碟子。

活动规则：

1. 将调好的水彩颜料放在碟子中，吸管剪成5厘米左右长；

2. 指导老年人，将吸管的一端捏住，用以吸取颜料；

3. 将吸管中的颜料滴到图画纸上，再用口吹吸管，将滴落的颜料吹出自然的图案。

图 10-6 水彩吹画(蒲公英)

(4) 撕纸画

活动目的:锻炼手部精细动作,培养创造力和想象力,提高认知能力。

物品准备:色纸、图案纸、胶水。

活动规则:将各种不同颜色的纸撕成小片,自由发挥创意,贴在图画纸上,构成一幅画。

图 10-7 撕纸画(春天)

(5) 涂色涂鸦画

活动目的:锻炼老年人对色彩、图形的认知能力;提高耐心和集中注意力,帮助老年人稳定情绪;改善认知功能。

物品准备:涂色卡纸(或待涂色购物袋、扇面等)。

活动规则:对认知能力和动手能力较好的老年人可以小组的形式进行涂色涂鸦活动;若是认知能力较弱的老年人,可在工作者一对一的引导下完成一幅简单的涂色涂鸦作品。

图 10-8 涂色卡　　图 10-9 购物袋涂色　　图 10-10 扇面涂色

(6) 沙画

活动目的:体验沙子的触觉刺激;锻炼老年人的想象力和动手动脑能力。

物品准备:无毒彩砂,沙盘,胶水或直接准备沙画模版等。

活动规则:

1. 由沙画师首先为老年人讲解简单的颜色搭配相关知识,并现场展示沙画的制作步骤及方法;

2. 老年人们根据"家乡"主题,结合自己的想法开始沙画制作,沙画师进行现场的指导;或是请老年人选择沙画模版,根据图示进行沙画的制作;

3. 每位老年人展示沙画作品,并合影留念。

图 10-11 沙画

图 10-12 彩沙模版

(7) 禅绕画

活动目的:集中注意力,舒缓压力。

物品准备:铅笔、黑笔、纸张等。

活动规则:

1. 活动工作者展示禅绕画的基本纹样;

2. 活动工作者指导画法;

3. 老年人体验缠绕画:一撇一捺,一横一竖,一支笔,一根线条。每个人都可以专注于每一个笔画,逐渐达到深度的专注。

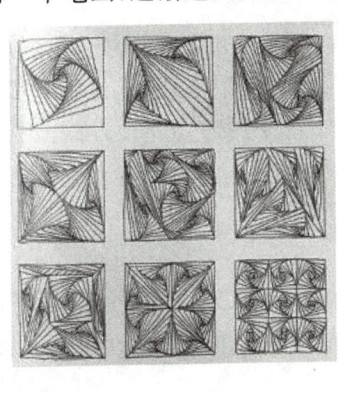

图 10-13 缠绕画

4. 线上美术活动

随着互联网的发展,加之全球疫情的蔓延,使得线上的艺术文化平台发展迅速,人工智能应用下的老年艺术活动也有了更多的选择。老年人不仅可以在互联网上跟着老师在线上学习绘画知识、锻炼绘画技法、以作品会友,还可以相互分享自己的喜乐与成长,丰满自己的内心世界,拓展中西方美学的知识,从而成就晚年的美好生活。例如,"艺术夕阳红——中老年中国书画艺术体验课",课程内容在腾讯微课堂和抖音直播平台对外公开授课,实现了老师与老年学员的"零距离"互动。还可以将线上的绘画、涂色、拼贴画与传统的线下美术活动形式相结合,增加美术活动的趣味性。

(二) 老年音乐活动

1. 老年合唱活动

合唱是一项集体的艺术活动,起源于欧洲,至今有一千多年的历史。人们用最广的音域、最大幅度的音量变化能力、最丰富多彩的音色,加上丰富的多声部的和声效果,共同创造了最美最和谐的声乐作品,给人以美的享受。

老年人参加合唱活动好处很多:

(1) 有利于生理健康。歌唱中的腹式呼吸训练,可以增加肺活量和控制力。使体内的五脏六腑及共鸣体都得到运动,对肌肉、呼吸、心血管系统都是很好的锻炼。经常唱歌可使老年人在记忆力方面受到较好的锻炼,合唱作品涵盖着很多音乐知识,"强迫"老年人调动全身力量来思考,包括自己声部的各种问题:发声位置,旋律、节奏、力度、歌词的咬字等,对老年人不只是一种考验,也是一种难得的锻炼机会,将衰退的记忆力重新开始高强度的运作。

(2) 有利于心理健康。歌曲中有不少赞美祖国、歌颂新时代、怀念家乡、欣赏大自然的歌曲,听它唱它,都能心旷神怡,培养审美情趣。合唱中的排练和演出需要成员全神贯注地投入,老年人沉浸在优美柔和的旋律中,暂时忘记心中的杂念和烦恼、痛苦,演出的成果也使老年人收获了成功的喜悦。

(3) 有利于社会支持。合唱需要很多成员长期排练,才能合作完成。合唱是一条纽带,将许多有着共同音乐爱好的老年人通过合唱的形式紧密连在一起,在音乐团体中发现友谊,增加社会支持关系。老年人互相分享彼此的生活,分享快乐,也为他人排忧解难。

2. 老年舞蹈活动

生命在于运动,但是对老年人来说能够随时随地开展的体育项目并不多,因此相对节奏舒缓、方便进行的广场舞活动成了许多老年人们的选择。作为活动策划者,可以在场地安排上尽可能地协助老年人,避免社区矛盾;还可以策划举办多种形式的文艺汇演、舞蹈比赛等活动,让老年舞者有展示的机会,甚至可以在活动中邀请专业的舞蹈老师为老年人进行相对专业的指导,提高老年人的艺术表现力、感染力和审美情趣。

3. 老年器乐活动

老年器乐活动是指老年人运用各种乐器,如电子琴、吉他、琵琶、二胡、笛子等乐器开展强度适中的器乐演奏活动,可以是针对不会某种乐器的老年人开展器乐学习活动,也可以是老年人的器乐演奏活动;可以独奏,也可以是集体合奏。

适宜的活动量可以帮助老年人增强体质,学习音乐、演奏器乐、合奏协同离不开大脑的思考,也帮助了老年人保持更好的脑力思维状态。老年器乐活动重在过程,培养兴趣,陶冶情操,改善心境,促进交流;也应注重多提供集体形式的器乐演奏,例如:合奏,多重奏等形式,加大老年人之间的相互交流,培养团队意识,增强自信心。

4. 音乐照顾活动

Music care(音乐照顾)起源于日本,距今已有70多年的历史。Music care是已故的加贺谷哲郎先生在多次现场活动中研发出来的一种方法。它是一种身体活化的媒介与心灵成长的催化剂。带动者运用手摇铃、响板等器材和身体语言,配合优美的音乐,给活动者带来身心双方面的刺激,引发内在的情感并传达,进而达到增进彼此关系、安定情绪、训练身体机能等效果。根据多年的本土化实践经验,老年人对于"音乐照顾"的反馈颇佳。工作者根据老年人的身体情况,选择适合他们并极具趣味的曲目进行带动,近年来更是创新了《北京的金山上》《打靶归来》等极具中国特色的音乐照顾曲目。"音乐照顾"任何人都可以参与其中,听力不佳的老年人,可以跟随工作者的动作去做;视力不佳的老年人,可以跟着音乐的节奏去做;行动不佳的老年人,也可以在工作者的帮助下完成。可以说,任何人都在"音乐照顾"中活出自我、自信。通过音乐照顾活动,老年人不仅聆听了美妙的音乐,也增进了与工作者、其他老年人的感情,更重要的是活化了身体的机能,愉悦了心情,增强了自信,真正实现了悦养晚年。

图10-14 音乐照顾线上动画

5. 音乐欣赏活动

音乐欣赏,一般指通过聆听音乐作品,获得审美享受的音乐活动。在反复的听赏过程中去理解音乐积累一些关于音乐节奏、旋律、特点等音乐元素的认识。欣赏过程中,能随着熟悉的歌曲或乐曲哼唱,或在体态上作出反应;能听辨不同类型的女声和男声;听辨常见的中国民族乐器和西洋乐器音色;能听辨音乐中的不同情绪;分辨不同地区和民族的民歌、民间歌舞、民间器乐曲和戏曲、曲艺音乐等,感受一些国家和民族音乐的不同风格……音乐欣赏活动可充分运用多媒体设备、乐演奏,由专业音乐老师带领老年人按照整体感受——分段理解——艺术同构——创造表现的过程感知音乐的美,提高音乐欣赏能力。

6. 音乐游戏活动

音乐游戏是在歌曲或乐曲的伴奏下进行的游戏,游戏中的动作符合音乐的内容、性质、节拍、曲式,并有一定规则的活动。活动中可以让老年人用肢体感知音乐,用心灵触碰音乐,在游戏的过程中去体会音乐;通过游戏的方式使老年人快乐的感知音乐,培养想象力、提高审美力、萌发创造力,促进老年人身心的发展。探索音响与音乐,能够自制简易乐器,能够运用人声、乐器声及其他音源材料表现自然界或生活中的声音,例如"水杯演奏"音乐游戏,指导老年人用筷子将不同水位的水杯敲出声音,应和节奏,甚至是构成简单的旋律。

图 10-15 "水杯演奏"音乐游戏

7. 手势舞

老年人集体表演手势舞也是目前养老机构新兴的音乐活动形式,在网络上受到广泛传播与效仿。该舞蹈用手来表现节奏,创编同歌曲情绪一致的律动或手势,节奏感强烈。有些机构的老年人每天一起练习网络火热的手势舞,像年轻人一样,学习新的技能,整齐划一的动作和卡点音乐节奏为机构老年人的平凡生活增添了不少欢乐和充实。热爱让生活处处都是舞台,高龄老年人、轮椅老年人同样可以加入手势舞的活动中来,工作人员还可为老年人们记录下欢乐的时刻,发送给老年人的家属,分享这份快乐,展示老年人的能力;或在征得同意的情况下上传到网络平台,如若获得广泛点赞或转发,老人们更会受到鼓舞,获得成就感。

图 10-16 冬奥会主题曲手势舞

三、老年艺术活动的作用

很多人认为艺术是高雅的、小众的,是"阳春白雪",但更多专业人士倡导,艺术不应该是一小群人在书房和美术馆里研究的意识形态,而是应当进入到我们普通人的日常生活中,变成提升国人审美的重要组成部分。艺术活动从生理、心理、社会等方面对老年人发挥了重要作用。

1. 丰富精神世界

老年人大多退休在家,深居简出,接触外界有限。通过参与艺术活动,充实日常活动,培养艺术感悟力和审美能力。同时,艺术的学习与创造需要来自大脑的思考,而思考则源于对经验、历史、感知、世界等信息的综合反思,对于老年人来说,不缺乏的是阅历、感悟、人生,因此,对于老年人来说,艺术作品、艺术形式可以解读出更为丰富的理解、认识、感悟,丰富老年人精神世界。

2. 预防老年疾病

中医讲究"七分静,三分动",不管是美术类活动还是音乐类活动,较多的艺术活动都强调动静相宜,是一门身体与大脑平衡,手眼一致、动静结合的活动,这种活动对平衡身体机能、促进健康、防治疾病有着辅助作用。例如器乐的演奏活动运动量适度、强度适中,演奏器乐主要强调操作性、技巧性、协调性,而非体能的持久性、动作的力量性,是老年人完全可以胜任的。适宜的运动量也可以帮助老年人增强体质,学习音乐、演奏器乐、合奏协同离不开大脑的思考,也帮助了老年人保持更好的脑力思维状态。

其次,适当的活动量对防治骨骼、肌肉、心脑血管疾病具有防治效果;集体活动及交流增加也对防治老年失智症,对抑郁症、焦虑症等精神类疾病具有一定的干预作用。正如一位参加绘画活动的老年人所言:"我在画画的时候就觉得自己心情好了,人也年轻了。边画画边听音乐,既养生也养心。"

3. 增强成就感

艺术活动有助于老年人增强成就感,找到自己的人生价值。例如,老年美术活动一般会形成活动的成品,老年人不仅享受到过程,看着自己或独立或合作而成的作品也会收获满满的喜悦和价值感。再比如,老年人在参加一些艺术类文艺汇演活动时,在社区或者一些其他公共场所表演的时候,老年人会看到同龄人、亲朋好友、邻居对自己投来羡慕的眼光、镜头的聚焦以及阵阵的掌声,自然而然地产生强烈的自身价值感和深深的成就感,感受到艺术表演是一件让人自豪不已的事情,甚至是一项既有使命感又有成就感的老年事业。

4. 改善生活质量

老年艺术活动旨在探索改善老年人精神世界,通过丰富精神世界,改善老年人的生活质量,减轻家庭负担,助力社会和谐。老年艺术活动走进老年人的生活,滋润着老年人的心灵,丰富着老年人的情感,是推动基层老年文化的蓬勃开展,营造欢乐祥和、健康文明的社会文化氛围,加强我国老年人精神文化生活建设的有益形式。

任务二　老年艺术活动的要点

一、老年艺术活动的策划

(一) 以人为本,按需活动

在策划老年艺术活动前,活动工作者需要对老年活动对象的需求进行充分的调研。在社区和养老机构都可设计针对性的问卷或通过访谈、日常观察等方式,了解老年人的兴趣爱好和能力,策划符合活动对象需求的艺术活动。例如有些老年人对高雅艺术感兴趣,有些喜欢传统艺术文化,有些比较能够接受脍炙人口的网络歌曲……再比如,有些老年人对于参加老年艺术活动的期待是能够学习一门艺术,有些只是期待能够丰富业余生活,有些希望通过参加艺术活动结识更多的同辈人,增加邻里交流;老年人对能够参加的艺术活动形式也有所不同,有些希望能够有机会观看文艺演出、聆听艺术讲座,有些希望能够参加艺术培训,有些则希望能够登台进行文艺演出……活动工作者要坚持以老年人为本的原则,对不同需求的活动对象开展适宜的艺术活动。

(二) 评估能力,分类活动

不同老年人的身体素质、社交能力、情绪行为能力、认知能力、学习能力等方面都有不同;老年人的定向能力、辨别能力、专注能力也有差异;低龄老年人、中龄老年人、高龄老年人也有着不同的特点和能力的差异;同时,老年人也有着不同水平的艺术修养,他们的艺术创作和艺术欣赏水平、艺术知识和技能状况都不尽相同。因此,在策划和开展老年艺术活动前,还需要对活动对象进行充分的能力评估,分类开展艺术活动。例如,对于没有任何音乐基础的老年人直接安排登台演出的艺术活动形式,对老年人来说可能带来焦虑和不安,而如果循序渐进,让零基础的老年人从较容易入门的艺术活动形式入手,让其有不断学习、不断提升的机会,则可能给老年人带来成就感和满足感;同样,如果老年人已经拥有某一艺术技能,策划活动时可更多地考虑能够有机会让老年人展示性的活动,这样可以体现老年人的艺术价值,获得个人价值感和成就感。再比如,对于活动水平较高的老年人可以进行更为创新性和高阶的艺术活动,而对于高龄老年人、认知症老年人或身体功能障碍的老年人,则可采取小范围的团体甚至一对一的个别化艺术活动,让老年人在能力范围内也可以享受到艺术的魅力,舒缓压力,激发老年人的参与兴趣,唤起他们对艺术活动的热情,同时兼具康复性训练的功能。总而言之,老年艺术活动的特点是以娱乐性和兴趣性为主,在活动中工作者要善于引导和挖掘、培养老年人的艺术兴趣。

二、老年艺术活动的组织

艺术活动的组织比较特殊,往往需要相关专业师资,因此工作者要具备链接资源的能力,有时在老年人群体中就可找到相关师资,正好可以借此培养活动领袖人物,提升老年人的价值感。组织艺术活动也可能是长期有计划性的,如老年大学中的合唱班、书画班,社区中的音乐照顾等,需要工作者对活动有计划地安排。工作者还需要对每一次活动的流程、活动场所的安排、活动物资的准备等都做到精益求精,要能够尊重老年人自己的想法,能够真诚地欣赏老年人的艺术作品。另外,艺术活动需要不少的设施设备和耗材,工作者还应进行科学有效的管理。

任务三　老年艺术活动的案例

一、老年唱红歌活动方案

(一)活动目的

1. 帮助老年人发掘、培养兴趣爱好;
2. 促进老年人的交往能力,为老年人提供重要的社会活动和人际交流的机会;
3. 有利于老年人充分利用业余时间,在生活中感受音乐的美。

(二)活动前期准备

1. 一台电脑、投影仪、音响以及话筒;
2. 准备好活动中需要用的音乐、放大的乐谱、歌词等;

(三) 活动流程

1. 破冰游戏：温暖拥抱

规则：需要10个以上的老年人参加，老年人绕成一个大圈，播放背景红歌音乐，顺时针绕着走，准备就绪后，主持人在游戏开始后说几人抱成团，例如"几人抱啊，几人抱啊——五人"听到指令后，老年人五五抱成团，若有未抱成团落单的老年人，分别唱一首或一段红歌。

2. 识别红歌

工作人员事先准备一些纸条，在纸条上写下大家熟悉的歌词（例如：《十送红军》一送里个红军，介支个下了山 十万红军泪汪汪 恩情似海不能送红军啊），每首应有高潮部分，让老年人更加能够辨别出来。

接着请每位老年人抽签，每张纸上面写有一句两句歌词，每个人轮流有序地把自己抽到的歌词说出来，会唱的大声唱出来。在规定时间内老年人们互相寻找同一首歌的小组伙伴。各组尝试说出组合红歌的歌名。

3. 学唱红歌

工作人员依次播放活动中出现的歌曲，让组员跟着卡拉OK学唱，中间合唱，最后赛歌，将气氛推入高潮。

4. 发放奖品

每位参加活动的老年人获得《红歌宝典》CD碟一套。

二、"音为有你"音乐照顾展示活动

(一) 活动目的

提高机构老年人的身心健康状况，实施老年精神关爱。

(二) 活动主题

"音为有你"

(三) 活动时间

一小时

(四) 活动地点

养老机构活动室

(五) 参加对象

半失能、高龄和自理老年人20人（半年来多次参与音乐照顾活动，有一定经验）、相关人员：音乐带动师3~5人，半失能、高龄老年人的护理人员。

(六) 活动流程

1. 开场：老年人、护理者与音乐带动师一同合奏《rock around the clock》，时间：8分钟。
2. 实务带动，时间：40分钟。

第一首带动曲目：《美国巡逻队》

第二首带动曲目：《波斯市场》

第三首带动曲目：《桂和大桥》

第四首带动曲目:《北京的金山上》
第五首带动曲目:《学习雷锋好榜样》
第六首带动曲目:《带你去旅行》
第七首带动曲目:《蝴蝶泉边》
第八首带动曲目:《弯弯的月亮》

3. 音乐照顾分享

(1) 带动师分享音乐照顾过程中的故事。

(2) 老年人代表分享参加音乐照顾活动的感受。

4. 领导致辞、结束

三、《渔舟唱晚》音乐欣赏活动

(一) 活动目标

1. 通过多种途径,感受音乐的美;
2. 感受和理解速度变化与乐曲性质的关系,提高音乐欣赏能力;
3. 能创造性地表现音乐的美。

(二) 活动时间

1小时

(三) 活动地点

养老机构活动室

(四) 参加对象

对音乐感兴趣的老年人

(五) 活动准备

1. 多媒体课件《渔舟唱晚》。
2. 古筝一架,老师熟练弹奏乐曲。
3. 各种小乐器及纱巾、彩带等。

(六) 活动流程:

1. 整体感受部分

古筝是中国古老的民族乐器,距今已有二千五百多年的历史,因为古筝音色悦耳动听,所以深受人们喜爱。完整欣赏乐曲《渔舟唱晚》。提问:听着这美妙的音乐,你想到了什么?

2. 分段理解部分

(1) 老师完整弹奏乐曲,带领老年人进一步完整欣赏,为乐曲分段。

(2) 分段欣赏,跟着乐曲打节拍,感受乐曲速度的变化。分辨乐曲三部分特点:先缓慢优美,然后逐渐加速,最后回到缓慢优美。

(3) 结合多媒体课件,再次完整欣赏乐曲,充分感受乐曲的美。

3. 艺术同构活动

(1) 借助多媒体课件听第一段音乐,找找哪张图给人的感觉和第一段音乐给人的感觉差不多？为什么？

(2) 听第二段音乐(同上)。

4. 创造表现部分

(1) 简单介绍小乐器和舞蹈道具,请每位老年人选一件自己喜欢的道具。

(2) 自由讨论。请拿相同道具的老年人围在一起,试一试怎样使手里的道具随音乐发出优美好听的声音？有几种方法？拿丝巾类材料的老年人试一试优美缓慢的音乐怎么表现？逐渐加快的音乐怎么表现？

(3) 老年人大胆地、创造性地表现音乐的美。

四、创意音乐活动

(一) 活动主题

在钟表店里

(二) 活动目标

1. 通过音乐游戏,引导老年人感受乐曲欢快活泼的情绪。
2. 培养老年人对欣赏音乐及表现音乐的兴趣。

(三) 活动对象

对音乐感兴趣的老年人或需提高认知能力的老年人。

(四) 活动准备

1. 已带领老年人观察了各种实物钟或各种钟的图片。
2. 根据乐曲旋律绘制的图谱一幅。
3. 各种小动物钟头饰(与老年人人数相等)。
4. 自编小故事《在钟表店里》。
5. 能够播放音乐的多媒体设备。

(五) 活动过程

1. 出示图谱讲述故事《在钟表店里》。
2. 完整欣赏,引导老年人初步了解乐曲旋律及结构。
3. 分段理解,感受其音乐形象,爷爷奶奶随乐表演。
4. 整体欣赏,完整表演：爷爷奶奶们自选一种自己喜欢的小动物钟头饰,随乐完整表演,进一步感受音乐形象,理解音乐作品。
5. 随音乐放松,结束。

五、"禅心画旅"创意美术活动

(一) 活动主题

"禅心画旅"走进空巢老年人

(二) 活动目标

1. 让绘画零基础的社区空巢老年人体会艺术的魅力;

2. 丰富空巢老年人生活，改善空巢情绪，满足精神需求；
3. 增强空巢老年人对美好生活追求的信心和幸福感。

（三）活动对象

社区空巢老年人 10 人

（四）活动准备

1. 邀请禅绕画老师，提前确认好时间；
2. 提前招募活动参与对象，根据人数确定和安排好活动场地；
3. 准备绘画所需的画纸、签字笔等物品；
4. 有条件的机构可准备可投放老师手部动作的多媒体设备；

（五）活动过程

1. 禅绕画老师对图样进行详细的讲解；
2. 老年人们自行绘制禅绕画，老师进行个别化指导；
3. 禅绕画老师对老年人们实际的绘画难点进行详细讲解；
4. 为每位老年人与作品拍照留念，集体合影。

六、老年人户外写生活动策划

（一）活动主题

"寻找春意盎然的春天"

（二）活动目标

1. 激发老年人的绘画热情和灵感，陶冶情操，提高审美情趣；
2. 带领老年人在户外活动中亲近自然，呼吸新鲜空气，感受快乐的氛围和自由的空间，享受大自然的美好。

（三）活动对象

养老机构中愿意参与户外写生的低龄自理老年人。

（四）活动地点

市民公园

（五）活动准备

1. 制订活动方案，协调车辆及场地事宜；
2. 在机构宣传动员，确定参加人员数量；
3. 机构工作人员要明确分工职责，协商分配好各项工作；
4. 准备户外写生活动需要的材料，如美术用具：速写板 12 个、黑色记号笔、水彩笔若干、A4 画纸及彩色卡纸若干；引领旗；后勤准备：卫生纸、垃圾袋、大编织袋、小蜜蜂扩音器、野餐地垫等生活用品；
5. 召开活动前安全教育会议，向老年人传达活动安全意识；
6. 向参加活动的老年人发送温馨提示：根据天气穿适当的衣服、运动鞋等。

（六）活动过程

8：30 在机构大厅由工作人员清点人数后出发；

9：00 左右到目的地，整队后入园；

9：00—10：30 选择适合的草坪进行写生活动。

10：30—11：00 南门集合，合影留念。

11：10 返程，活动结束。

（七）注意事项

1. 开展户外活动尤其需要注意老年人的安全问题，提前看好天气预报，做好充足的准备工作。

2. 活动过程中工作人员需要认真负责，及时关注到有特别需求的老年人（如想要上洗手间的老年人）。

七、手势舞——外婆的澎湖湾

（一）活动主题

外婆的澎湖湾

（二）活动目标

1. 让老年人体会音乐舞蹈的魅力；

2. 用耳熟能详的童谣唤起老年人对童年的回忆；

3. 锻炼老年人的四肢能力，促进认知功能改善；

4. 丰富机构老年人的生活，增加快乐感，满足精神需求，真正做到老有所乐。

（三）活动对象

机构老年人（高龄、轮椅老年人也可参加）20人。

（四）活动准备

1. 提前设计编排好手势舞蹈，工作人员需要对手势舞非常熟悉；

2. 提前招募活动参与对象，根据人数确定和安排好活动场地；

3. 准备音响、小蜜蜂等设备确保活动效果。

（五）活动过程

1. 邀请老年人入座，工作者暖场，播放《外婆的澎湖湾》并演示手势舞；

2. 工作者分步骤教老年人做手势舞蹈动作；

3. 根据音乐分段、放慢节奏带领老年人体验手势舞；

4. 在老年人相对熟悉的情况下，带领老年人尝试根据完整的音乐做手势舞动作；

5. 全部动作熟练排练几次后，工作者录制视频，记录下每个老年人快乐的动作和笑容，并发送给老年人的家属，分享这份快乐。

（六）注意事项

1. 手势舞的节奏偏快，工作者不能急于求成，可放慢节奏指导；

2. 工作者需要关注到个别有困难的老年人，及时给予个别化指导。

任务拓展

1. 职业情境：

结合养老机构实践经验，策划一次文化艺术月活动。

2. 审美文化：

搜索古今中外的艺术作品及其介绍、了解不同的艺术表演形式等，能够欣赏、品味或领会事物及艺术品的美，提高审美情趣。

3. 前沿应用：

（1）"云展览"——线上看展

由中国美术馆、木木美术馆等8家艺术机构与抖音联合发起了"DOU来看展"主题活动，将涉及敦煌、达·芬奇、拉斐尔、埃利希等主题的展品，以抖音的短视频、特效和直播进行线上展出，便利大众观展，丰富展览内涵。

（2）VR展厅——第十三届全国美术作品展览中国画作品展

网页端地址：http://www.sdam.org.cn/art/2020/9/3/art_106087_9756245.html

4. 延伸学习：

观看小红书App"恒康养老服务中心"发布的养老机构中的老人们跳着各种形式的手势舞，为什么手势舞可以给老人们带来如此大的快乐？这种类型的活动对老人们还有哪些功效？对我们的老年活动创新有什么启发？请进行思考和总结。

实训指导

项目十一 老年学习活动

情景聚焦

"老有所学"是在终身教育理念指导下提出的。一方面需要通过社会创造大环境、政策保障、提供支持等积极条件予以满足,另一方面也要通过老年人的自身努力去自我创设和积极开拓。老年人参加学习活动,一是为了满足自身需要动机,如满足自己多年的兴趣爱好、满足强身健体、满足摆脱寂寞、结交朋友需要或者满足当前为解决具体问题的需要;二是为了自我实现动机,如想成为一个学识渊博,见多识广,跟上时代的现代老年人,期望进一步深造和研究,提高自身素质等。老年人有学习的动机,活动工作者理应有责任有担当,努力为老年人实现终身学习的美好愿望。

任务目标

1. 知识目标：

(1) 掌握老年学习活动的类型；
(2) 充分认识老年学习活动的作用；
(3) 熟知开展老年学习活动的要点。

2. 能力目标：

针对不同活动对象的需求实施不同类型的老年学习活动,能进行活动创新和拓展。

3. 素质目标：

(1) 培养对老年人的同理心、爱心与耐心,体现人文关怀；
(2) 树立热爱学习、终身学习的理念。

任务要点

1. **重点：** 开展老年学习活动要点的理解和应用；
2. **难点：** 灵活实践不同类型的老年学习活动。

知识准备

1. 查阅国务院办公厅印发的《关于切实解决老年人运用智能技术困难的实施方案》

(2020年11月),查阅"老年人信息素养"的相关资料;

2. 查阅国内外老年大学的资料。

任务组织

任务一 认知老年学习活动

一、老年学习活动的定义

老年学习活动指老年人以积极、主动的姿态参与,学习新知识、新技术、新方法,获得老年生活所需的知识、技能、态度等信息,培养自身兴趣、爱好,发展自身特长,从而能轻松愉悦、有价值地度过晚年生活。从这个定义可以衍生出老年学习活动的几个特点:

其一,老年学习是一种生活方式。老年学习既可以看成是一种教育范畴的活动,更可以看成是老年人生活范畴的活动。当老年学习者能够积极融入学习实践中时,表现了老年学习者强烈的学习意愿和积极乐观的生活态度。学习成为晚年生活的一部分,老年人会把学习活动从学校延伸到家庭、社区及社会生活等空间里。

其二,老年学习强调活动的主体性意识。对于老年学习者而言,社会发展与竞争的压力对他们已经不再起作用。作为已经离开了社会职业生活的老年人,他们参与学习更多是自身主体意识的驱动力在起作用,是一种基于个体自发的意愿与行为。

其三,为了满足老年学习愿望而提供的教育活动,称之为老年教育。它是整个教育事业的一个组成部分。老年教育不是为职业生涯做准备,也不是职业培训,而是根据老年人的生理和心理特征进行的一种特殊教育,常见以老年大学、社区大学为载体。

二、老年学习活动的分类

依据老年人的主要学习需求,常见的老年学习活动大致有以下几种类型:

(一) 学习文化

老年人的文化程度差别较大,组织学习活动要注意老年人的同质性。文化水平较高的老年人可组织"阅读分享会""百家讲坛""诗词鉴赏""英语对话"等活动;文化基础较低的老年人可组织"识字写字""民间谚语""故事大王"等活动。

(二) 学习保健

身体健康是老年人最重要的诉求。老年人为了强身健体、治病防病,会主动学习常见疾病预防、自我健康管理、营养配餐知识、突发疾病紧急处理等。但是网络健康信息和民间偏方往往鱼龙混杂,老年人难以甄别。组织社区健康讲座、营养餐烹饪、健身操训练等活动,是较有指导性的活动。

(三) 学习交往

主要是指学习结交新朋友、人际关系沟通、礼仪常识,了解后辈、孙辈的心理及行为特征,学习与夫妻、隔代、家庭、社群的相处互动技巧等。有利于积极应对老年心理健康问题及需求,助力其养成乐观健康的心态,更好地适应离退休生活,妥善处理人际关系。

(四) 学习信息

随着人工智能、大数据等新一代信息技术快速发展,在线预约挂号、扫码支付、网约车出行等新业态、新模式竞相涌现,在给人们生活带来极大便利的同时,也给一些老年人带来了新的烦恼。通过组织学习智能手机、微信课堂、自媒体等活动,老年人们能拉近与新时代"数字鸿沟"的距离,享受科技进步带来的便捷,便于与家人远距离互动以及网络服务与交流,从而感受现代科技带来的便利。

图 11-1 智能手机学习

(五) 学习技能

这里的技能指除了老年人为了更好地适应现代生活的必备技能。每位老年人的需求不同,包括日常生活的处理能力、居家环境安全、消防安全、经济财务处理、防骗诈手段等等,也包括信息技术学习。

(六) 学习兴趣

指为了满足或培养老年人的各类文体兴趣、爱好,如唱歌、舞蹈、绘画、书法、钢琴、手工、园艺等学习活动。在老年大学、社区、机构中这类学习活动的比例居多,对于丰富老年人的晚年生活,激发老年人对生活的乐观态度,形成志同道合的朋友圈都有积极的作用。

二、老年学习活动的作用

(一) 促进身心健康

身体机能的衰退是老年人随着年龄的增长而出现的身体变化现象,人们无法阻止这种衰退现象的出现,但是可以通过多种途径了解这种变化规律,并采取积极措施减缓这种变化的发生。通过学习健康知识,不仅可以帮助老年人及时了解不同年龄阶段的身体变化规律,还可以帮助老年人增强对身体机能的有意识的维护。退休是老年人社会功能的重大转变,在给老年人带来轻松的退休生活的同时,这种生活方式的转变作为一种应激源,会导致老年人产生焦虑、失眠与孤独、自闭。而常在集体中参加老年学习活动能帮助老年人更多地参加社交活动,有利于减轻退休带来的焦虑与失眠等负面情绪。

(二)融洽家庭关系

处于老年生活世界的社会个体不仅需要关注自身的物质生活保障与精神生活质量,还需要关注他们的老年家庭生活质量。通过学习夫妻、家庭相处之道,能融洽家庭生活关系;通过参与各类兴趣学习,能丰富他们的家庭生活内容,提升晚年家庭生活质量。

(三)改善精神生活

不同历史时期、不同身份背景、不同年龄阶段的人对精神生活的理解与感悟都不尽相同,其精神追求还会随着社会的发展而不断变化。即使是同一位社会个体,处于不同的生活背景下,对兴趣爱好、文化素质、生活情趣等方面的追求也会有所不同。兴趣爱好广泛、人生经历丰富、个体追求丰富的人,精神生活一般会相对更充实。对于老年人,他们的兴趣爱好、人生经历与人生追求可能并不相同,但是,他们对幸福晚年的追求却都是一致的。通过老年学习可以拓展他们的生活兴趣、可以丰富他们的人生经历、也可以提升他们的生命价值。这些方面的发展与改变不仅会给他们带来美好的晚年生活方式,还会给他们带来快乐的精神生活体验。

(四)接轨当下社会

对于老年人来说,他们所处的是一个既熟悉又陌生的社会生活环境。熟悉是因为他们已经在这个社会生存了很多年,人类的社会实践活动他们也有了很多体验。陌生是因为进入了老年生活环境,生活方式的改变让一切又变得那么陌生,有些方面甚至难以理解。通过参与活动,与社会、他人增加了交流交往,不仅让老年人学会了积极面对,与当下自己所生存的社会环境接轨,学会了新技能、新方法,也让他们对生活更有控制感。

(五)实现自我价值

老年学习的过程是一个对知识、技能与社会情感的积累与再认知过程。年龄增长带给老年人的心理焦虑会使老年人丧失自信,而参与老年学习、融入更多人的学习实践活动中,可以使老年人在身处急剧变化的社会与即将老去的年龄的困惑中找回自信心,轻松愉快地面对老年生活。

任务二 老年学习活动的要点

一、挖掘多样的学习需求

人的性格各不相同,有内向孤僻的有外向开朗的,有喜静的还有好热闹的。性格内向、好静的老年人,有书法、画画、下棋、种花养鱼等修身养性、陶冶情操的活动可以考虑。如果耐心好、双手灵活,宜选择泥塑、编织、雕刻、篆刻等专业性较强的项目。性格开朗、好热闹的老年人,唱歌、跳舞、打球、摄影、模特表演等活动都是不错的选择。想提高老年人继续学习和长期学习的热情，活动工作者要善于在传统的教学内容之外，求新求变，在聆听、挖掘老年人更广泛的学习需求基础上，阶段性增加新鲜的课程，也可以根据优质的师资，如非遗大师等资源，开发地方化、特色性的学习课程，培养老年人的学习需求和学习兴趣。

二、打造宽松的学习环境

老年人的生活节奏通常比较慢，日常要处理的事情比较零碎，随机性较强。实施老年学习活动时，应根据老年人学习的特性，不用过于苛责缺勤、迟到、早退等传统教育严明的学习纪律，尽量形成宽松而不是严肃，开放而不是封闭的学习气氛，维护老年人的自尊心，在轻松愉快而又丰富多彩的活动中实现老年人有所学的教育目的。

三、制定合理的学习计划

老年人的学习虽然不是正规的在校教育，但有些老年人存在三天打鱼两天晒网的习惯，看别人做什么就学着做什么，很难坚持下去。建议活动工作者要制定科学合理、有规律的课程计划，并向老年人适当收取低廉的学费，帮助老年人持之以恒地学习。只有坚持学习，老年学习者才能够逐渐体会到其中的乐趣。老年学习活动是以学习为过程，也以老年人有所得为主要的目的之一。但是由于老年人相对年轻人来说，记忆力下降，接受新事物的能力变慢，不善于同时处理多种任务，因此活动工作者在制定周期性授课计划时，应妥善根据学习对象的特点、基础，合理分配学习时段、设定可行的学习目标。每次学习活动以一项任务为主，节奏放慢，注意复习巩固。

四、善于肯定鼓励学习者

在学习的过程中，即便只是取得一点进步，活动工作者也要及时鼓励、肯定老年人。鼓励是具体的，不是空泛的，针对某个具体的行为或结果。例如，学习写毛笔字，今天有个字写得比昨天好，可以采取一定的形式奖励。有条件的话，也可以将这个字拍成照片发到朋友圈，张贴在活动教室，或者为老年人专门举办阶段性成果展示会，让老年人获得来自朋友、家人和自我的肯定，更有信心参加持之以恒的学习。

五、营造和谐的学习社群

有一群志向或情趣相同的老年人共同学习，就是老年学习社群。可以社区为基础，也可以建立的班级为基础，形成学习共同体。学习活动成员以互助精神为纽带，充分协商、自主自愿，以非正规的形式参与集体性学习。团队学习的形式更有利于老年人满足情感需求、肯定自我价值，提升学习的效果和持久性。如果这个社群有组织能力强的群众领袖，则可以自治自理，活动工作者必要时提供支持。如果暂时还没有社群，或社群初步成立，活动工作者则承担组织管理、资源链接、制度建设、课程发布等一系列工作。

任务三　老年学习活动的案例

一、"学无止境"读书活动

（一）活动背景

清代文学家张潮在《幽梦影》中说："老年读书，如台上玩月，皆以阅历之浅深，为所得之浅深耳"。老年读书，如台上玩月，是指老年人的视野开阔，经历了人生，读书时想的东西更多，把知识都掌握在手中，对人生有了自己的看法。

（二）活动目的

1. 读书可以提高层次，提升综合素质，"腹有诗书气自华"。
2. 读书利于用脑、抗衰老，增强记忆力，保持接受新事物的灵敏度。
3. 获得新技术、新信息、新知识，与时代接轨。
4. 打发时间、排解寂寞、沉静内心、愉悦身心。
5. 增进老年人之间的交流，多结交朋友。

（三）活动准备

准备充足的阅读书刊（包括阅读报纸、杂志、书籍、画报、健康宣教书籍或手册等）和笔、笔记本等。

（四）活动计划

每周一下午固定一个小时读书交流活动。每个月选出一本最受老年人喜爱的书籍。

（五）活动流程

1. 活动工作者事先请老年人自选图书，邀请老年人自行选择感兴趣的篇章进行大声朗读活动（约40分钟）。
2. 活动工作者邀请大家对于自己所阅读书籍的感想进行分享，使大家分享读书的快乐，积极营造"读书好、好读书、用好书"的良好氛围（约30分钟）。
3. 每位老年人摘抄一句书中原文（约20分钟）。

（六）注意事项

1. 主题明确

组织读书活动最好有明确的主题。主题就是通过阅读所要研讨和解决的中心问题，可根据当前我国宣传教育的主旨确定读书主题，根据养老机构内、社区的实际工作情况确定读书主题，或者根据老年人自身的兴趣喜好来确定读书主题。活动工作者有计划地组织一系列的主题读书活动（或称"读书会"），使每一次读书活动方向明确、更有效率，尽可能满足不同老年人的读书需要。

2. 形式丰富

为了保证读书活动有吸引力，使大家既受到教育，又有较浓的兴趣，形式上尽可能采用多种方式结合,让读书活动丰富起来。比如,在引导老年人读完作品后,再进行集体辅导,听听阅读者的体会和收获,可与自身的经验结合来谈,可与观看影视作品唱相关歌曲、忆历史往事、朗诵优美篇章、演讲社会成就等结合起来组织,增加丰富的文化元素。还可结合所读书目的内容,组织参观考察、座谈讨论,将读书活动和现实生活中遇到的具体事例结合起来,并且由此生发开来,让读书成为"享老"生活的重要内容,使参与者在读书的同时,更多地了解社会,以强化读书效果。

3. 制度保障

在老年人中开展系列读书活动,为了保障读书效果,活动工作者应该专门为读书小组辟出安静的、明亮的场所,定期定时开展活动。同时,建议活动工作者制定出较为行之有效的制度,以保证读书计划的完成。一是每周读书日制度:每人每周至少拿出半天时间读书;二是写读书笔记制度:鼓励老年人应联系自己的思想,结合所遇到的问题随时记下心得体会;三是交流提高制度:读书活动的高潮是个人之间或小组之间要经常进行交流,取长补短;四是检查讲评制度:读书一般分阶段进行,每进行一个阶段后都要对前阶段的读书情况进行总结讲评,以促进和提高大家读书的积极性与热情;五是补充新书制度:定期向大家了解需求,及时补充书目,预订新书,以保证读书活动有不竭的"源头活水"。

4. 选书精细

现在国家公开发行的图书、刊物种类很多,"地摊文化"更是名目繁杂、五花八门,要严格地搞好"净化"和"提纯"。有些虽然是国家公开发行适合社会群体阅读的书籍,不一定适合老年人阅读。不能不加选择地全部"引进",对格调低俗、黄色下流、内容反动的书报刊物要坚决禁止。

5. 激发兴趣

兴趣不是每个人与生俱来的。由于老年人的思想文化素质不同,对各类图书和知识的需求也不尽一致。读书活动的范围很大,有历史、哲学、科技、宗教、文学、生活指导用书等,也有散文、诗歌、小说等不同体裁的作品。针对这种情况,在组织读书活动时,应研究大家普遍的读书心理倾向,捕捉阅读的热点,以激发读书兴趣。热点指某一时期内共同关注和新事件,通过阅读热点来组织读书活动,有利于老年人认识带有社会性、普遍性的时代课题,提高读书活动的层级水平,增强活动效果。活动工作者也可以利用身边读书活动中的楷模,来激励大家的读书兴趣。

二、"我乐"微信课堂

(一) 活动背景

随着社会的发展,智能手机在生活中越来越普及,很多老年人希望学习使用智能手机,体验便捷而丰富的移动互联网生活。然而,不少老年朋友在手机上花的时间不少,但还是不太会用,不能充分享受高科技时代带来的快乐。微信是近些年出现的全世界风靡的一款社交软件,更是一种生活方式。微信是一种快速的即时通信工具,具有零资费、跨平台沟通等功能,与传统的打电话、短信沟通方式相比,更灵活智能,且节省资费。组织老年人学习微信,让老年人充分感受到科技进步带来的便捷和快乐。

(二)活动目的

1. 开阔眼界

老年人精神生活相对单调,渴望了解外部世界,渴望与人沟通,而微信正好提供了这样一个平台。通过微信,老年人知晓国内外方方面面的消息,坐在家里照样能做到"秀才不出门,便知天下事"。

2. 广交朋友

通过微信,不但联系到多年不见的同学、战友、同事,而且通过朋友圈可以结识许多新朋友,增加新的社交途径。

3. 学习知识

优秀的微信公众号上,有各种养生知识、生活妙招,应有尽有。不少推送的文章也非常精彩,每天看一看还能学到许多新知识,懂得许多新道理。

4. 缩短距离

微信让人与人之间的距离变得更加亲密了,以前一年都难得打上一个电话的老朋友,现在每天都要聊上几句,哪怕是在朋友圈里点个赞也是交流;以前一年聚一次会的同学们,也能在微信群里每天都聊得不亦乐乎。随时能通过微信和子女、孙辈视频聊天、语音留言,对老年人来说是很大的宽慰。

5. 增添乐趣

微信本身就是一种乐趣,视频聊天语音对话等都很好打发时间,而且微信中的游戏更是趣味横生。

6. 促进思维

使用微信会增加动脑机会,促使大脑勤思考,减缓老化过程。一些针对老年人开发的简单小游戏,还有益智功能。

(三)活动准备

无线网络的教室、备用手机或 IPAD、投影仪、教学课件或视频等。

(四)活动流程

围绕老年人使用微信时需要掌握的技能及可能遇到的问题展开学习:

1. 手机怎么连接 WIFI

教老年人打开手机,点击"设置",点击"WLAN",查看要连接的网络(注意信号强弱),点击要连接的网络,键入密码,再点击"连接"。当要连接的网络显示"已连接"后,就可以退出设置后上网了。

2. 如何为自己的微信号上传头像

让老年人先用手机拍一张人像照片,拍完存放在图库里(或选用一张照片放在图库里)。打开微信,点击最下方工具条的"我",再点击左上方的人头像,点击"头像"二字,在图库中选择人像照片,再点击"使用"即可。

3. 如何在微信上添加朋友

打开微信,点击右上角"+"号,再点击"添加朋友",键入微信号或手机号,然后点击"搜索",找到后发送验证消息,可以写"某某,我已经添加你了,以后微信多联系",之后等待朋友接受邀请。现场为微信课堂的老年人建学习群。

4. 怎样修改微信朋友的昵称

打开这个朋友的微信,点击右上方头像,点击左上方的图标,点击右上方的"┆","设置备注及标签",在"备注名"下方,键入这个朋友的真名,点击"完成"即可。协助老年人现场修改朋友的备注名。

5. 如何发送照片？一次最多发送几张照片

玩微信的朋友,都喜欢把用手机拍摄的照片,即时发送给朋友分享。发送照片的方法是:点开某个朋友,点击屏幕右下角带＋号的圆圈,点击"图片",打钩选择照片,点击"发送"即可。让老年人现场互相拍照,并微信传送。

6. 组织老年人关注微信公众号

根据老年人兴趣提前选择几个相关主题,如养生、园艺、美食等公众号,现场开展交流学习。

(五) 注意事项

1. 使用设备

由于老年人视力减弱,建议参与微信课堂活动的老年人使用屏幕大一点的(如5寸或5.5寸)手机。如果没有智能手机的老年人要参加活动,活动承办方尽量备几台机动的教学用智能手机或者IPAD等平板电脑用于培训。手机的字体和微信的字体设置成适合老年人阅读的大号或特大号字体。

2. 核心内容

微信课堂活动重在培训微信的基本使用功能,让老人们可以通过文字、图片、语音、视频聊天的应用。培训围绕微信的安装注册、微信的常用功能、介绍微信上和生活息息相关的应用等基本模块,不能内容太复杂,以防打击老年人学习信心。

3. 讲解技巧

(1) 首先为老年人树立信心。没有接触过智能手机的老年人总认为手机的操作、使用很复杂,对它敬而远之。活动工作者需要多给老年人介绍些知识和学习使用手机的方法,帮助他们建立学习的信心和兴趣,做好与其他专业人员的沟通。

(2) 组织微信课堂活动,活动工作者要充分考虑到老年人对于新事物的接受程度。课前,要充分备课,运用PPT的图片、视频等,把培训课件做细致,围绕老年人最困惑的操作问题,细致、耐心地讲解演示。讲解知识要耐心细致,有问必解。

(3) 讲课速度要适合老年人,声音要洪亮。因为老年人和青年人相比,在使用微信学习上困难比较多。由于年龄和知识结构的差异,拼音输入和手写输入法给老年人学习手机制造了很大障碍,许多老年人惧怕微信的最重要的原因是无法熟练输入。所以活动中密切观察老年人对于讲课的反应,讲课速度要根据老年人的接受程度而时时调整。

(4) 尽可能小班化教学。课堂上,要配足志愿者,手把手地在活动中教会他们如何登录微信抢发红包、如何发布朋友圈、投票、点赞等一些简单实用易懂的操作。在课堂上留出充分的时间让老年人实践操作。在练习中解决问题、熟练知识,这样就更加直观了。

4. 提醒事宜

事物都有两面性,不能正确使用微信,也会产生负面影响,不利于老年人的身心健康。

为此,提醒使用微信的老年朋友们应注意以下几个方面:

(1) 每天使用手机和微信的时间不要太长,以免造成颈椎、眼睛的疾病。

(2) 不要随便添加微信朋友,不要随便加微信群。

(3) 不要轻信谣言,不要随便转发。特别是社会敏感的内容,不要因为新奇而随手转发,当了谣言和别有用心人的传声筒。

(4) 不要随便关注一些公众号,不要在微信中披露银行账号和密码等。

三、"兴趣家"学习活动

(一) 活动背景

芭蕾、瑜伽、舞蹈培训、爬山打球、踢毽子、书法、针织……这些艺术类、体育类、文化类的兴趣活动学习,对于老年人身心健康非常重要。其实老年阶段不仅是职业生涯的结束,更是人生中另一个非常重要的生活阶段的开始。因此,规划好这部分的生活同样也是一个非常重要的课题。对于活动工作者来说,应该从如何帮助老年人适应老年生活,规划好新生活的想法出发来培养老年人的兴趣爱好。

(二) 活动目的

(1) 提高老年人的学习能力,增加对生活的兴趣,实现过去的心愿。

(2) 增进老年人之间的了解与认识,加深他们之间的沟通交流,建立同伴群体的支持系统。

(3) 发掘老年人自身的资源和优势,实现老年人的自我价值,让老年人感到老有所用。

(三) 活动准备

(1) 提前了解老年人最想开展的兴趣学习活动。

(2) 聘请相关兴趣活动老师现场教学,可以招募社区志愿者承担教学工作。

(3) 提前联系准备好适合活动的场地,以及服装器材等道具。

(四) 活动流程

(1) 活动工作者介绍最受老年人们欢迎的兴趣活动,包括活动的发展历史、开展情况、风靡程度和活动意义。

(2) 活动工作者根据老年人们的活动能力和需求,进行分组,每组3~4名老年人,集体学习兴趣活动。

(3) 专业老师现场带动小组老年人进行活动,可以先老师示范,进而分解动作步骤并进行详细讲解,同时请每位老年人学习模仿分解动作,老年人之间相互学习和点评。

(4) 在经过一段时间的学习后,小组间可以相互展示,共同分享兴趣学习活动的喜悦,获得满足感和成就感。

(五) 注意事项

(1) 调研老年人活动兴趣时,注意共同性和个体性相结合;

(2) 注意动机激发,即激活对眼前活动不感兴趣的老年人。对于一些性格较内向,平时不爱出门,还没有找到自身兴趣爱好的老年人,活动工作者尝试多接触,观察老年人最乐意干的是什么事,有哪些兴趣点,有哪些技能,借故找上门来求他帮助,让他有事干,从中能感到自己的存在价值。也许慢慢这些老年人能打开心扉,走出家门,重新与他人建立联系。

任务拓展

1. 职业情境:

结合养老机构实践经验,思考如何在一线养老服务工作中将老年学习活动的方法和要点结合起来?

2. 前沿应用:

(1) 宝山举办更老年女性健康教育主题宣传活动:https://mp.weixin.qq.com/s/5ofkDooWysJ5uRob_W-0pw

(2) "智慧助老,银铃安康"锦惠社区老年人智能手机巧学习活动:https://mp.weixin.qq.com/s/W4_b5RUCAYSZ1GGSv2z2FQ

3. 延伸学习:

(1) 乐龄网 China5080.com,

(2) 江苏学习在线 www.js-study.cn

项目十二 老年手工活动

情景聚焦

现在60岁以上的老年人在成长中经历了很多磨难,共和国所经历的崎岖与曲折的历程也深深地融入他们成长记忆中。他们自力更生、艰苦奋斗,困难时用双手创造了很多生活用品,如鞋子、篮子、竹席、麦秆编,开心时还会剪窗花、做风筝、捏泥玩具。他们见证了新中国的诞生、成长与发展,对现在的美好生活充满感激。也许正因为如此,折纸、剪纸、丝网花、泥塑、积木、烙画、中国结……这些伴随着他们成长,并充满着回忆的一件件手工作品让老年人投入了诸多真情实感,受到他们的青睐。借着手工才艺活动的展示交流,让更多的老年人走出家门、融入社会,动起来、乐起来,让文化艺术养老生活更加绚丽多彩,向社会传递积极向上、健康快乐的正能量。

养老护理员国家职业技能等级标准将手工活动作为对轻度、中度认知功能障碍的老年人进行非药物干预的重要手段。

任务目标

1. 知识目标:
(1) 充分认识老年手工活动的作用;
(2) 掌握开展老年手工活动的要点。

2. 能力目标:
能策划不同类型的老年手工活动。

3. 素质目标:
(1) 培养细心、耐心的品质;
(2) 学会欣赏老年人及其独一无二的手工作品。

任务要点

1. 重点: 开展老年手工活动要点的理解和应用;
2. 难点: 策划不同类型的老年手工活动。

知识准备

1. 查阅手工艺类中国非物质文化遗产；
2. 网上浏览老年手工活动的丰富图片。

任务组织

任务一　认知手工活动

一、老年手工活动的类型

将手工 DIY 引入到老年人的生活中，是提升老年人晚年生活质量、发展审美活动能力的一个途径。适合老年人动手能力的，较简单易学的种类有纸艺、雕塑、串珠、布艺、绣艺、编织、积木、旧物改造等。

（一）纸艺篇：折纸

折纸是一种以纸张折成各种不同形状的艺术活动。常见的折纸包括千纸鹤、纸船、纸飞机、纸花等单品，以及由各种手工单品创意组合的作品。

图 12-1　折纸花

（二）雕塑篇：捏泥人

捏泥人是我们民间的传统手艺，充满着传统气息。适合大众老年人制作的一般是用手工油泥、超轻黏土及配套的小工具，捏、搓出相应的形状，并组合装饰的泥塑作品。

图 12-2 捏泥人

(三)串珠篇:手链

串珠手链满足老年人自制首饰品的美好愿望,根据自己的喜爱,挑选串珠的颜色和形状,再自由串联,是独一无二、物美价廉的手工艺品。

图 12-3 串珠手链

(四)布艺篇:丝网花

丝网花最早起源于日本,由于制作丝网花的基本材料是普通的丝袜,也被称为丝袜花。丝网花花色艳丽,造型别致,端庄典雅,保存时间长久。因其成本低廉,品种繁多,适合制作者常换常新。对于老年手工爱好者来说,制作丝网花不仅得到休闲娱乐,还能装饰房间或将作品赠送友人,是独特的个性礼品。

图 12-4 丝网花

(五)绣艺篇:十字绣

十字绣是用专用的绣线和十字格布,利用经纬交织的搭十字的方法,对照专用的坐标图案进行的刺绣。不同于湘绣、苏绣、粤绣等对技术要求高超精湛的刺绣,十字绣的难度不大,更合适老年人学习。

图 12-5 十字绣

(六)编织篇:中国结

中国结是一种中国特有的手工编织工艺品,有双钱结、纽扣结、琵琶结、团锦结、十字结、吉祥结、万字结、盘长结、藻井结、双联结、锦囊结等多种结式。因为其外观对称精致,符合中国传统装饰的习俗和审美观念,代表着团结幸福平安,故命名为中国结。

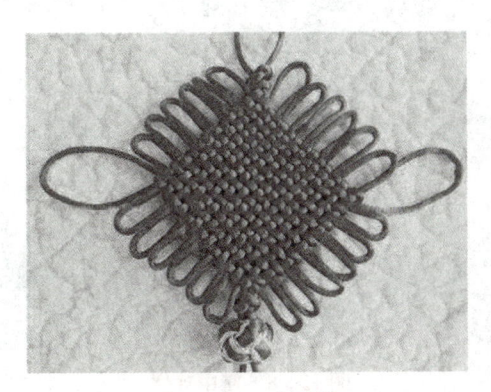

图 12-6 中国结

(七)积木篇:磁性积木

积木是全龄段儿童最喜爱的游戏之一,也是老年人的创意手工活动。通过积木来建构造型,充分发挥了老年人的创造能力和动手能力,体现了审美情趣。磁性积木因其磁力的特点,比卡扣式的积木更适合手部灵活度不那么高的老年人使用。

图 12-7 磁性积木

(八)旧物改造篇:掌中戏偶

变废为宝,号召老年人收集生活中随手可得的旧物进行改造利用。即使是再平常不过的旧物,经过手工制作高手的一系列简单拼接和粘贴处理,就变成了另外一个崭新的东西,环保而实用。掌中戏偶就是将养乐多空罐用色纸装饰粘贴成戏偶,颇具童趣。

图 12-8 掌中戏偶

二、老年手工活动的作用

(一)训练创造能力

手工作品的造型一般简要、典型、夸张。所以在实际生活中,应让老年人仔细认真地观察客观事物,抓住它们的典型特征,并且在手工作品中把符合构思意图的理想形象准确、精炼地表现出来。老年人做手工的过程是开动脑筋、设计步骤、积极思考、反复实践,以使自己所制作的图形符合实际物体的过程。这个过程就是想象力,是培养创造能力的过程。

（二）增强感官能力

手工活动中老年人要探索各种材料,包括木片、塑料、布片、棉花、线、绳子、铁片、发光物等,感受粗糙、光滑、细、软、硬、厚、薄的不同质地,增加丰富的触觉、视觉等感官刺激。

（三）加强手脑协调

人的手指能够运动自如,主要取决于大脑对手指的支配作用。反之,如果经常运动手指,就会对大脑有一定的刺激作用。手工活动既动手又动脑,可以激活老年人大脑皮层相应的神经细胞,达到健脑益智、手脑协调的效果,甚至可以起到延缓衰老及预防失智症的作用。

（四）获得成功体验

手工直观易学,可简单可复杂,适合不同年龄和身体状况的老年人。在制作过程中,每尝试一次,都是一种新方法的探究,不仅会从各种造型中得到乐趣,还会意识到自己是有能力的,有创造性的,从而也能增强对自我的信心。

（五）体会审美愉悦

老年人由于年轻时从事不同的工作,拥有不同的性格特征。在沉浸于手工制作时,往往能在专一的过程中,寻找到祥和而宁静的心理状态,使人培养出热爱生活的兴趣,培养感受美、体悟美的审美能力和获得表达美、展示美的心理愉悦。

任务二　老年手工活动的要点

一、工作准备

（一）环境准备

手工活动室要求环境整洁、光线明亮、通风良好,桌面平整宽敞,椅子柔软舒适。

（二）材料准备

手工项目所需的工具、材料、物件繁多,细到一根绳子,小到一颗豆子,任何东西事先考虑好,做好充分的准备,并把他们归整进手工用具收纳盒或大托盘上。最好有手工成品展示架,用于展示老人的作品。物品必须考虑安全性,如使用儿童安全剪刀、无毒无刺激气味的颜料等;不少材料颗粒小,护理人员需做好老年人安全防护,防止老年人误食。

（三）工作者准备

活动工作者要事先学习手工活动的步骤,熟练掌握技巧,或者有专门教学的老师,能够清晰示范指导。不少手工活动需要手把手地教学,根据老人的节奏进行示范,因此护理员、志愿者等工作人员要尽量多配。

（四）老年人准备

老年人的理解能力和动手能力要事先经过评估,明确手工活动中,老人的能力和限制是什么——他们能剪纸吗? 会使用颜料吗? 能粘贴吗? 活动当天,确保老年人身心状态允许,自愿参加。

二、教学过程

(一) 一次一个主题

每次手工活动确定一个主题内容,比如说折纸船,或者是串珠,一次活动完成一个新的手工内容。好的手工活动方案应允许老人最大限度地参与,必须适合老人的能力水平,以避免老年人因无法跟上进度而产生挫败感。

(二) 放慢活动节奏

面向老年人教学时,综合使用视频教学、现场示范、手把手教学等方式。手工制作是有着明确步骤的,有些作品看起来烦琐,其实大部分都是重复同样的步骤。因此,教学活动中,工作者的指导语不宜过快,要一步一步地演示,动作缓慢,语气适中。给予充分的时间去完成手工,切勿催促老人。老人试错也是很好的能力训练机会。单一的作品方法被老年人掌握了以后,再继续教学复杂的综合的手工作品。

三、态度技巧

(一) 支持鼓励

活动中,工作者要随时观察老年人的反应,遇到老年人有畏难情绪或者逃避情绪,及时评估是老年人的执行能力问题,还是理解反应速度跟不上。如果老年人能自己完成的工作,积极鼓励他们尽量自己独立或合作完成。在老年人的确需要帮助的时候,提供实质性的行为支持。活动过程比活动结果更重要,培养兴趣比最终成功做出一件作品更重要。不要刻意地让老年人一定跟着示范做,每个人都可以有自己的思想,有不同的做法,都能通过手工作品展现出来。

(二) 欣赏赞美

活动工作者在活动结束前,要为老年人提供展示成品、相互交流的机会。学会欣赏每一个老人的作品,不要批评、比较作品的优劣,对老年人完成的每一份独一无二的手工作品表示真诚的肯定。尽量让老人在手工作品上留下名字,表达充分的尊重。

任务三 老年手工活动的案例

一、红双喜贺金婚活动方案

(一) 活动名称

红双喜剪纸

(二) 活动背景

恰逢养老机构内有一对金婚老夫妇本月迎来结婚纪念日,策划红双喜剪纸活动为金婚夫妇道喜,为机构增加喜庆快乐的热闹氛围。

(三)活动目的

1. 庆祝金婚活动,增加老人间的情感;
2. 学会红双喜剪纸的基本技法;
3. 培养老年人的创造性思维能力和动手能力;
4. 唤起老年人对民间剪纸艺术的热爱。

(四)活动对象

养老机构内自理老年人15名

(五)活动时间

＊＊年＊月＊日下午2:30—下午3:30

(六)活动地点

机构活动室

(七)活动材料

大红纸若干、白色硬卡纸、剪刀二十把、铅笔二十支、白胶二十管

(八)活动流程

1. 活动工作者请出金婚老夫妇,为他们祝词,提议全体老人为他们剪红双喜表达祝贺之情;
2. 活动工作者拿出红双喜剪纸成品,请老人分析喜字的结构特点(对称轴);

图12-9 红双喜剪纸

3. 活动工作者示范"喜"字的折叠方法,请老人跟着折;
4. 活动工作者示范"喜"字剪纸方法——先用铅笔画出线,然后剪,最后将剪纸作品贴在白色硬卡纸上;
5. 工作人员和志愿者分头到老人中间去,协助指导老人自己剪纸;
6. 剪纸过程完成,大家互相欣赏作品,最后把作品送给金婚老夫妇;
7. 带领老人欣赏民间优秀喜花作品。

(九)注意事项

剪纸需要用到正常的手工剪刀,而不是安全剪刀,所以活动最好邀请自理老年人或手部

有活动能力的老年人参加，过程中工作人员要经常提醒老年人注意剪刀使用安全。

二、旧物改造手工月活动方案

（一）活动名称

"变废为宝、旧物改造"手工活动月

（二）活动背景

为了宣扬环保和节约理念，增加生活情趣，在社区养老服务中心开展"变废为宝、旧物改造"手工活动月。

（三）活动目的

1. 宣传环保和节约理念；
2. 培养创造能力、审美能力和动手能力；
3. 激发生活热情，营造社区氛围。

（四）活动地点

社区活动中心

（五）活动时间

**年*月，每周周一2：30—下午3：30

（六）活动对象

招募20名社区内手部能力较好的老年人，自愿选择参加某次或全部活动

（七）系列活动

周次	手工主题	活动材料
1	漱口杯	废旧饮料瓶、剪刀、马克笔
2	多肉花盆	空酸奶瓶、麻布、彩色纽扣、白胶、水彩笔

（续表）

周次	手工主题	活动材料
3	隔热垫	雪糕棒、白胶
4	笔筒	卫生纸筒、彩纸、白胶、剪刀、水彩笔
5	分类垃圾桶	旧纸盒、材质、画笔

（八）注意事项

手工活动月持续时间较长，共五周。工作团队要做好活动宣传和活动前提醒的工作，主动邀请老年人参加。

任务拓展

1. 技能学习：
通过自学，掌握至少一项适合老年人的手工活动；
2. 职业情境：
结合养老服务实践，带领老年人自己动手制作简单的活动中道具；

实训指导

3. 前沿应用：

（1）查阅蒙台梭利法在老年人中的活动应用等文献资料；

（2）查阅网络上各类"创意手工"小视频，想想日常生活中的物品哪些可以因为创意手工变得更可爱？如果布置装饰养老机构、老年人房间，可以用上吗？

4. 标准学习：

按照岗课赛证融通的理念，请查阅并对照养老护理员国家职业技能等级标准的相关要求，开展有针对性的学习。

项目十三 老年旅游文化活动

情景聚焦

2019年6月,81岁的蒋大爷和老伴71岁的吴女士报名参加了锡林郭勒6日游。7月4日,老人跟团乘坐9:35出发的高铁至北京,14:08到北京南站后,全团50多名游客被告知要步行一段路找大巴车,这一走就是40多分钟。蒋大爷说,团里大部分都是60岁以上老人,大家直喊吃不消。好不容易上车后,大家坐了4个多小时大巴到达锡林郭勒盟太仆寺旗。接下来的两天,旅行社安排了元上都遗址博物馆、忽必烈影视城、乌拉斯台沙地腹地无人区、蒙古王私家牧场等行程。几天的舟车劳顿,加上北方草原的低温,吴女士渐感到不适,勉强跟着大部队却愈发难受。7月7日早晨,吴女士感到疼痛难忍,在南京导游的陪同下到多伦县人民医院看病,B超显示左肾囊肿,医生建议转到大医院进一步治疗,离得最近的城市有承德、张家口和北京三个选择。中午12点半,蒋大爷的儿子第一次接到旅行社电话。"她说自己是导游,姓王。王导告诉我,'你母亲在这治不了,要不要转院?'"蒋先生一听急坏了,表示赶紧送人到北京,但王女士说带的钱不够,没法垫付,让他先付在多伦的治疗费298.2元,以及去北京的救护车费,再送人去。"我用微信转了7 100块钱过去,救护车下午2点多才出发。"蒋先生气愤地说,导游难道不该第一时间送人到医院吗,还在算账上浪费时间?当天下午四点多,老人在去医院途中过世了。①

参加旅游活动,是众多老年人喜闻乐见的休闲方式。可是类似以上报道中的事故每年在老年旅游的过程中都会发生。为了促进老年旅游发展,我国于2016年推出《旅行社老年旅游服务规范》(LB/T 052-2016)行业标准,针对老年旅游者的特点,对其提供的旅游产品、行程安排、保险及相关特殊服务提出了要求。但是该标准规范的只是提供老年旅游服务产品的旅行社,对其他相关服务者难以约束。近年来,随着老年人出行增多,旅途中因突发疾病等导致死伤引发的纠纷成为人们关注的问题,而根据调研,老年旅游团的投保率普遍偏低,给事后纠纷处理带来难度。

任务目标

1. 知识目标:

(1) 掌握老年旅游文化活动的类型;

---

① 《"出门旅游就是要受罪的"? 跟团游内蒙古草原,71岁老人猝死》,《南国今报》,2019年7月29日。

(2) 充分认识老年旅游文化活动的作用;
(3) 熟知老年旅游文化活动的策划要点。

2. 能力目标:
能够根据不同活动对象实施不同类型的老年旅游文化活动。

3. 素质目标:
(1) 充分认识老年人的精神文化需求;
(2) 能够在老年旅游文化活动中与老年人建立良好的关系;
(3) 培养严谨细心、热情周到、积极负责的工作态度。

任务要点

1. **重点**:老年旅游文化活动的类型;
2. **难点**:能够面向不同的活动对象实施不同类型老年旅游文化活动。

知识准备

1. 查阅旅游文化的相关知识;
2. 自学《旅行社老年旅游服务规范》等相关行业规范。

任务组织

任务一 认识老年旅游文化活动

随着生活水平的提高,旅游成了一种生活情趣,很多老年人也爱上了到处旅游,老年人已构成旅游人口中颇具规模的一支队伍。随着老年人口的持续增加和消费能力的释放,中国老年旅游市场将迎来更大的发展机遇。我国 60 岁及以上的老年人已超 2.5 亿人,占总人口的比重超过 18%,老龄化趋势的加快带动了社会消费结构的巨大变化,激发出新的产业动能。老年人游玩在各地的山水间,饱览各处的名胜古迹、了解各地的风土人情,享受着旅游带来的快乐。但是我国目前专门从事老年旅游的旅行社和旅游服务组织不多,因此,对于活动工作者来说,如何策划有针对性的老年旅游文化活动,如何妥善组织老年人参加旅游活动并提供专门的服务指导是非常有必要的。

一、老年旅游文化活动的定义

老年旅游文化活动有狭义和广义之分。狭义的老年旅游文化活动是通常意义上的老年人旅游活动,是年满 60 周岁(男性)或 55 周岁(女性)的老年人出于休闲、养生、娱乐等目的而暂时离开自己常住地的旅行活动。老年人旅游往往以旅行社、单位组织及自发结伴(夫妻结伴、亲戚结伴、朋友结伴)为主要出行方式,这样的老年人出游方式以安全性、舒适度为最主要诉求,同时也希望借助旅游促进自己与朋友、亲人之间的感情,最终达到愉悦身心的目的。

广义的老年旅游文化活动既包括外出旅游,又包括围绕旅游文化主题,由活动工作者组织的,邀请老年人分享过去的旅游照片、旅游心得、旅游地风土人情和旅游心愿的活动。老年人在旅游文化的分享活动中追忆过去美好的时光,互相补充旅游文化知识,饱览世界风光风情以及祖国大好河山,"身未动而心已远",开阔老年人的视野。考虑到老年人的不同身心状况和外在大环境影响(如疫情因素),本书采用广义的老年旅游文化活动进行策划。

二、老年旅游文化活动的分类

(一) 按地理范围分类

按老年旅游者到达目的地的地理范围划分,老年旅游活动可以分为国际旅游和国内旅游。

1. 国际旅游

国际旅游是指跨越国界的旅游文化活动,是指组织老年人出境或出国旅游,或者围绕世界旅游景点开展的旅游文化分享活动。

2. 国内旅游

国内旅游是指老年人在国内进行的旅游活动或围绕我国旅游景点开展的旅游文化分享活动。从旅游发展的历程看,国内旅游是旅游业发展的基础,国际旅游是国内旅游的延伸和发展。

(二) 按组织形式分类

按组织形式划分,老年旅游文化活动可分为团队旅游和自由行。

1. 团队旅游

团队旅游是以旅行社为主体的集体旅游方式,由旅行社或中介机构对旅行进行行程安排和计划,团队成员遵从旅行社安排统一进行旅行,采用包价方式一次性提前支付旅费并在某些项目上可享受团队折扣优惠的旅游方式。团队旅游通常是指10人以上的团体共同出游。旅行社提供线路,游客选择购买,然后游客在规定的时间、地点、景区、在导游的陪同下,乘坐交通工具,住预定的宾馆,按照规定的线路完成食、住、行、游、购、娱等旅游过程。旅行社中有专为老年人设计,适合老年人慢节奏、低强度的老年旅游线路,建议活动工作者和老年人咨询清楚后再做决策。

2. 自由行

自由行是一种新兴的旅游方式。一种是旅行社安排住宿与交通,但没有导游随行,饮食也由旅客自行安排。另一种全程都是游客们自行安排,根据自己的喜好目的、身体水平、经济状况等,随意调整时间安排,在一般行程游览上做优化和调整,对比团队出行来说更自由方便。如果老年人选择自由行,建议以家庭为单位,或者几位朋友相约,有比较擅长旅游规划、有旅游经验的老年朋友伴随,可减少自由行过程中的不便与风险。

（三）按旅游性质和目的分类

按旅游性质和出游的目的划分，老年旅游文化活动可分为以下四类。

1. 观光娱乐型

旅游者以旅游观光为主要目的，这是最普遍也是最常见的旅游活动类型。有些观光旅游者喜欢，寻求和了解异国异地风貌；有些观光旅游者则有重返旧地怀古和了解历史变迁的需求；有些旅游者为调剂生活情趣，寻求一种轻松愉快的形式度过自己的闲暇时间。

观光娱乐型旅游者会根据各人的爱好而选择不同的旅游交通方式和项目。有些老年旅游者选择相对安全平稳的火车出行，或省心的旅行社包车（汽车）出行，旅行线路中常包括多个旅游目的地，在某个旅游点的逗留时间不会太长。

邮轮可以突破陆地交通的限制，随着邮轮停靠不同的港口，旅客可体验不同的风俗民情，而传统旅游所不易到达的地区，则可透过邮轮产品的包装，无须长途飞行、也不必多次转机，就能轻松抵达，因此深受老年人群的喜好。对老年人而言，邮轮旅游的优势在于行程中不用再换旅馆，不必每天整理行李；在宽敞的邮轮空间与豪华舒适的娱乐设备中，在娱乐和睡眠中航行，每早醒来又是另一处新的天地和景点等诸多特色与优势，一举改变过往的旅游习惯，省去一般旅游繁杂与疲累的旅游模式。加上以环游世界为主的邮轮旅游航程，其旅行时间较一般团体旅游时间明显较长，跟有充裕时间的老年消费群体的需求不谋而合。

2. 保健疗养型

保健疗养旅游主要是凭借疗养地所拥有的特殊自然资源条件，先进或传统的医疗保健技艺、优越的设施，将休息度假、治疗疾病、康复疗养、旅游观光结合起来的专项旅游活动。保健疗养型旅游者喜欢去那些气候温暖、环境优美、空气新鲜、水质好的地方，远离噪声大、空气浊的地方。因此，一系列疗养胜地应运而生，包括高山气候疗养、海滨日光浴、湖滨矿泉浴、森林氧吧、中草药药疗等多种形式，大多疗养旅游区有各自的特点和疗养适应证。有些疗养科目配备了专门的体能教练，包括出操、爬山、理疗、听讲座等规范的项目。养生疗养旅游的周期较长，一般以一星期至一个月为主，正好适合老年人慢游的特点。

候鸟式旅游，是人们在酷热、严寒、潮湿和雾霾等不舒适的气候环境条件下，为趋利避害，追求健康生活而引发的差异化旅居生活方式。这种生活方式与候鸟式的迁徙现象类似，故而得名。候鸟式旅游非常适合有充裕时间的老年人，也是近年来兴起的一种养老方式。首先，随着气候变换、季节变化，选择不同的目的地：冬天到温暖舒适的南方养老，夏天去清凉宜人的北方避暑。其次，旅游目的地基本上安排在异地的养老院、老年公寓等机构，吃住行都以异地养老机构为营地，消费比单纯旅游或者异地购房划算许多。既免去了旅游奔波、舟车劳顿，还能稳定地在异地住上一段时间，一边游玩风光，一边深入当地人的生活。许多城市之间都在探索这种新兴的旅游养老服务模式，如果未来全国养老院之间能够联网互动，更多老年人就能轻松实现"南飞北漂"的"候鸟式生活"。

3. 乡村生态型

乡村古朴淳厚的田园之美，正迎合了老年人返璞归真的愿望，是一种理想的老年旅游方式。利用传统农业的自然景观、生产环境、乡村民情、礼仪风俗、生活方式等，让体验者能在乡村旅游的同时，从事吃、住、行、游、购、娱等多样化的农家乐休闲活动。乡村游、生态游都主要结合当地特色，不以提供顶级的吃住硬件条件为首要考虑，而是让老年人在怀旧、健康、绿色、环保的原生态环境中体验人与自然的和谐，找到久违的归属感，感受乡村慢生活与城市快节奏的区别。

4. 知识文化型

某些旅游者在外出旅游时，带着明确的求知目的，参观专业对口的游览项目，如寻宗教圣地、访典故景点，充实自己的精神生活，寓文化寻访于游乐之中。面向高龄、失能、失智等特殊老年人群体，由于身体所限，外出旅游会带来太大的风险，因此活动工作者可以围绕旅游主题，开展文化知识的主题活动，通过组织老年人观看文化旅游地视频活动、景点照片集锦活动、传阅游记活动、朗诵古今中外旅游名片活动、指导老年人用过去的旅游照片制作美篇等多样化的活动策划，让老年人足不出户，亦感受旅游文化的魅力，换一种方式丰富精神文化生活。

三、老年旅游文化活动的作用

（一）增长知识见闻

古人云，行万里路，读万卷书，提倡"走读"。旅游，就是一次走读的过程。所到之处，不同地方的地势概况、建筑风格、植物动物、着装特点、民风民俗、宗教信仰等等，各种不同的传说、典故和逸闻异事的耳闻中了然于心，亲眼欣赏各地的秀丽山水，了解各民族的风土人情，感知各区域的文化艺术，品尝当地的美食特产，比书本上死记硬背更充满生动感性的力量。

（二）重建社会关系

退休之后的老年人，人际交往减少，经常感到孤独寂寞。他们怕与社会隔离，怕被时代忘记，渴望融入社会，接触社会，故而旅游和出行成了他们与社会交流的渠道之一。老年人多与家人、志同道合的亲朋好友结伴旅游，互相照应，是相互交流感情，增进亲情、友谊的良机。此外，在旅途中又可结识许多新朋友，大家抛开以往的生活圈子，同行同赏美景。通常不熟的人，一场旅行下来就有一种特殊的感情，创造很多美好的记忆，增加了不少人脉资源。

（三）锻炼身体机能

不止保健疗养型旅游对身心健康有益，观光娱乐和其他类型的旅游，在爬山、逛景点等环节中，都需要适当的运动，比较消耗体能。低龄、自理的老年人可以把外出旅游当作锻炼的一种方式，但是要做好及时的调节，强度和运动量不能太大，量体裁衣，不能过于疲劳，选择适当的旅游交通工具。游览之时，锻炼肌肉，精神振奋，排解烦恼；休息之时，肌肉放松，充分睡眠，增加食欲。所以说，适当的旅游对于老年人的身心健康都是有帮助的。

（四）调节心理状态

不少老年人退休后，由于有了大量的空余时间而导致了心理落差大，难解孤单寂寞的情绪。旅游胜地多山清水秀，风景幽美，鸟语花香，旅游者不仅可以一览大好河山的壮丽景色，而且能借以舒展情怀，令人心旷神怡，胸怀开阔，使人在美的欣赏中陶冶情操。此外，老年人一旦离家出游，一切大事小事、烦心事、家务事都抛在身后，无事一身轻。赏景的心情与居家过日子截然不同，精神的放松，心态的放松，老友新朋，共同度过旅游期间的美好时光，心情更加舒畅，主观幸福感更强。爱旅行的人有与众不同的生活态度，与过去的自己和解，与生活矛盾和解，以全新的方式感受自己内在和外在世界。

任务二　老年旅游文化活动的要点

一、老年外出旅游活动的组织要点

如果服务对象有外出旅游的需求，活动工作者不能擅自做主，草率组织老年人外出旅游活动。正确的做法是做好以下行前的辅助服务工作。

（一）预先评估活动对象

对有意愿参与旅游活动的老年人，活动工作者要事先采集老年人的详细信息，了解个人健康状况，登记个人通讯方式和紧急联络人信息，并请老年旅游者当面签字。建议老年人结伴游，这样发生意外利于互救。同时，对于明显不适合参加特定旅游产品和线路的特殊老年人群，要进行劝阻，并给予耐心地说明和解释，并为他们策划旅游文化主题的活动作为替代。

（二）精心选择第三方机构

在初步评估老年人的身体状况后，活动工作者要为老年服务对象推荐有资质、规范、信誉佳的，尤其是长期有带老年旅行团的旅行社合作，而不能一味选择价格便宜的旅行产品或家门口的旅行社。

《旅游法》及《消费者权益保护法》等多部法律规定，作为经营者的旅行社对于作为消费者的旅游者负有安全保障义务，具体分为行前的提醒告知、行中的劝阻救助和事后的应急处理三方面。多起老年游客猝死案件中，旅行社均未与游客签署旅游合同。签订合同时，要确保旅行社执行国家旅游局最新出台的《旅行社老年旅游服务规范》（LB/T 052—2016）。如：旅行社对包机、包船、旅游专列和100人以上的老年旅游团应配备随团医生服务。在景点选择上，要求旅行社不安排高风险或高强度的旅游项目；交通方面，乘坐火车应安排座位，过夜或连续乘车超过8小时应安排卧铺，尽量安排下铺；购物方面，如果老年旅客有需求，应选择明码标价的购物场所；保险方面，组团社应与保险公司就旅游意外险的投保年龄上限进行沟通协商，为更多老年旅游者提供保险保障。活动工作者对服务对象要起到提醒的义务。

（三）提供线路设计意见

《旅游法》第七十九条规定"旅游经营者组织、接待老年人、未成年人、残疾人等旅游者，应当采取相应的安全保障措施"。旅行社在组织接待这些特殊群体时，首先必须合理设计产品，适应这些特殊群体的需求，关注这些特殊群体的特点，在线路安排、辅助人员的配备、突发事件的预先防范等方面做出准备和安排。甚至基于人身安全的考虑，可以不接待身体状况明显不适合特定线路的旅游者，这是旅游经营者的权利。

工作人员本着高度负责的态度，与旅行社仔细协商，为老年人量身定制出符合老年人需要的旅游产品。包括：在出行时间上，最好错峰、淡季出游，避免拥堵；在景点选择上，不安排高风险或高强度的旅游项目，整个行程应节奏舒缓，活动量不宜过大；在交通选择上，老年人长途旅行最好坐卧铺或飞机，也可分段前往，避免疲劳颠簸，连续游览时间和乘坐汽车时间不宜超过3小时，最好不打乱平时的作息时间，安排一定时间的午休；酒店选择上，宜选择有电梯的,没有电梯的应安排老年旅游者入住3层以下楼层等;餐食安排要规律,注意饮食卫生,旅途中要多吃蔬菜水果,少吃方便面,以清淡为主,防止便秘。不食用不卫生、不合格的食品和饮料,不喝泉水、塘水和河水。尽量在住地餐厅用餐,自备餐具和水具,既方便又卫生。总之,老年人旅游一定要劳逸结合,一天安排的活动不宜过多,不能"疲劳游"。

(四) 做好旅游行前提醒

活动工作者要建议老年人旅行前体检,征得医生同意,方可前往。出游前应做一次健康体检,全面掌握自己的身体状况。然后再根据各自的身体状况和病情,选定旅游点,安排旅行日程,能远则远,不能远则近,不要勉强。出发后要及时向随团保健医生介绍病情。

活动工作者要提醒老年人携带必要的药物,除降压药、扩血管药及催眠药等日常必备药物外,还应备有感冒、腹泻、止痛之类的药物,按时按量服用。急救药随身带,以应急需。若晕车船,还应带上防晕药。出门在外,气候多变,还要带上雨具、防风保暖的衣服,以防不测风云,使身体受凉。

二、老年旅游文化主题活动的策划要点

(一) 策划理念

老年旅游文化主题活动的策划最好基于具体老年活动对象的旅游经历。世界那么大,旅游范围也广袤,跟老年活动对象发生过直接关系的旅游点更容易牵动老年人的回忆,激发老年人的共鸣。相比景点的展示,老年旅游文化主题活动更关注老年人与景点的关系和故事。因此,在策划旅游文化主题活动前,活动工作者要与老年人充分交流,访谈他们走过的地方,那些外地旅游的经历有些是因为工作原因,有些是因为探亲访友,有些出于纯观光目的。请老年人回忆到外地旅游的过往,活动前收集他们的旅游照片和精彩的点点滴滴。

老年旅游文化主题活动的策划也可以基于具体老年活动对象的旅游期待。每个人一生想去的地方也许很多,但由于某些原因,旅游的计划往往不能全部实现。有哪些地方是想去而未能去的?有哪些遗憾和心愿?活动工作者应该对老年人的生活和愿望充满好奇,并围绕这些旅游期待有针对性地展开活动。虽身未能达,但通过别人的讲述,视频的展示,为老年人从某种程度弥补遗憾。

(二) 策划思路

旅游文化主题活动涉及的内容五花八门,活动工作者紧扣旅游主题,可以开展"旅游主题月"等系列活动。围绕旅游地,策划景区篇、美食篇、风俗篇等系列活动,一次一篇,便于老年人分类整理和讨论。围绕老年人的家乡,邀请老年人为伙伴们介绍自己的家乡,夸夸家乡的人杰地灵,侃侃家乡的风土人情。熟悉的乡情会唤起老年人丰富的情绪,锻炼高龄、半失能、轻度失智等特殊老年群体的语言能力、记忆能力。还可以结合中国地图的拼图游戏,每次带老年人拼图时,将中国23个省、4个直辖市、5个自治区、2个特别行政区按方位逐一带老年人领略,增加老年人的知识性和地点定向能力。策划思路有很多种,活动工作者应全盘考虑,通常系统性的活动计划往往比单次随机开展的活动对特殊老年人更有效果。

任务三 老年旅游文化活动的案例

一、外出旅游活动：春日踏青

（一）活动目的

在春日暖暖的日子里，踏青活动为老年人感知时令变化，获得自然审美的愉悦，排解孤单寂寞，为平淡的晚年生活增加更多的乐趣。

（二）活动时间

选择风和日丽的春天外出，时间为半天。

（三）活动地点

在养老机构三公里范围内的市区景点——乌龙潭公园。

（四）活动对象

机构内中龄、自理老年人，要求经过健康状况评估可以出行，15 到 20 人。

特邀嘉宾：某医院医生两名、若干活动工作人员、志愿者 3 名。

（五）活动流程

子活动一：做便当（8：00—9：00）

事先征求老年人意见，选择好 1~2 种踏青时吃的便当，比如三明治、饭团等。活动工作者清早准备好食材，组织机构内老年人一同准备郊游便当。

子活动二：逛景区（9：30—10：40）

1. 坐专车前往乌龙潭公园，邀请景区导游带队（9：30—10：00）。

2. 跟随导游步伐，老年人步行逛景点。活动工作者、护理人员、志愿者陪同。一边欣赏美景，一边用"拍立得"和手机拍下每位老年人活动的美照。（10：00—10：40）

子活动三：侃红楼（10：40—11：40）

1. 在乌龙潭公园的室内景点曹雪芹纪念馆的大厅内，组织老年人参观展览，聊聊红楼文化。（10：40—11：10）

2. 在曹雪芹纪念馆门口的草地上休息、野餐。野餐时，活动工作者拿出"拍立得"拍摄的精彩照片，邀请老年人猜猜拍摄的具体地点和当时的场景，发放照片给老年人留念。（11：10—11：40）

3. 组织老年人返程。（12：00—12：15）

图 13-1　南京乌龙潭公园　　　　　　图 13-2　公园内的曹雪芹纪念馆

(六)注意事项

1. 针对老年人身体情况准备一些常用药。老年人抵抗力较差,注意保暖,以免伤风感冒。

2. 踏青过程量力而行,避免过度疲劳。

二、旅游文化主题活动:那些年,我走过的景点

(一)活动目的

为机构内行动不便的特殊老年人创造旅游文化交流的机会,唤起过去旅游的美好记忆,分享旅游见闻,增加老年人之间的共同话题。

(二)活动时间

9:30—10:50

(三)活动地点

机构的多媒体活动室

(四)活动对象

机构内高龄、半失能、较度失智等特殊老年人,当天意识清醒,愿意参与活动,8～10人。

(五)活动准备

1. 活动工作者准备:活动工作者提前两周,了解老年活动对象的旅游历史,邀请老年人准备旅游时的照片或视频,回忆曾经旅游时的美好故事。

2. 活动对象准备:老年人准备旅游时的照片或视频,梳理曾经旅游时的美好回忆。

3. 活动材料准备:一张中国地图、一个白板,一些彩色小磁片。多媒体设备,几段旅游地的介绍视频和高清景点照片(景点根据老年活动对象的旅游历史地选择)。

(六)活动流程

子活动一:圈地图(9:30—10:00)

1. 活动工作者把中国地图贴在白板上,请老年人围成一圈入座,为老年人分发彩色小

磁片。

2. 请每位老年人根据去过的地方将彩色小磁片贴在地图相应的城市或省份。如果老年人行动不便,则口述,由工作者贴磁片。

子活动二:话景点(10:00—10:50)

1. 请每位老年人一边展示旅游的照片或视频,一边自聊以前的旅游故事。

2. 工作者播放收集的旅游点照片或视频,为大家一一做介绍,增加旅游景点的文化知识。

3. 请老年人分享此次旅游文化主题活动的感受。

(七)注意事项

为了使活动更有效率,工作者要提前与老年人交流此次活动需要老年人配合和支持的地方,邀请两三位有较多旅游经验的老年人做好发言的准备。

任务拓展

1. 职业情境:

为家中的老年人建议适合他们的老年旅游文化活动。

2. 延伸学习:

请认真阅读《旅行社老年旅游服务规范》,并指出对我们制定老年旅游文化活动策划方案的指导作用。

3. 拓展学习:

结合以下电影的观影体验,谈一谈本项目的学习所得和今后的学习方向;

(1) 电影《飞越老人院》;

(2) 电影《记忆消失前的旅行》。

项目十四 老年党员活动

情景聚焦

随着人口老龄化进程的不断加快,大量党员逐渐步入退休、老年阶段,无论是社区,还是养老机构,老年党员队伍不断壮大,成为党员构成的一个重要组成部分。关注老年党员这一特殊群体,全面提高老年党员以正向积极的态度改善生活的能力,让老党员离退休后保持充实的生活,既能够缩小个人离退休前后出现的心理反差,恢复或维持心理上的平衡,也有利于老年党员找到归属感和认同感,进一步激发老党员热情,引导老党员发挥余热,实现正能量的示范效应,提高党组织的凝聚力和向心力。

任务目标

1. 知识目标:
(1) 认识老年党员活动的主要类型和作用;
(2) 掌握实施老年党员活动的要点。
2. 能力目标:
能够策划与组织形式多样的老年党员活动。
3. 素质目标:
(1) 培养爱国爱党的情怀;
(2) 提升党性修养和思想境界。

任务要点

1. 重点: 认识老年党员活动的多样形式;
2. 难点: 掌握老年党员活动的实施要点。

知识准备

1. 查阅老年党员活动的相关案例;
2. 了解当地可组织开展老年党员活动的文化资源。

任务组织

任务一　认知老年党员活动

一、老年党员活动的定义

党员活动是党支部组织生活的载体。党的组织生活制度严格要求,党支部每月相对固定1天开展主题党日,组织党员集中学习、过组织生活、进行民主议事和志愿服务等。主题党日活动要求支部全体党员都参加,年老体弱、行动不便的党员经党支部研究同意,可以不参加。

当前,我国离退休老党员的管理比较复杂,一般情况下,单位离退休党员较少的,可以跟在职党员一起开展活动;单位离退休老党员人数较多的,可单独设立离退休党支部,以党支部为单位开展活动;有时,离退休老党员也会将党组织关系转入居住地,例如所在社区、所在养老院等,参加所在地的党支部活动。

需要说明的是,本书所指的老年党员活动,泛指组织社区、养老机构、企事业单位离退休老年党员所开展的有"党味"的活动,并不特指党员组织生活会。

二、老年党员活动的分类

党员活动内容丰富,除了党的政治理论学习、党的组织生活会等形式,在社区、养老机构等单位,也可以组织老年党员参加以下类型的活动:

(一)趣味文体活动

文体活动是文艺活动和体育活动的总称。文体活动作为精神文化生活的主要反映,在提升生活质量、促进人际关系、强化团队凝聚力等方面发挥着重要作用。以趣味文体活动的形式开展老年党员活动,能够起到"强党性、增活力"的双重效果。

适合老年党员的趣味文体活动形式多样,如开展党史知识竞赛,通过"党史飞行棋"等有趣的活动载体,引导老党员铭记历史;举办"红色十月"诗歌诵读会、"红歌"会、书画作品展、摄影作品比赛;将党的元素融进手工活动,既锻炼老年人的手指精细动作,又是一次生动的党员教育活动。

(二)参观红色教育基地活动

红色教育基地是党员参观学习的主要载体,依托丰富的红色资源,以实物、实景、实例、实事为载体,主题鲜明,特色突出,感染力强,让党性教育变得具象化,是增强党性教育的有效手段。老党员们在参观活动中,能够与历史事件、革命人物、革命精神进行对话,不断进行触及思想、深入灵魂的反思与感悟,提升党性修养。

以南京为例,城市的红色教育基地非常丰富,有些位于城市中心,公共交通非常便捷,如:中山陵、侵华日军南京大屠杀遇难同胞纪念馆、雨花台烈士陵园、梅园新村纪念馆、渡江胜利纪念馆、抗日航空烈士纪念馆等。如果老党员健康状况允许，也可以选择南京周边2小时的景点，如：新四军黄桥战役纪念馆、杨根思烈士陵园、淮安周恩来纪念馆、盐城新四军纪念馆、沙家浜革命历史纪念馆、茅山新四军纪念馆、上海中共一大会址等。

（三）志愿服务活动

志愿服务已成为当下一种社会风尚。老党员中，不乏许多不甘在家享清福、志愿奉献发余热的老人，他们在各种社会中无私地奉献着，充分发挥老党员本色"特别红"、优势"特别明"、激情"特别足"的作用，引导老党员"忆初心，当先锋"，号召老党员继续发挥余热，服务社会，在志愿服务中树立良好的共产党员形象。

老党员参加志愿服务活动形式多样，主要有以下类型：

（1）通过参与社会调查和专题调研，了解社情民意，为社区建设提出工作建议。

（2）利用休闲时间与公众接触增加交谈机会，宣传党的方针政策和时事政治；发挥老年人的政治优势，通过做报告、讲党史，对广大的青少年进行爱国主义教育等。

（3）参加消防安全、环境保护、疫情防护、社会责任等各类主题的活动，为建设和谐社区、加快社区融合发挥作用。

（4）具有专长的老党员结合自己的专业知识和技能为社会群众服务。如：退休的医生党员以医护志愿者身份参与社区医院公益服务；退休的教师党员在社区活动室为老年人或儿童开设第二课堂等。

（5）低龄老党员有组织地为社区内孤寡老人、失能老人、高龄老人提供服务，或在社区内有计划地为有需要的工薪阶层、单亲家庭、务工家庭提供学龄儿童放学托管服务。

（四）学习先进事迹活动

可以将先进的人物"请进来"为老党员作报告，也可以挖掘身边的优秀老党员，组织老党员先进事迹分享会，通过感人的事迹、动人的细节、生动的语言，进一步提升老年党员的党性修养，激发广大党员、广大群众发挥正能量，弘扬正气，为社会发展贡献力量。

（五）老党员座谈会

座谈会是老年党员活动中常见的一种形式，通常由一定数量的老党员齐聚在会议室，在主持人的引导下，围绕特定主题进行讨论，是一种既随和又庄重的会议形式。

每次座谈会，都需要事先确定明确的主题。座谈会的主题，可以结合上级党组织安排的具体主题，也可以结合实际工作进度或者工作过程中需要解决的问题，抑或重大节日等确定。如老党员"为社区或单位发展献计献策""共忆党史，共话初心""共话党的伟大成就"等活动。

（六）慰问老党员活动

老年党员活动不仅包括组织老年党员参加各类活动，发挥先锋模范作用，同时还应该关注到那些高龄、困难的老党员，这不仅是党的优良传统，也是人民群众关心关爱老党员的体现，让他们能够真正感受到党和国家的关怀和温暖。

三、老年党员活动的作用

针对老年党员开展特定主题的活动，对老年人自身来说有以下作用：

（一）加强党性修养

将党和国家的重要会议精神和相关文件及时传达给离退休的老年党员们，使其能及时了解中央的方针政策和地方政府的贯彻落实情况，从而在思想上和行动上与中央保持一致，有助于激励老党员不忘初心、牢记使命，提升精神境界，做到"离岗不离党，退休不褪色"。

（二）增强组织归属

通过组织党员活动，有助于及时了解退休党员的生活，聆听他们的所思、所想、所虑和所盼，让老年党员感受到党和国家对他们的关心和尊重，进一步提升他们对党组织的归属感。不仅有利于做好退休党员的工作，而且有利于促进社会的和谐与稳定。

（三）实现自我价值

有不少老年党员离退休前曾在企业或政府机关担任过领导职务，所以，他们对一些政治、经济、社会问题的认识和影响也不同于一般的老年人，因此，党员活动能够提供阵地让老党员发挥余热，经常听取他们对地方经济发展、社区党建和社会管理等方面的意见和建议，在新时代、新接力中展现新作为、做出新贡献。即便是基层普通老党员，退休后在社区建设、社区治理也仍然能够发挥党员的模范带头作用，成为践行社区管理指导思想，切实组织各种社区公益活动的群众领袖。

任务二　老年党员活动的要点

一、活动内容有"党味"

相较于本书中其他主题的老年活动，老年党员活动更强化政治功能，突出"党味"。活动内容要以切实加强老年党员的理论武装和政治引领为准则，坚持把学习融入日常、抓在经常，引导老年党员增强"四个意识"、坚定"四个自信"、做到"两个维护"，使党员活动真正成为老年党员政治学习的阵地、思想交流的平台、党性锻炼的熔炉。

二、活动形式要"多彩"

党员活动形式多种多样，活动工作者要发挥创新思维，调研老党员的活动需求，尽可能安排丰富多彩的活动，注重活动的趣味性，提升党员参加活动的积极性。但要充分考虑到老年党员的年龄和身体素质差异等因素，活动强度不宜大，活动时间不宜过长。

三、组织工作重"细致"

为提升老年党员的参与意识，要加强活动策划、活动组织全流程的各环节工作。一是要落实好日常管理服务制度。建立安全、服务等各项工作制度，为加强活动提供组织和人员保证。二是要调动和发挥老年党员骨干作用。定期召开老年党员骨干会议，总结工作，商议年度活动计划和月度党日主题，主动征求活动的意见和建议。三是要分类组织活动。可以根据老年党员不同兴趣及特点，成立书画、戏曲、写作、拳操、门球等兴趣活动小组，也可以根据老年人的不同健康状况,分类开展活动,使党员活动满足不同类型、不同层次老年党员的需要。四是要坚持活动的计划性。事先应充分准备,切忌盲目、随意、重复开展,力求通过定期开展活动,让老年党员养成经常参加活动的习惯和自觉。

任务三　老年党员活动的案例

一、重温红色岁月——党员集中观影活动

(一)活动目的
引导老党员回顾党的奋斗历程,激发爱党热情,鼓励他们为社会多做贡献。

(二)活动对象
可以组织社区或者单位的退休老党员参加活动,也可以邀请其他在职党员和群众参与。

(三)活动地点
电影院,也可以选择在社区或单位的党员活动室等场所观影。

(四)活动时间
电影时长2小时内。

(五)活动流程

1. 活动前宣传

根据时下院线排片情况,选择融思想性、艺术性、观赏性和教育性为一体的影片或纪录片,如《长津湖》《金刚川》等热门电影,也可以是红色经典怀旧老片。将时间地点提前告知老党员。

2. 活动当天

(1) 组织好特殊老年人的车辆接送、人员陪同工作。
(2) 提前二十分钟到指定地点集合,清点人数。
(3) 先安排好电影开场前如厕等事宜,再有序组织进场。
(4) 电影中途,志愿者重点关注高龄等特殊老年人,询问有无特殊需要。
(5) 散场后,活动工作者、志愿者组织有序离场。

(六)注意事项

(1) 电影院观影要错峰购票,避免高峰时段。
(2) 电影放映室黑暗,光照不足,提醒老年人注意脚下。如果有中场需要如厕的,安排志愿者陪同。
(3) 为了提升观影活动的效果,观影日后,再另行挑选合适的时机,组织交流观影心得。

二、铭记使命担当——重温入党誓词

(一)活动目的

让老党员重温入党宣誓时的庄严承诺和坚定决心,牢记共产党员的使命和担当,即使退休了,也要在政治上、思想上、行动上严格要求自己,同时牢固树立党员服务宗旨,增强服务意识,充分发挥余热,积极建言献策,永葆共产党员本色。

(二)活动对象

本单位退休老党员。

(三)活动地点

党员活动室或革命历史纪念馆、烈士陵园和英雄雕塑像前。

(四)活动时间

重温入党誓词活动通常作为一次主题党日活动的环节之一,该环节一般用时 10 分钟左右。

(五)活动流程

(1)参加宣誓的人员面向党旗,列队站好,举起右手,握拳过肩。

(2)领誓人也面向党旗,站在宣誓人员的前面或一侧,举起右手,握拳过肩。领誓人一般由党组织负责人担任,也可以请先进模范党员担任。

(3)领誓人逐句顿读誓词,宣誓人齐声跟读,态度要认真,声音要洪亮。

(4)领读完誓词,领誓人读到"宣誓人"时,参加宣誓的人员要依次报出自己的姓名。

(六)注意事项

(1)宣誓仪式一定要在正式的场合举行,会场布置要庄重、朴素、整洁,并在会场正中悬挂符合规范的党旗。

(2)选择在革命历史纪念馆、烈士陵园和英雄雕塑像前举行宣誓仪式,也必须悬挂党旗,不能在无党旗的情况下举行入党宣誓仪式。

(3)举行宣誓仪式,气氛要严肃,不可采取茶话会等轻松活跃的方式进行。

三、榜样在身边——老党员先进事迹分享会

(一)活动目的

通过邀请身边的优秀老党员讲述典型事迹,与优秀老党员近距离接触和互动,激励大家学习身边的榜样。

(二)活动对象

组织社区或者单位的退休老党员参加,也可以邀请其他在职党员和群众参与。

(三)活动地点

社区或者单位的活动室、会议室或者报告厅。

（四）活动时间

1—1.5 小时

（五）活动流程

（1）提前物色和邀请主讲人，确认好时间和地点、场地设备要求等，必要时协助做好演讲 PPT。

（2）积极做好宣传，动员社区或者单位的老党员以及年轻党员、新发展的党员、感兴趣的人民群众参加，通知清楚时间和地点，并统计报名人数。

（3）提前布置好场地，保持环境光线充足，卫生整洁，活动当天准备好茶水，可以适当悬挂活动横幅，也可以制作电子背景，增加活动的仪式感。

（4）活动过程中，由主持人开场，简单介绍主讲人，过程中，可以增加互动环节，演讲结束，要做好活动总结。

（5）活动结束后，组织大家有序离场。

（六）注意事项

（1）挑选具有典型代表性的优秀老党员，同时要考虑到老人的表达能力，如果是老人自己演讲，最好要口齿清楚。如果挑选的优秀老党员因生理原因不适宜亲自演讲，可由工作人员整理后，代为介绍其优秀事迹。

（2）活动时间不宜过长，最好控制在 1 小时左右，尽量不要超过 1.5 小时。

（3）活动当天，组织好特殊老年人的接送、如厕等工作，现场有志愿者组织大家有序进场。

四、我为社区发展献计献策——社区老党员座谈会

（一）活动目的

充分发挥老党员的优势和激情，引导老年党员"离岗不离党，退休不褪色"，带动老年党员参与社区建设，发挥余热。

（二）活动对象

6~10 名社区的老党员，也可以是部分老党员，部分年轻党员和群众。

（三）活动地点

社区党员活动室或者会议室

（四）活动时间

1 小时左右

（五）活动流程

邀请 6~10 名左右的老党员至会议室，在主持人的引导下，围绕座谈会主题发表自己的观点。

（六）注意事项

（1）人员挑选有讲究。参加座谈会的人员均需要发言，因此，在选择参会的老党员时，

尽量邀请表达能力较好、健康状况允许的老党员。

（2）座谈会要提前告知。座谈会要求现场发言，如果座谈会现场没有人带头发言，或者与会者的发言偏离主题，都会导致座谈会的最终失败。因此，需要提前告知会议主题，给参会人员留下足够的思考和准备时间。必要时，可以事先与部分老年党员骨干做好沟通，邀请他们带头发言。

（3）会前准备要充分。首先要做好环境和物品的准备。要整理和布置会议室，做到光线充足，干净卫生，桌椅摆放整齐，茶水、纸巾准备到位，必要时，可以结合会议主题，提前悬挂横幅或者准备电子 PPT 背景，营造活动的仪式感。其次，会前要联系与会老党员，确认其出行方式，如出行有困难，或有轮椅等特殊需要，要提前做好相关安排和准备。

（4）主持技巧很重要。与会的老年党员一般都居住在同一个社区，彼此比较熟悉，如果相互之间不熟悉，主持人要在每位与会党员发言前，对发言者略做介绍。主持人现场要注意倾听，适时回应，还需要审时度势，既要引导与会者发言，也要能控制座谈会全局节奏，还需要留意与会老党员的神情，维护好会场秩序。

五、重走革命足迹，重温革命情怀——参观红色教育基地

（一）活动目的

通过回顾党的光辉历程，缅怀党的丰功伟绩，加强老党员的党性修养，坚定老党员理想信念，激发老党员的爱国主义热情，提升党组织的凝聚力。

（二）活动对象

能够适应较长时间的外出参观，并自愿参加活动的有自理能力的老年党员。

（三）活动地点

一般选择距离较近、车程较短、交通方便的活动地点，首选所在城市的红色教育基地。

（四）活动时间

宜选择较舒适的季节，同时最好能避开旅游旺季、黄金周等高峰期。根据参观红色景点的地理位置，单次参观活动一般需要半天至一天时间。

（五）活动流程

组织老党员外出参观学习很不容易，因此，在活动策划时，要重视活动过程设计，将参观学习打造成集教育性、生动性、庄重性于一体的党日活动。活动中，安排专业人员进行讲解，增加唱国歌、颂党章、重温入党誓词、讲红色故事、谈活动感受等环节。例如：

（1）全体集合（有讲解人员等候）。
（2）戴上口罩，依次测体温，进入纪念馆。
（3）跟随讲解员参观纪念馆。
（4）从纪念馆出来，依次领取鲜花，向烈士献花。
（5）重温入党誓词。
（6）交流观后感。
（7）集体唱红歌。

(8) 集合返程。

(六) 注意事项

(1) 明确活动主题,做好活动宣传。鲜明的主题,有助于提升活动的庄重感和仪式感,也有效提升了党性教育的针对性和实效性。"走出去"参观学习的主题,可以结合红色教育基地的特色主题,或者当前党员教育的主题来设置,例如:"参观党*纪念馆,重温红色岁月情""回顾党的历史,感怀党的恩情""学习***精神,砥砺初心使命"等,并紧扣主题,积极做好宣传,动员更多的老党员主动参与到活动中。

(2) 提前多做沟通,活动准备要细致。

① 活动前与活动参与者及其家属沟通,了解其身体健康状况,建议可以做一些基本、常规的体检,患有慢性疾病者应征得医生同意。

② 提前对接基地,确认时间和行程。

③ 活动方案确定后,要通知到每一位参加者。提醒其携带常备药物和水杯等随身物品。有过敏体质的可以事先口服氯苯那敏、布克利嗪等药物。高血压患者,勿忘带降压药;心脏欠佳者,应携带救心丹或速效救心丸。同时准备一些晕车宁、感冒灵、祛风油、腹泻、止痛之类等轻便药物,以备不时之需。

(3) 充分考虑安全性,挑选品质好的旅行社,出行前购买好保险,配备一定数量的志愿者,或者可以邀请家人随行,必要时,可以配备专业医护人员同行。

(4) 准备活动所需其他物品,如:党旗、党徽、纸巾、纯净水、纸杯等。

六、退休不褪色,红心永向党——老年党员结对帮扶社区困难老人志愿活动

(一) 活动目的

通过组织老党员参与志愿服务,加强党与群众的密切联系,提高老年党员的社会责任感和使命感,发挥党员的先锋模范作用。

(二) 活动对象

一般为低龄老党员和健康老党员。

(三) 活动地点

社区困难老人家中。

(四) 活动时间

单次的结对帮扶志愿活动在1小时左右。

(五) 活动流程

(1) 社区工作人员提前摸底,了解社区困难老人的情况和服务需求。

(2) 广泛动员,征集老党员志愿者,做好志愿者的报名登记和审核工作。

(3) 召开志愿者培训会议,介绍志愿服务对象、内容,讨论决定志愿服务方式,形成具体的志愿服务方案。

(4) 实际开展志愿服务。

(5) 对服务进行总结。

(六) 注意事项

(1) 坚持力所能及，量力而行，保证健康。

(2) 坚持结合自己的专长、兴趣、爱好。利用这些自身的优势轻松愉快地为和谐社会做贡献，发挥余热。

(3) 坚持"主动参与不越位、热情服务不添乱"。只有定位准确，才能最大限度地发挥作用。

七、情系老党员，慰问暖人心——慰问老党员活动

(一) 活动目的

在阖家团圆、亲人相聚的节日里，走访慰问生活困难的老党员，感恩他们为祖国发展做出的巨大贡献，让他们能够度过欢乐祥和的节日，真正感受到党和国家的关怀和温暖，坚定和增强被慰问人员听党话、跟党走的信心和决心。

(二) 活动对象

参加慰问活动的对象一般为社区或者单位的工作人员。

(三) 活动地点

一般为接受慰问的困难老党员家中。

(四) 活动时间

通常选择在节日里，如建党节、国庆节、重阳节、除夕夜、春节期间等。

(五) 活动流程

(1) 联系统计被慰问的老党员名单和数量，并沟通确定慰问时间。

(2) 组织慰问队伍，根据被慰问者规模，确定慰问方案。

(3) 根据方案，提前准备慰问物资。

(4) 根据方案，实际入户慰问。

(5) 慰问结束，道别离开。

(六) 注意事项

(1) 慰问党员，不仅需要为生活困难的老党员捎去物质的问候，更需要在精神层面给予关怀和温暖。在探访过程中，要听取他们的革命故事，肯定与感谢他们的巨大贡献，关心他们的生活困难，并积极解决困难。

(2) 及时做好活动宣传，扩大活动影响力，达到"慰问一人、温暖一户、带动一片"的效果。

任务拓展

1. 职业情境：

请调研养老机构或者社区，结合实践，帮助养老机构或社区策划一次老年党员活动。

实训指导

2. 党史文化：

（1）请结合当地实际，收集并整理当地红色教育资源，了解每个教育基地的党史文化。

（2）自学《中国共产党章程》，了解党的组织原则和党内政治生活准则。

3. 延伸学习：

学习推荐网站内容，谈一谈本项目的学习所得和今后的学习方向。

（1）共产党员网

https://www.12371.cn

（2）党史学习教育官方网站 http://dangshi.people.com.cn/n1/2021/0525/c436975-32112835.html

项目十五　老年亲情活动

情景聚焦

子曰："孝子之事亲也，居则致其敬，养则致其乐，病则致其忧，丧则致其哀，祭则致其严，五者备矣，然后能事亲。"① 其中"养则致其乐"的意思是，赡养父母要让老年人时常感到快乐，才是孝顺。

2018年12月29日起，新修订的《老年人权益保障法》实施。其中，第十八条明确规定："家庭成员应当关心老年人的精神需求，不得忽视、冷落老年人。与老年人分开居住的赡养人，应当经常看望或者问候老年人。"这一规定，被通俗地理解为"常回家看看"。

传承中华优秀传统孝德文化，子女常回家看看父母，与父母交流互动，是为孝顺的美德。活动工作者有目的、有意识地组织亲情活动，邀请老年人的亲人朋友共同参加，其乐融融，这才是让老年人幸福的源头！

任务目标

1. **知识目标：**
(1) 了解老年亲情活动的定义；
(2) 了解老年亲情活动的类型；
(3) 了解实施老年亲情活动的要点。

2. **能力目标：**
(1) 能策划与组织老年亲情活动；
(2) 能面向不同老年人的需求和情况，灵活开展各类老年亲情活动。

3. **素质目标：**
(1) 认识到亲情对老年人晚年生活的重要性；
(2) 尊重每一位老年人对于爱的需求。

任务要点

1. **重点：** 掌握老年亲情活动的类型；

---

① 出自孔子《孝经》中的《纪孝行章》。

2. 难点：能面向不同老年人的需求和情况，灵活开展各类老年亲情活动。

知识准备

1. 学习《孝经》和古代《二十四孝》中的优秀孝德文化精髓；
2. 网络查阅跟老年人亲情活动相关的活动资料。

任务组织

任务一　认知老年亲情活动

与工业化、城镇化进程相对应，家庭结构小型化、核心化已严重影响到传统的家庭养老方式。因此，家庭养老在日常照料与精神慰藉方面受到了挑战。根据杜尔瓦的家庭发展过程，家庭可以分为初组家庭、生育子女家庭、学龄前儿童家庭、学龄儿童家庭、青少年子女家庭、子女离家时期家庭、中年家庭、老年家庭 8 个阶段。如图所示，老年家庭周期在 10～15 年，约占整个家庭生命周期的 1/4。因此，一个良好的支持系统能为老年人提供巨大的能量。

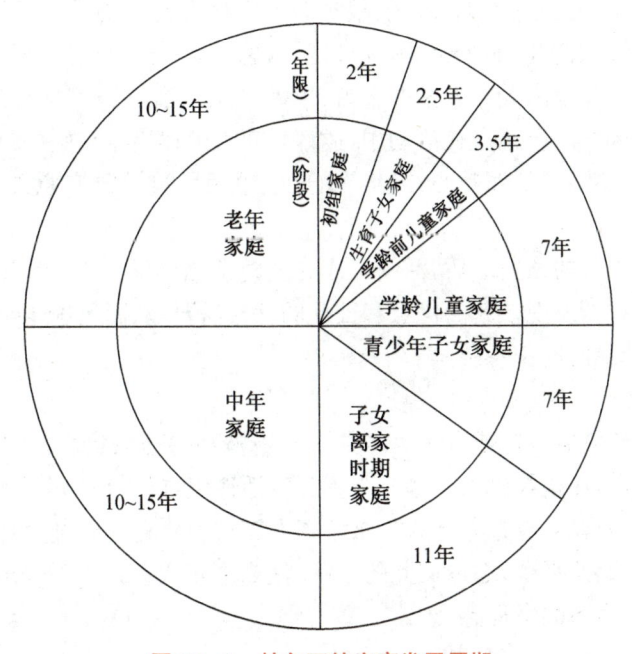

图 15-1　杜尔瓦的家庭发展周期

家庭支持、朋辈交流、情感生活、精神关爱等，都对老年人的晚年生活有重要的作用，因此在完善当前养老服务体系的同时,也需要对老年人家庭代际关系、精神情感、婚姻生活的现状改善等开展相应有效的应对活动。

一、老年亲情活动的定义

相信大家都听说过"亲子活动",亲子活动是指父母陪着孩子参加一些有组织的有益于儿童成长的活动,亲子活动目的在于促进孩子与父母的关系,让孩子结识更多的好朋友,锻炼孩子参与探索的性格,能让孩子在少年时期获得身心健康发展。与"亲子活动"相对应的,当父母老了,成年的孩子们也应该反哺父母,关注老年人的心理需求,陪同父母参加有组织的老年活动,增进家庭关系,才是真正的孝顺。

本书中的老年亲情活动特指针对老年人的精神关爱需求,疏解老年人的孤独心理,邀请老年人的子女、孙辈、朋友、亲人等共同参加有组织的、适合老年人参加的活动。老年亲情活动可以通过本书中其他项目的活动方式作为载体,突出亲情关系,营造亲情氛围,也可以指以亲情、爱情、友情为主题的老年活动。老年亲情活动可以有效地提高老年人晚年生活的幸福指数,是构建和谐社会的需要。

二、老年亲情活动的分类

(一)伴侣活动

1. 婚姻纪念活动

进入老年期,在所有家庭成员中,老伴最有可能成为知己,可以彼此支持、促进社会交往、保持良好的精神状态并抵御孤独。但很多老年人在当初结婚时,由于受到时代发展、观念习俗、经济条件等因素的限制,没有举办过迎娶,也没有拍过结婚照,没有婚戒等当下流行的仪式。活动工作者如果为老年人举办金婚、银婚仪式,结婚纪念日等活动,补办结婚仪式,可以为老年人弥补未尽的心愿。在活动中,邀请老年人追述当年结婚的过程,再现结婚几十年来的喜乐,投放相濡以沫的照片,对老年人的晚年生活一定非常有意义。

2. 家庭维护活动

针对一些老年夫妻的家庭矛盾,活动工作者通过适当的活动,邀请老年夫妻共同参加,在活动中协助他们重新发现彼此的优点和彼此的互相需要,从而促进老年夫妻沟通顺畅,维系婚姻感情,增强伴侣间的关系。

3. 晚年再婚活动

"执子之手,与子偕老",这或许是大多数人心中婚姻的理想状态。即便到了老年期,人们仍然渴望爱与被爱,渴望找到一个精神伴侣和生活伴侣,携手走到人生终点。当今社会是个开放开明的社会,要充分尊重老年人追求幸福的需求和权利。通过为丧偶、单身的老年人举办相亲活动,搭建婚介平台,增进彼此的了解,促成老年人有机会寻求相互搀扶的晚年伴侣,增加老年人晚年生活的幸福感。

(二)家庭活动

1. 亲子活动

目前,老年人同子女分开居住的现象愈来愈普遍,子女在工作上打拼,在核心家庭中抚养孩子、教育孩子,生活节奏非常快。奔波忙碌的中年期,常导致成年人顾及不上自己已经年迈衰老的父母。独居老人、空巢老人,即便入住养老机构很少见到子女的老年人都会因此感觉孤独失落。子女陪伴是老年期的天伦之乐,活动工作者要创造条件开展亲情活动。比如在策划活动前,多与子女沟通老年人的状态和需求,了解成年子女可能空闲的时间,提前预约、协调活动时间;养老机构的周六周日可以固定为"亲情陪伴日",在子女双休日、节假日来看望父母时,组织老年人和他们的子女一同参加活动。

2. 隔代活动

一个家庭有孩子后,大多爷爷奶奶外公外婆比起孩子的爸爸妈妈,会更加地疼爱孩子,这就是传说中的"隔代亲"。生活中"隔代亲"是一种普遍的现象,也是一种正常的心理现象。孙辈是血缘的延续,老年人含饴弄孙,对孙辈饱含期望、疼爱有加,而童真无邪的孙辈也会亲近老年人长辈。尤其是从小被老人带大的孙辈,跟老年人之间的感情更加亲密。因此,社区活动可以家庭为单位,邀请老人带着孙辈一同参加活动,共享祖孙乐;养老机构可邀请老人的子女带着孙辈在空闲时参加隔代亲活动、家庭活动,最能解除老年人的寂寞和孤独,使老年人在精神上得到极大的宽慰,甚至还会焕发起老年人尚未泯灭的"童心"。

3. 亲属活动

血缘关系,是人先天的与生俱来的关系,是最早形成的一种社会关系。中国文化向来重视血缘关系,除了祖父母、外祖父母、父母、子女、孙子女、外孙子女等纵向的直系血缘关系外;还会有横向的兄弟姐妹血缘关系;还有三代以内旁系血亲关系,包括伯叔姑舅姨、兄弟姐妹、堂兄弟姐妹、表兄弟姐妹、侄子女、甥子女等;以及近姻亲关系,包括配偶的父母、配偶的兄弟姐妹及其配偶、子女的配偶及子女配偶的父母、三代以内旁系血亲的配偶。活动工作者要了解老年人的家庭情况,通过访谈、调研,了解老年人认为最重要的亲属、紧密联系的亲属、紧急情况下的联系人等家庭资源。在策划亲情活动时,重要的亲属加入,会给老年人带来心理支持。

(三)朋辈活动

除了亲情、爱情之外,朋友同辈的社会支持网络对于老年人来说也非常重要。老年人的一生,在不同阶段,不同场域,认识了不同的人,有同学、工友、战友、笔友、病友、邻居、熟人等,在中年阶段,人们为家庭、为单位奋斗忙碌,有时可能会无暇顾及朋友相聚。然而,到了晚年阶段,没有了工作、家庭、成长的重心,岁月沉淀下来的情感更加纯粹。在你身边,依然互相支持、保持联系的人有谁?邀一群老友,两三个志同道合的知己参加活动,发掘新的兴趣,点燃晚年生活的乐趣。

三、老年亲情活动的作用

(一)增强社会支持

人是社会的人,人在环境中。在专门为建立关系、融洽情感而策划的老年亲情活动中,可以提升老年夫妻之间的感情,促进老年人家庭关系的和谐,增强老年人的社会支持网络。伴侣、亲子、血缘等家庭关系,朋辈等社会关系的增强,无疑会让老年人感受到背后的力量及人情温暖。

（二）调节不良情绪

有时，老年人存在焦虑、抑郁等负面情绪。但是和天真的孩子们在一起活动时，会让老人们感觉自己仿佛也年轻了，顿时忘却烦恼，扫除抑郁；和熟悉的朋友们一起活动，互相帮助、互相支持，减轻老年人的孤独感和寂寞感，从而改善老年人的精神状态和心理状态。

（三）提高社会参与

当老年人不愿意独自参加活动时，如果有家人、孙辈鼓励，好友朋辈作陪，老年人也许会有动力，愿意尝试迈出家门。通过参与各种形式的亲情活动，迎合、挖掘、培养老年人的不同需求和兴趣，促进老人更多的接触社会，接触其他人群，提供了老年人终身学习、发展自我、实现自我的机会，促进老年人重新融入社会。

任务二　老年亲情活动的要点

一、深入沟通

与其他老年主题活动最大的区别在于，老年亲情活动不仅以老年人为活动对象，还要组织老年人的家人、亲人、朋友等参与活动。而每个人的家庭关系、社会关系都不同，每位老年活动对象的心境、需求等也有差别，在策划亲情活动前，掌握老年活动对象的家庭关系、社会关系是高质量地开展亲情活动的基础。活动工作者在平常工作中，通过访谈法、缅怀往事技巧等，帮助老年人回顾生命中最重要的人，回顾重要的感情关系。如了解到杨爷爷独自抚养儿子成人，与儿子的关系紧密，但儿子一般不善于语言表达。在感恩节时，活动策划者邀请杨爷爷的儿子以及孙辈，与其他老年人共同参与感恩节活动，孙子在集体活动中与其他孩子一同制作感恩节贺卡，儿子写上对老父亲养育之恩的感谢，活动工作者为每一个家庭录像拍照留念。活动后，杨爷爷表示心情非常激动，亲情活动的效果达成。

活动工作者只有深入了解了老年人的重要关系人，才能在邀请亲朋好友参与亲情活动前，给予老年人适时的提醒或适当的建议。当老年人同意后，活动工作者要与老年人的重要关系人取得联系，告知活动意义、活动时间、活动地点、活动准备等，尽可能说服他们参加活动，为活动对象们统筹好活动时间。

二、知情同意

活动工作者在活动前，要告知老年人此次活动的目的，并征求老年人的意见，经老年人同意后再邀请相关人参加。活动工作者还要提前告知老年人活动的大致过程，尤其是需要老年人配合的地方，比如提前准备老照片，分享自己的婚姻经历和感受等。如果活动对象是被动参与到活动中，或之前不知情，将不利于目标达成甚至无法达成目标。

三、尊重接纳

尊重老年人，包括尊重并接纳老年人不参加活动的权利。每个人的经历不同，人生观、价值观、婚姻观也会有所不同。如果老年人对再婚抱有顾虑,家庭成员不支持,活动工作者不能自作主张,擅自带老年人参加相亲活动,以免引起后续矛盾。如果老年人对重办结婚仪式表露出不情愿,活动工作者也要理解并接纳老年人的决定。尊重接纳,还包括尊重老年人的亲朋好友是否来参加亲情活动的权利。活动工作者的责任是邀请,但各家情况不同、各人处境不一。如果未能出席,活动工作者可以灵活安排老年人在养老机构中的关系紧密之人、朝夕相处的护工或者老人信任的养老院院长等,作为老人的亲友团参与活动,也能给老年人带来心理安慰。

四、保密原则

在与老年人的访谈中,可能会涉及老年人的家庭关系等隐私信息,活动工作者要遵守保密原则。首先,活动工作者要对老年人的个人信息做保密处理,对服务档案进行妥善保存。其次,在活动中强调规则时,告知所有活动对象要尊重彼此的隐私,活动后不向他人转述,不与他人探讨。

任务三 老年亲情活动的案例

一、父亲节活动案例

(一) 活动主题

父亲,我想对您说

(二) 活动背景

父亲节起源于美国,由美国华盛顿斯波坎的布鲁斯多德夫人倡导,每年六月的第三个星期日定为父亲节,是纪念伟大的父亲的节日。

(三) 活动目的

让爷爷们在父亲节期间与子女相聚,感受子女的关怀,排解老人的孤独情绪。

(四) 活动时间

父亲节前后的某个周末,一个半小时

(五) 活动地点

养老机构内的活动室

(六) 参与对象

约十对机构入住男性老年人及老年人的子女

(七) 活动前期准备

(1) 工作人员准备:提前两周告知老人父亲节活动事宜,经爷爷们同意后,提前征集老人与子女的合影等资料。邀请老年人的子女参加,请子女们做好演出节目的准备。

(2) 材料准备:鲜花(一人一支)、老人及子女提供的视频、合影等、纸笔。

（3）环境准备：活动室悬挂"父亲，您辛苦了！"的横幅、在场地四周的墙壁上拉绳，将老人与子女的合照、老人在机构中的照片钉在绳子上。

（八）活动流程：

1. 破冰环节（10分钟）

SPA 热身：由工作者带领老人子女给老父亲按摩，并带领他们一起做操。

按摩背景音乐：《粉红色的回忆》、做操背景音乐：《小苹果》。

2. 子女演唱（10分钟）

由工作者带领老人子女合唱《父亲》这首歌，并由子女们为父亲们献上机构准备的一枝鲜花。

3. 感谢有你（40分钟）

感恩视频：工作者播放提前准备的视频、照片，请老人及子女以家庭为单位，诉说视频及照片背后的故事。

4. 纸写心愿（20分钟）

工作者为老人和子女提供彩纸和笔，各自抒写对自己父亲（或子女）说的话或者通过画画的方式来表达自己的情感。工作者带领子女们将彩纸折成爱心形状，贴在墙面宣传栏上。

5. 子女诵读（10分钟）

由工作者带领老人子女诵读诗歌《当你老了》。参加诵读的子女的父亲们（全体）可以获得一份营养加餐和酸奶。

二、七夕节活动案例

（一）活动主题

执子之手 与子偕老

（二）活动目的

将不同婚龄的已婚老年夫妇组织在一起，增强对婚姻、缘分来之不易的认识，推进夫妻、家庭感情，同时营造社区邻里氛围，丰富社区业余文化活动。

（三）组织机构

主办单位：某社区

承办单位：某居家养老服务中心

（四）活动地点

某公园大草坪

（五）活动时间

七夕节上午半天

（六）活动嘉宾

在社区中征集"老年新婚"、四十年"红宝石婚"、五十年"金婚"、六十年"钻石婚"的夫妻，共18对嘉宾。邀请各位嘉宾的亲人、朋友、社区居民可以参与活动。

(七) 活动流程

(1) 嘉宾出场：各对夫妻手牵手，着结婚礼服出场。

(2) 聚焦爱情

① 新婚——新婚夫妇在众人的祝福下举行婚礼入场式，宣读誓言。

② 红宝石婚——欢乐抢答，给双方一些有关对方习惯的问题，考验双方的默契程度和了解程度。

③ 金婚——儿女向二老敬茶、行礼，儿女代表致辞讲话，子孙献花。

④ 钻石婚——由孙子、孙女为二老佩戴儿女们精心准备的戒指。

(3) 举办仪式。司仪为各位嘉宾诵读誓词，全场举杯庆贺。

图 15-2 社区老年人婚礼活动

(4) "当幸福来敲门"：由活动嘉宾扔出手捧花，参与活动的所有观众都可以抢，并获得活动奖品(活动赞助单位提供)。

(5) 自助午餐：在草坪上举行。

三、隔代亲活动案例

(一) 活动目的

增进老年人和孙辈之间的感情，让老年人享受天伦之乐。

(二) 活动主题

隔代亲——童趣养我心

(三) 主办单位

某居家养老中心

(四) 活动对象

老年人和孙辈(15岁以下的孩子)共10对

（五）活动时间

80 分钟左右

（六）活动地点

租用社区内的幼儿园教室

（七）活动准备

（1）环境布置：幼儿园彩色的场景营造童真的氛围。

（2）材料准备：树叶、水粉颜料套装、大白纸、毛绒玩具。

（3）人员准备：提前告知老年人活动大致过程，邀请老年人及其孙辈参加，提前三天确定人员。

（八）活动流程

（1）树叶贴画(20 分钟)。每位老年人和孙辈组成一对，每对有一袋绘画道具。每对各自提出创意出题，用所给的树叶和颜料完成一幅绘画。由老年人在绘画上面写出对孙辈的祝福并赠送。

（2）动物匹对(40 分钟)。活动组织者提前准备毛绒玩具作为活动主题的道具，让老人根据孙儿的生肖、个性、喜好等选择对应的毛绒玩具，引出孙辈的性格特点和成长故事。老人讲完故事后，玩具作为礼物送给孩子。

（3）转盘送礼(20 分钟)。活动组织者事先准备好大转盘和相应的礼物，由孙辈转，将指针指中的礼品亲自送给爷爷奶奶外公外婆，并给老年人一个大大的拥抱。

任务拓展

实训指导

1. 职业情境：

结合自己家中的长辈或养老机构实践，思考策划哪些亲情活动更适合？

2. 延伸学习：

朗读【爱尔兰】威廉·巴特勒·叶芝于 1893 年创作的诗歌《当你老了》，谈谈你的感受。

When you are old 当你老了
—William Butler Yeats 威廉·巴特勒·叶芝
When you are old and grey and full of sleep,
当你老了，头发花白，睡意沉沉，
And nodding by the fire, take down this book,
倦坐在炉边，取下这本书来，
And slowly read, and dream of the soft look,
慢慢读着，追梦当年的眼神
Your eyes had once, and of their shadows deep;
你那柔美的神采与深幽的晕影。
How many loved your moments of glad grace,

多少人爱过你昙花一现的身影,
And loved your beauty with love false or true,
爱过你的美貌,以虚伪或真情,
But one man loved the pilgrim Soul in you,
唯独一人曾爱你那朝圣者的心,
And loved the sorrows of your changing face;
爱你哀戚的脸上岁月的留痕。
And bending down beside the glowing bars,
在炉罩边低眉弯腰,
Murmur, a little sadly, how Love fled,
忧戚沉思,喃喃而语,
And paced upon the mountains overhead
爱情是怎样逝去,又怎样步上群山,
And hid his face amid a crowd of stars.
怎样在繁星之间藏住了脸。

3. 拓展学习:
结合对以下视频的观影体验,总结本项目的学习所得。
(1) 电影《人生果实》;
(2) 电影《地球改变之年》;
(3) 电影《0.5毫米》。

参考文献

1. 杨根来等.老年康体指导职业技能教材(初级).北京:化学工业出版社,2022
2. 杨根来等.老年康体指导职业技能教材(中级).北京:化学工业出版社,2022
3. 邹文开等.失智老年人照护职业技能教材(初级).北京:化学工业出版社,2019
4. 邹文开等.失智老年人照护职业技能教材(中级).北京:化学工业出版社,2019
5. 邹文开等.失智老年人照护职业技能教材(高级).北京:中国财富出版社,2020
6. 张晓琴.社区活动策划.南京:南京大学出版社,2021
7. 张刃.音乐治疗(第2版).北京:机械工业出版社,2020
8. 【英】David Aldridge/著,高天/译.老年痴呆症的音乐治疗.北京:中国轻工业出版社,2014
9. 【意】蒙台梭利/著,刘莹等/译.蒙台梭利早教经典.杭州:浙江工商大学出版社,2018
10. 【美】劳里·拉帕波特/著,叶文瑜/译.聚焦取向艺术治疗:通向身体的智慧与创造力.北京:中国轻工业出版社,2019
11. 蔡汝芳.玩艺术,一起老:老人艺术治疗的理论、实务与案例分享.台北:商周出版,2021
12. 李晶等.文化养老.北京:华龄出版社,2022
13. 【美】凯瑟琳·麦金尼斯-迪特里克/著,隋玉杰/译.老年社会工作:生理、心理及社会方面的评估与干预(第2版).北京:中国人民大学出版社,2008
14. 唐东霞.老年活动策划与组织(第2版).南京:南京大学出版社,2019
15. 袁慧玲.老年人活动策划与组织.北京:海洋出版社,2017
16. 钟志农.心理辅导课:团体活动180例.北京:中国人民大学出版社,2022
17. 范智军等.大型活动策划与管理.北京:中国轻工业出版社,2022
18. 甘炳光.小组游戏带领技巧.香港:香港城市大学出版社,2009
19. 【美】朱迪·艾伦/著,王向宁等/译.活动策划完全手册.北京:旅游教育出版社,2006